전문용어학의 이해

Essays on Terminology

존 벤자민스 통번역 총서 02
한국통역번역학회

John Benjamins Series
–
02

전문용어학의 이해

Essays on Terminology

알랭 레이 지음 | 임현경 번역

HU:iNE

발간사

1960년대 캣포드(J. C. Catford)와 니다(E. Nida) 이후 통역학을 포괄하는 광의의 번역학은 현대적 본격 학문 분야로 부상하기 시작하였다. 캣포드의 '언어학적 접근'과 니다의 성서번역을 위한 '소통효과중심의 접근'에 이어 '문화전환'(cultural turn)과 '맥락전환'(contextual turn)의 패러다임 전환을 거치면서 번역학은 학제적 성격(interdisciplinarity)을 더욱더 공고히 하게 되었다.

번역학이 대표적인 학제적 학문분야인 것은 연구대상인 번역현상과 문제의 설명을 위해 가져오는 이론 틀(frameworks)과 연구방법론(research methodology)의 다양성 때문이라 할 수 있다. 번역학은 번역과정과 번역 결과물을 모두 연구대상으로 삼는다. 번역사의 '블랙박스' 안에서 번역행위를 둘러싸고 연속적으로 이루어지는 무수한 의사결정 과정과 그 과정에 작용하는 다양한 변수들을 설명하는 한편 이들 작용의 가시적 구현체로서의 번역 결과물을 모두 다룬다. 이렇다 보니 번역사의 머릿속에서 이루어지는 과정을 들여다보기 위해 사고발화법(Think-Aloud Protocol), fMRI(기능적 자기 공명 영상 기법), 통계처리를 포함하는 코퍼스 분석, 담화분석 및 기능문법 등 다양한 인접학문분야의 연구성과와 분석도구를 차용하기도 한다.

그러나 번역학이 언제까지나 학제성에 만족하고 있을 수만은 없다. 번역학의 학제성은 그동안 어쩌면 번역학의 일방적 '짝사랑'이었을 수도 있다는 문제의식이 필요한 시점에 와있다. 프랑스 번역학자 질(D. Gile)의 이야기는 이런 면에서 시사하는 바가 크다.

> 『번역학』이 타 학문분야와 맺어오고 있는 파트너십은 균형을 이루지 못한 경우가 대부분 이어서, 『우월한』 지위, 파워, 재정능력 및 실제 리서치 능력은 파트너 관계에 있는 학문분야가 점하는 경우가 일반적이다. 뿐만 아니라 학제성이 패러다임의 확산을 도와 결과적으로 자율적인 학문분야로서의 통번역 연구의 지위를 약화시키고 있다.
>
> (질 2004: 29)

발생학적으로 학제성을 장점으로 강조해온 번역학의 입장에서 다시 한 번 곱씹어볼 일이다. 핌(A. Pym) 역시 대표적 번역학 학술지의 하나인 『Target』의 역할을 되돌아보면서, 번역학이 인접 학문분야의 연구성과를 도입해오고 있는 반면, 정작 번역학의 연구성과가 인접 학문분야로 전파되는 경우는 상대적으로 드물다는 점을 지적하고 있다. 그만큼 번역학과 인접학문분야의 관계가 균형 잡힌 호혜적 지적(知的) 파트너십은 아니었다는 이야기일 것이다. 이런 시점에서 번역학을 연구하는 우리가 해야 할 일은 번역학 자체의 고유연구영역을 더 분명히 규정하는 한편 학문적 엄격성을 갖춘 연구방법론을 확립하는 일일 것이다.

존 벤자민스(John Benjamins) 출판사의 통번역 총서는 그동안 전세계적으로 번역학의 다양한 연구 성과와 새롭게 개척되는 연구방법론을 선도적으로 꾸준히 소개해왔다는 점에서 일정한 기여를 인정해야 할 것이다. 번역학 연구자라면 누구나 이 총서 가운데 최소한 한두 권 이상은 읽어보았을 정도로 번역학의 학문적 성과를 집대성하여 소개해오고 있기 때문이다. 『존 벤자민스 통번역 총서』 번역작업에 누구보다도 바쁘신 교수연구자들이 다수 자원하신 것은 바로 이 총서에 대한 지적 향수(知的 鄕愁) 같은 것이 작용한 때문은 아닐지.

국내 최초의 전문통번역학 연구단체인 한국통역번역학회(KSCI)가 이번에 『존 벤자민스 통번역 총서』가운데 대표적인 업적들을 선별하여 번역 출간하게 된 것은 특별히 의미가 크다. 1998년 학회 창립 이래 국내 최초의 한국연구재단 등재지 『통역과 번역』, 국제전문학술지 『FORUM: International Journal of Interpretation and Translation』을 발행해오면서 국내외 통번역학의 발전과 소통에 이바지해온 본 학회의 통번역총서 번역 발간이 우리말로 쓰인 번역학 자료에 목말라해온 연구자들에게 도움이 될 수 있기를 희망한다.

경기침체로 출판계 전망이 장밋빛이지만은 않은 상황에서 "뜻있는 기획출판일수록 대학 출판부에서 맡아야 한다."며 선뜻 『존 벤자민스 통번역 총서』 출판 추진에 합의해주신 한국외국어대학교, 특히 권원순 지식출판원장님과 신선호 팀장님께 고개 숙여 감사를 드린다. 학회를 대표하여 출간을 총괄해주신 김대진 서울과학기술대학교 교수님과 실무조정을 도와준 이수연 한국외대 통번역대학원 교수님께도 감사의 마음을 전한다.

2014년 4월 1일

한국외국어대학교 영어통번역학부 교수

한국통역번역학회 회장

정호정

편집자의 말

본서에 수록된 글들은 영어권에서는 큰 관심을 받지 못했던 주제분야인 전문용어학을 영어권 독자에게 보다 널리 알리고자 이 분야의 권위자인 레이(A. Rey)가 전문용어학을 주제로 그간 발표한 저술 중 일부를 취합한 것이다. 저마다 다른 유형의 간행물에 게재되었던 에세이들을 한데 모았기에, 본서의 주제에 맞게 본문을 일부 수정하는 한편 영어권의 상황에 맞게 내용을 조정하고 적절한 예시도 함께 제시하였다. 한편 학회 및 회의에서 구두로 발표가 이루어진 글이 많은 관계로, 저자의 동의하에 본문을 추가로 다듬어 전문용어학 강의에서 추가 참고자료로 활용하기에 부족함이 없도록 하였다. 이와 더불어 전문용어학이 생소할 영어권 독자들을 위하여 주석을 보강하였으며, 전문용어학에 대한 레이의 인식에 기저로 작용하는 철학적, 화용론적, 언어학적 접근법을 설명하고자 상당량의 참고문헌을 추가하였다.

본서에 수록된 글들이 다루는 주제는 전문용어학이라는 새로운 학문의 이론적 배경을 모두 포괄하며, 연관학문과의 차별성 확립과 관계된 문제점 중 일부도 포함되어 있다. 최근 전문용어 관리 실무에 관한 매뉴얼 및 안내서의 수가 급증하고 있는 상황에서, 이들은 전문용어 작업 관련 실용서의 내용을 보완하고 이론적으로 뒷받침한다는 점에서 중요성이 무척 크다.

먼저 번역 및 편집 과정에서 지속적인 조언과 지원을 아끼지 않은 원저자 레이에게 감사를 표하고자 한다. 또한 본서가 결실을 맺을 수 있도록 지원과 격려를 보내준 칼(B. Karl), 상당수의 영어 예시를 제공해준 로리스톤(A. Lauriston), 교열 작업을 담당한 웰스(J. Wells)에게도 감사의 말을 전한다.

약어 목록

AFNOR: 프랑스표준화협회(Association française de normalisation)

AFTERM: 프랑스전문용어협회(Association française de terminologie)

AIDS: 후천성면역결핍증후군(Acquired Immune Deficiency Syndrome)

ASV-CODAR: 아랍표준모음체계(Arabe standard voyellé – codage arabe)

AUT: 대학강사협의회(Association of University Teachers)

BTQ: 퀘벡전문용어은행(Banque de terminologie du Québec)

CAPES: 중등교육 자격증(Certificat avancé d'études supérieures)

CEDOCAR: 국방정보센터(Centre de documentation de l'armement)

CILF: 프랑스어 국제자문위원회(Conseil international de la langue française)

CNRS: 프랑스 국립과학연구소(Conseil national de recherche scientifique)

DIN: 독일 표준연구소(Deutsche Industrienorm)

DNA: 데옥시리보핵산(deoxyribonucleic acid, 프랑스어: ADN)

EMU: 유럽통화연합(European Monetary Union)

Eurodicautom: 유럽연합 집행위원회 용어은행

Hlm: 저가임대주택(habitation à loyer modéré)

Infoterm: 국제전문용어학정보센터(International Information Centre for Terminology)

ISO: 국제표준화기구(International Organization for Standardisation)

IUPAC: 국제순수·응용화학연합

LEXIS: 독일 연방정부 용어은행

LGP: 일반언어(Language for general purposes)

LSP: 전문언어(Language for special purposes)

NATO: 북대서양조약기구(North-Atlantic Treaty Organization)

OLF: 퀘벡 정부 프랑스어청(Office de la langue française du Gouvernement du Québec)

TEAM: 뮌헨 소재 지멘스 사(社) 용어은행

TERMIUM: 캐나다 연방정부의 용어은행

UDC: 국제십진분류법(Universal Decimal Classification)

UNISIST: 국제연합 과학기술정보시스템(United Nations Information Systems in Science and Technology)

WHO: 세계보건기구(World Health Organization)

감사의 말

각 원고의 출처는 다음과 같다. 이들 문서의 번역을 허락해주신 관계자 여러분께 진심어린 감사의 말을 전하고자 한다.

I. 전문용어학의 기원과 발전

원제: Origines et genèse.

출처: La Terminologie: Noms et notions, Paris: PUF 1979 & 1993. pp. 3-16.

II. 전문용어학의 이론적 문제

원제: Problèemes théeoriques.

출처: La Terminologie: Noms et notions, Paris: PUF 1979 & 1993. pp. 16-52.

III. 전문용어학의 새 시대: 사회적 측면에서 이론으로

원제: Les fonctions de la terminologie: du social au théorique.

출처: Actes du 6ème Colloque OLF (Office de la langue française) - STQ (Société des traducteurs du Québec) de terminologie. Gouvernement du Québec 1988. pp. 87-108.

IV. 신조어의 개념과 개별언어 내 전문용어의 진화

원제: Essai de définition du concept de néologisme.

출처: L'aménagement de la néologie. Office de la langue française du Québec. January 1975. pp. 9-28.

V. 전문용어: 어휘학자들의 도전과제

원제: Les terminologies: un défi pour le lexicologue.

출처: Études de lexicologie, lexicographie et stylistique offertes en hommage à Georges Matoré (Tamba, I. ed.). Paris: Société pour l'information grammaticale, pp. 231-238.

VI. 응용 전문용어학

원제: Les pratiques terminologiques.

출처: La terminologie: noms et notions, Paris: PUF 1979 & 1993. pp. 53-77.

VII. 전문용어학과 사전편찬학

원제: Terminologie et lexicographie.

출처: Parallèles 10 (1988), Geneva: Université de Genève, pp. 27-35.

VIII. 전문용어와 전문용어 작업

원제: Terminologies et terminographie.

출처: La banque des mots 11 (1976). pp. 145-154.

IX. 전문용어의 서술과 관리

원제: Procédures et méthodes.

출처: La Terminologie: Noms et notions, Paris: PUF 1979 & 1993. pp. 78-120.

X. 법적 위상의 관점에서 본 언어와 전문용어의 표준화

원제: La normalisation linguistique dans la perspective des nouvelles dispositions législatives.

출처: Les implications linguistiques de l'intervention juridique de l'Etat dans le domaine de la langue. L'éditeur officiel du Québec (Office de la langue française). 1978. pp. 24-40.

XI. 프랑스어 일반언어 사전의 전문용어: 『Le Grand Robert』(로베르 대사전) 사례

원제: La terminologie dans un dictionnaire générale de la langue française: le Grand Robert.

출처: Infoterm: TermNet News 14 (1985). (Édition spéciale pour la France) pp. 5-7.

서문

역설적인 전문용어학자, 알랭 레이에 대하여

프랑스어를 구사하는 사람이라면 '로베르(Robert)'라는 이름이 인쇄된 각종 사전에 대해 들어본 바가 있을 것이며, 프랑스 언론매체에 자주 등장하는 레이(A. Rey)에 대해서도 알고 있을 것이다. 프랑스어 어휘의 묘미와 사전 편찬이라는 매혹적인 작업을 프랑스 대중에게 널리 알린 레이가 우리 세대에 가장 잘 알려진 프랑스어 사전편찬학자임에는 의심의 여지가 없다. 언론에서는 레이에게 '단어의 왕', '단어의 교황'이라는 수식어까지 붙였는데, 이는 모국어를 소중히 아끼는 모든 프랑스어 구사자들이 레이에게 바치는 크나큰 존경을 잘 보여주고 있다.

사전편찬학과 어휘론에 대한 레이의 값진 기여를 이 서문에서 충분히 설명하기란 어려울 것이다. 그러나 영어권 독자를 위한 책임을 감안하여 레이의 이름이 『Le Petit Robert』(로베르 소사전), 『Le Grand Robert de la langue française』(로베르 대사전, 이하 『Le Grand Robert』), 『Le Dictionaire historique de la langue française』(프랑스어 역사사전) 등 다수의 주요 사전과 불가분의 관계임을 지적해둘 필요가 있을 것이다. 레이는 레이-드보브(J. Rey-Debove), 뒤부아(J. Dubois), 뒤부아(Cl. Dubois) 등과 함께 20세기 후반 프랑스어 사전 편찬에 큰 영향을 미친 인물로, 그가 남긴 기여는 과거 리트레(E. Littré)와 라루스(P. Larousse)의 업적에 비견할 만하다. 본서의 끝부분에 제공된 레이의 전문용어학 관련 저서 목록을 보면 단어에 대한 부단한 연구 과정에서 그가 얼마나 다양한 주제를 탐구했는지 알 수 있다.

사전편찬학에 대한 레이의 관심과 공헌을 감안할 때, 프랑스인, 그리고 프랑스어를 구사하는 전문용어학자(terminologist) 및 전문용어집 편찬자(terminographer)의 작은 공동체에서 레이의 영향력이 크다는 점은 그리 놀랄 만한 사실이 아니다. 과학적 지식을 크게 확장시킨 모든 학자들과 마찬가지로, 이 분야에서의 그의 업적은 이례적이며 좁은 범위로 분류할 수 없다.

레이는 몇 안 되는 진정한 전문용어학자 중 한 사람이다. '전문용어학 이론의 전문가'라는 의미에서 진정한 전문용어학자로 불릴 만한 사람은 그리 많지 않다. 이는 『Le Grand Robert』에 수록된 '전문용어학자'의 정의 중 하나이기도 하다. 반면 커뮤니케이션 상의 수요를 충족시키기 위하여 다언어 형태로 전문화된 어휘도구를 취합하는 작업을 담당하는 전문용어집 편찬자의 경우 그 수가 훨씬 많으며, 이들 중에는 전문용어집 편찬을 위한 방법론적 원칙을 제시하는 매뉴얼을 작성한 사람들도 있다. 이들 매뉴얼 중에는 상당히 높은 수준의 지침도 상당수 존재한다. 그러나 일반 전문용어학 이론과 관련해서는 여전히 연구자 및 아이디어가 안타까울 정도로 부족한 실정이다. 코쿠렉(R. Kocourek)과 사게르(J. Sager)와 마찬가지로 레이도 전문용어학에 독창적인 기여를 남긴 몇 안 되는 학자에 속한다. 레이는 '전문용어학'이라는 단어의 다양한 의미를 구분하는 데 결정적인 역할을 했으며, 전문용어집 편찬과 전문용어학을 분리해야 한다는 주장을 설득력 있게 제기했다. 또한 레이는 전문용어집 편찬 활동과 전문분야 어휘 기술 사이의 차이점을 강조하였다.

뷔스터(E. Wüster)와 일부 소련 연구자들을 제외하고, 한때는 전문용어집 편찬자들의 관심사가 오로지 기록 카드에 국한되었던 시기가 있었다. 탄탄한 이론적 기반이나 명확하게 정의된 목표 없이, 이들은 최선의 전문용어 기록 카드 모델을 정의하는 것이 자신들의 주된 책무라고 보았다. 이 시기에 레이는 『La terminologie: noms et notions』(전문용어학: 명칭과 개념)이라는 저서를 출간했는데, 이 책에서 그는 전문용어학이라는 신생 학문이 향후 발전을 위해 오랜 사상사에서 에너지를 끌어온다면 밝은 미래를 맞이할 수 있음을 입증하였다.

새로운 학문의 도입을 환영하는 것이 유행이었던 그 당시, 레이는 역사적 관점을 과감하게 도입하며 플라톤(Plato)과 아리스토텔레스(Aristotle)에게서 전문용어학의 기원을 찾았다. '전문용어학(terminology)'이라는 단어 자체는 비교적 최근에 생겨났지만, 사실 전문용어학은 지식의 역사에서 특별한 위치를 점하고 있는 학문이다. 단순한 언어학적 형태가 아닌, 전문화된 개념적 콘텐츠와 밀접하게 연관된 기호로 간주되는 '용어'의 역사 덕분에 전문용어학은 지식과 사상의 역사를 연구하는 데 널리 사용되는 도구가 되었다.

이후 전문용어 처리 작업이 상당 부분 자동화된 것은 물론, 최대한 다양한 매체에서 전문용어 데이터와 그 표현을 관리하는 데 초점을 두는 시기가 찾아왔다. 이러한 시대적 변화 속에서 레이가 출간한 『"Revolution" Histoire d'un mot』('혁명' 단어사)는 어휘론 연구와 역사적 전문용어학의 대표적 특성을 정리한 책이었다.

대부분의 전문용어집 편찬자들은 업무의 핵심이라 할 수 있는 전문용어집의 '내용'을 종종 놓치는 경향이 있다. 이들은 상당한 시간을 투자하여 신뢰성 있는 전문용어 자료를 만들어내려는 의지가 없으며, 정작 중요한 전문용어집 편찬에 필요한 서술, 그리고 인지·언어학·화용론 이론에 대한 기본지식을 강화해야 할 필요성에 집중하는 대신 부차적인 문제에 골몰하곤 한다. 레이는 지난 30여 년간 전문용어학 분야에 밀려든 다양한 조류에 주의를 돌리게 만드는 수많은 유혹을 이겨냈다. 그는 전문용어집 편찬자뿐만 아니라 전문용어학자라는 직업 역시 지조와 참을성, 불굴의 의지, 인내심, 끈기, 고집스러움, 규칙성, 집요성, 심지어 완고함까지 필요로 한다는 점을 잘 알고 있다. 하지만 이러한 요소만으로는 충분하지 않다. 사전편찬학자와 전문용어집 편찬자들은 언제나 단조로움과 권태에 시달리기 마련이다. 그렇기에 이들은 하나의 문학적 장르라고도 할 만한 사전·전문용어집 편찬 과정에서 창의적인 글쓰기가 가능한 작가로서의 역량도 갖추어야 한다.

이쯤 되면 사전편찬학자들이 전문용어학에 관심을 보이는 것이 당연하리라고 생각하겠지만, 사실 이들 중 대다수는 전문용어집 편찬에 관심이 거의 없으며 전문용어학에는 더더욱 관심이 없다. 일반언어와 전문언어를 모두 아우를 정도로 광범위한 어휘목록을 구상한 몇 안 되는 사전편찬학자 중 한 명이 레이라는 점에는 의심의 여지가 없다. 그는 용어와 단어를 구분하기가 불가능하며, 단어인 동시에 용어인 어휘소가 많다는 사실을 누구보다 잘 알고 있다.

전문용어집 편찬은 전문용어학과 사전편찬학을 연결하는 고리 역할을 한다. 레이는 이러한 경계선을 넘나들며 본인이 풍부한 경험을 갖춘 전문용어집 편찬자임을 입증하였다. 『Le Grand Robert』에 전문분야 용어에 대한 정의가 다수 수록되어 있다는 점이 그 증거이다.

『Le Grand Robert』에는 방대한 분량의 전문용어 데이터 은행이 포함되어 있으며, 이러한 점을 감안할 때 (레이 본인이 가장 좋아하는 사전이기도 한) 퀴르티에르(A. Furetière)의 『Dictionnaire universel』(보편사전, 1690)과 비교해도 지나치지 않을 것이다. 이 사전은 '고어와 현대어, 그리고 모든 과학 및 기술 분야의 전문용어를 망라하는 프랑스어의 모든 단어'로 구성되어 있다. 『Le Grand Robert』는 이제 CD-ROM 형태로도 제공되어 주요 용어은행과의 비교가 더욱 용이해졌다. 지금까지 나온 사전 중 프랑스어 어휘를 가장 종합적으로 취합하고 설명한 사전인 『Le Grand Robert』가 단일어로 구성되었다는 점만 제외하면 완전한 전문용어 관리 도구이기도 하다는 점은 상당히 모순적이다. 『Le Grand Robert』의 이 같은 우수성은 레이가 다른 사전들처럼 단순히 공중하듯 어휘를 제시하는 수준을 넘어 프랑스어의 문화적·인지적 특성을 포착하였기 때문이다. 사전에 대한 레이의 생각을 가장 잘 보여주는 표현이 바로 프랑스(A. France)의 다음과 같은 말이다. "사전은 책의 정수이다. 다른 모든 책을 포함하는 책이기 때문이다." 또한 사전은 모든 문화적·사회적 조류가 만나는 완벽한 접점이라고 할 수 있다.

사전편찬학자, 어휘론자, 전문용어집 편찬자, 전문용어학자에게 관련성이 높은 두 가지 분야, 즉 표준화와 신조어 생성에 있어 레이의 저술이 가지는 중요성 역시 강조하여 마땅하다. 레이는 300여 년간 프랑스어 구사자들의 관심 대상이었던 언어규범의 범위에 대한 논쟁에 상당히 기여했다. 또한 기술의 표준화가 가지는 언어적 함의, 그리고 전문분야 담론의 통제 및 상호작용에 대해서도 관심을 가졌다. 레이는 단어, 전문용어 및 새로운 의미의 현상을 지속적으로 파악하는 수준을 넘어 신조어 생성의 동기 및 절차, 그리고 보다 일반적으로는 언어의 역동적 창조성에 대한 자세한 지식을 가진 인물이다. 신조어 생성과 규범, 표준화에 관심이 있었음에도 불구하고 레이는 스스로 단어를 만들거나 바람직한 용법을 지시하려는 유혹을 꿋꿋이 이겨냈다.

레이는 전문용어학을 주제로 한 다양한 학술회의에 참여했다. 그는 논의에 활기를 불어넣기를 원하는 각종 회의 주최자들의 초대를 항상 너그럽게 수락했으며, 이들 회의를 통해 전문용어학, 그리고 때로는 번역학에 대한 견해를 표명했다. 레이는 잠시 유행하다 지나가는 트렌드에 결코 영합하지 않았으며, 홀로 별종으로 튀는 대신에 예리한 관찰과 독창적인 사상으로 명성을 높였다.

레이는 오랜 시간에 걸쳐 전문용어학의 경계를 체계적으로 추적해 나갔으며, 전문용어학에 대한 단계별 연구 끝에 그가 점진적으로 도출한 결론은 다음과 같다. "전문용어학은 언어학, 어휘론, 지식이론(인식론), 기호학(특히 의미론과 화용론)과 연관된 학문이다."

레이는 이론의 발전 그 자체에 만족하지 않는다. 순수 전문용어학은 그가 이론적 사색에 골몰하고자 하는 비밀의 화원이 아니다. 레이는 이론가들의 경우 전문용어집 편찬 관행, 그리고 이러한 작업이 가지는 사회적 함의에 대한 지식이 부족한 경우가 많고, 전문용어집 편찬자들은 여유를 가지고 업무 관련 방법론을 재검토할 시간이 없다는 점을 잘 알고 있다. 전문용어학은 그 응용에 대한 비판적이고 깊이 있는 분석에 기반을 두어야 한다는 레이의 신념은 옳으며, 이러한 점에서 전문용어학 이론을 정립하려면 불확실성과 시행착오의 시기를 거칠 수밖에 없다고 그는 믿는다.

오늘날 일부 언어학자 집단에서는 전문용어학이 유행처럼 되고 있다. 구조·변형·생성문법의 매력이 사라짐에 따라, 일부 학자들은 점차 지루해지기 시작한 기존 이론의 덫에서 빠져나올 방법을 찾고 있다. (다른 학자들이 번역학, 교수법, 언어산업 등으로 시선을 돌리는 동안) 이들은 전문용어학을 통해 기존의 이론에서 벗어나 응용언어학 분야에 발을 들였다. 그러나 이렇게 전문용어학자로 전향한 이들은 여전히 전문용어학에 대한 편견을 가지고 있으며, 전문용어학의 기반이라 할 수 있는 인지적·사회적 측면을 배제하고 전문용어학을 언어학의 하위 분야로 전환시키고자 전력을 다하고 있다.

이들 전문용어학자의 기여도를 평가하기엔 아직 이른 감이 있다. 그러나 전통적인 대학의 틀 밖에서 30여 년간 전문용어집 편찬 실무와 전문용어학 이론 확립에 기여한 레이가 전문용어학에 지속적인 영향을 미치고 있음은 확실하다. 레이는 본인의 경력에 도움이 될까 싶어 전문용어학에 관심을 가진 것이 아니었다. 오히려 지속적으로 홀대받고 있는 분야인 전문용어학에 대해 그가 저술 및 출판 활동을 벌여야 할 분명한 이유는 없었다. 사전편찬학에서 그가 일구어낸 업적만 해도 이미 충분했다. 레이의 저서가 아직까지 영어로 출간되지 않은 이유는 그가 프랑스어로 된 사전의 편찬에 주로 관심을 두었다는 점에서 찾아야 할 것이다.

그렇기에 전문용어학을 주제로 한 레이의 원고 모음집을 출판하는 작업을 주도한 사게르에게 감사의 뜻을 전하고자 한다. 본서를 통해 많은 전문용어학자들은 전문용어학, 전문용어집 편찬 및 어휘목록의 원래 개념을 숙지하는 한편, 특정한 학파가 지배적 위치를 차지하는 것을 원하지 않는 학문인 전문용어학에 대해 전반적으로 파악할 수 있을 것이다. 한편 전문용어집 편찬자들은 전문용어 관리 실무에 대한 레이의 견해를 통해 일상적인 작업에서 한 발 물러나 기존의 업무방식을 비판적으로 검토할 수 있을 것이다. 그러나 본서는 이처럼 직접적인 관계자뿐만 아니라 기호와 의미에 대한 이론, 그리고 한때 사회에 통용되던 이들 이론의 영향에 관심을 가진 모든 사람에게도 도움이 될 것이라 본다.

브루노 드 베세(Bruno de Bessé)

차례

편집자의 말 • 9

약어 목록 • 11

감사의 말 • 13

서문 역설적인 전문용어학자, 알랭 레이에 대하여 • 17

서론 • 29

제 1 장 전문용어학의 기원과 발전 • 33

1. 단어와 생각의 역사: 명칭목록 • 33
2. 전문용어 • 39
3. 주제의 범위에 대한 관찰 • 41

제 2 장 전문용어학의 이론적 문제 • 55

1. 전문용어 단위의 문제 • 58
2. 단위-기호 체계 • 61
3. 전문용어학에서의 '개념' • 67
4. 정의와 용어 • 78
5. 대상의 개념체계 및 부류 • 82
6. 전문용어학과 관련된 관계 • 86

제 3 장 전문용어학의 새 시대: 사회적 측면에서 이론으로 • 93

1. 과거 시대의 특징 • 93
2. 전문용어학의 기능적 내용 • 95
3. 새로운 시대의 특징 • 106

제 4 장 신조어의 개념과 개별언어 내 전문용어의 진화 • 111

1. 신조어 사용의 특징 • 113
2. 실용적 측면 • 131

제 5 장 전문용어: 어휘학자의 도전과제 • 141

1. 전문용어의 실용적 동기 • 141
2. 전문용어의 이론적 기반 • 143
3. 전문용어의 유형 • 145
4. 전문용어 제정의 경향 • 147
5. 어휘론 및 사전편찬학에 대한 전문용어학의 유용성 • 150

제 6 장 응용 전문용어학 • 155

1. 수요와 목적 • 157
2. 언어와 문화의 수단 • 168

제 7 장 전문용어학과 사전편찬학 • 179

1. 사전편찬학의 특성 • 179
2. 전문용어학의 특성 • 183
3. 전문용어학과 사전편찬학의 관계 • 187
4. 사전편찬학과 전문용어학 교육 • 191

제 8 장 전문용어와 전문용어 작업 • 195

1. 어휘론과 사전편찬학 • 195
2. 전문용어의 의미와 기능 • 198
3. 전문용어학과 전문용어집 편찬 • 201

제 9 장 전문용어의 서술과 관리 • 209

1. 전문용어 기술학 • 209
2. 유관기관 및 관련 규제 • 239

제 10 장 법적 위상의 관점에서 본 언어와 전문용어의 표준화 • 251

1. 언어와 규범 • 251
2. 언어학적 기준 • 255
3. 언어학적 표준화, 관리 및 정책 • 263
4. 표준화의 대상 분야 • 267

제 11 장 프랑스어 일반언어 사전의 전문용어:
『Le Grand Robert』 (로베르 대사전) 사례 • 271

1. 사전편찬학 담론의 특성과 범위 • 271
2. 용어와 단어 • 273
3. 선정 기준 및 자료 • 277

참고문헌 • 283

1. 참고문헌 및 추가정보 • 285
2. 본문에 인용된 사전 및 기타 참고자료 • 301
3. 필자의 전문용어학 관련 저작 • 304

색인 • 309

1. 저자 색인 • 311
2. 주제 색인 • 315

John Benjamins Series

02 Essays on Terminology

서 론

전문용어학[1]의 정의와 관련된 이론적 난제, 그리고 기술용어의 존재를 위한 일반적 조건을 감안할 때, 전문용어의 관리는 명명 및 체계적 분류 문제를 해결할 수 있는 각 지식분야의 주제 전문가의 손에 맡기는 것이 가장 좋다는 결론을 낼 수도 있고, 반대로 표준화나 기타 언어 규제를 다루는 언어계획 담당자나 유관기관에 전문용어 관리를 맡겨야 한다는 결론에 도달할 수도 있다. 그러나 자율적 전문용어 관리 활동은 결국 사회언어적 이유에서 이루어지는 것이므로, 이러한 활동의 역사를 살펴보는 한편 점차 독립된 학문으로 인정받고 있는 전문용어학의 탄생에 기여한 다양한 지식분야에 대해 알아볼 필요가 있다.

특정한 사회집단 내의 단일어 커뮤니케이션, 그리고 다양한 공동체간의 다언어 커뮤니케이션 및 정보교환은 이 과정에서 사용되는 언어의 어휘에 심대한 영향을 미친다. 차용어의 지위, 소위 '국제어(international word)'의 지위, 복잡한 명칭(designation) 단위의 적절한 구성, 그리고 새로 생겨나거나 외부에서 도입된 개념영역(concept field)의 동화(acclimatisation) 등이 중대한 인지적·사회언어적 쟁점이 되고 있다. 언어의 사회적 작용으로 인해 나타나는 결과 이외에도, 적절한 방식으로 담화가 이루어지도록 제한·표준화된 각 언어의 특정한 용례에 일어나는 변화에서 가장 중요한 영향을 체감할 수 있다. 첫 번째 사례에서는 기존의 규칙이 있는 과학, 기술, 제도 관련 담화에서 그 효과를 느낄 수 있다. 하지만 그 외에도 전자의 요소를 차용하여 상업, 언론, 홍보, 선동 관련 담화 등의 이념적 담론에서, 그리고 교육과 대중화를 통하여 이러한 담론을 일견 '중립적인' 방식으로 전파하는 기구의 창설을 위하여 수사적인 방식으로 이를 재사용하는 파생적인 형태의 담론에도 영향이 있다.

언어적, 간언어적, 개념적 표준화를 유발할 수 있는 이 같은 사회의미론적 측면 이외에도 학문 및 그 응용에 대한 담론, 그리고 기관과 법률에 대한 담론 자체가 전문용어의 발달에 기여한 바 있다. 과학이 잘 구성된 언어라는 주장은 필요에 따른 과학적 담론에 의해 정의 및 설명이 발전·구축되며, 이에 따라 어휘가 정식 전문용어로 전환되어 그 사용을 통제할 수 있게 된다는 주장과 같다.

따라서 전문용어집 편찬(terminography)[2] 등의 전문용어 관리 실무는 자연스럽게 생성되고 표준화된 전문용어가 부적합한 것으로 증명되는 경우, 그리고 개념의 조화(harmonization) 또는 표준화가 외부에 의하여 수행·관리되는 경우에 한하여 시작된다. 이러한 조건 중 첫 번째는 언제나 유효하고 당연한 조건이 된다. 개념의 진화 속도가 전문용어보다 빠르기에 아무리 일관성이 높은 학문이라도 지속적인 재평가를 거치기 때문이다. 반면 두 번째 조건은 중대한 장애물에 직면한다. 예를 들어 수학자가 아닌 사람이 수학 용어를, 생물학자가 아닌 사람이 생물학 용어를 제대로 관리하기란 불가능할뿐더러, 수학자나 생물학자 중에서도 자신이 연구하는 특정 주제분야를 넘어 타 주제분야의 전문용어 및 개념까지 알고 있는 경우는 극소수에 불과하기 때문이다. 이에 따라 전문용어집은 언어적 자문만을 제공하게 되며, 이렇게 편찬된 전문용어집의 영향은 정보의 교환에 대한 사회언어적·문화적 관리에 국한된다.

그러나 전문용어학의 기능을 이러한 점으로 한정해서는 안 된다. 전문용어학의 이론적 기능에 대해서는 아직까지 완전한 수용·발전이 이루어지지 않았으나, 전문용어학은 그 대상, 즉 (그 자체로 기호체계의 하위 분류라 할 수 있는) 전문용어 체계와 개념화된 판단의 기능적 단위 사이의 관계에 대한 엄격한 과학적 연구의 형태를 취하여야 한다. 발전, 변화 또는 재구성이 진행 중인 지식분야에서는 전문용어의 생성·관리가 보통 내부적으로 이루어지지만, 이렇게 구성된 전문용어는 불완전하고 다원적이며 조정이 이루어지지 않는 경우가 많다. 전문용어학, 또는 메타 전문용어학의 이러한 측면은 실제로는 과학기술에 대한 어원학에 적절하게 귀속되어 있다. 학문으로서의 전문용어학이 기여한 부분은 바로 지식의 생성, 고착화, 담화를 통한 전파 과정에서 어휘 언어학과 어휘론의 성과를 지식의 사회적 작용 및 언어의 사용과 통합시켰다는 점이다.

기술적이고 규제적인 특성을 가지는 활동인 전문용어집 편찬은 사전 편찬과 사회언어학의 방법론에 바탕을 두고 있으며, 문서 분석 및 번역에도 응용이 가능하다. 사전 편찬과 구분되는 전문용어집 편찬의 독립적 지위는 이론적 전문용어학에 기반을 두고 있다는 점에 기인한다. 신생 학문인 전문용어학에 적합한 일련의 이론이 존재한다는 사실은 로테(D. Lotte)를 위시한 러시아 학자들, 그리고 뷔스터(E. Wüster)의 지도를 받은 독일 학자들의 노력 덕분에 오늘날 인정을 받게 되었다. 그러나 논리학, 인식론, 과학사, 기술, 담화분석의 현대적 성과에서 나온 요소들을 전문용어학에 통합함으로써 이러한 기반을 더욱 강화할 필요가 있으며, 이를 위해서는 다양한 학문 분야를 아우르는 공동의 노력이 필요하다. 전문용어학의 역할은 이러한 과업을 직접 수행하는 것이 아니다. 대신 공동의 노력을 촉발하고 이에 기여하는 한편, 사회적 수요에 의하여 요구되는 실제 응용에 도움이 되는 결론을 도출하는 역할을 담당하여야 한다.

미주

1. '전문용어학'을 의미하는 영어 표현 'terminology'는 문맥에 따라 학문으로서의 전문용어학 이외에도 전문용어의 관리 작업, 그리고 전문용어 그 자체를 의미하는 표현으로도 사용된다. 본서에서는 각 문장의 맥락에 따라 'terminology'를 '전문용어학', '전문용어 관리', '전문용어', '전문용어 체계' 등 다양한 대응어로 옮겨두었다. (번역자 주)

2. 앞서 설명한 'terminology'의 경우와 마찬가지로 'terminography'에 대해서도 문맥에 따라 '전문용어집 편찬', '전문용어집' 등으로 다양한 대응어가 사용되었다. (번역자 주)

1장

전문용어학의 기원과 발전

"이름이 무슨 의미가 있단 말인가? 장미라고 불리는 저 꽃도 이름이 어떻게 달라지든, 향기는 결코 달라지지 않을 텐데."

셰익스피어(W. Shakesphere), 『Romeo and Juliet』(로미오와 줄리엣) 中

전문용어학은 근본적으로 이름(name) 및 명명(naming) 과정과 관련된 학문이다. 이름 및 명명을 다루는 모든 논의에는 언어 및 의미에 대한 논의가 수반되기 마련이다. 이 글에서는 현대 서구권의 특수한 수요와 특정한 활동의 관점에서 전문용어학의 발전 단계를 일부 간추려 설명하고자 한다.

1. 단어와 생각의 역사: 명칭목록

인간이 사물에 이름을 붙일 필요성을 절감하고 이에 대한 글을 남긴 역사는 고대로 거슬러 올라가지만, 서구권에서는 플라톤(Plato)의

『Cratylus』(크라틸로스)가 전문용어학을 주제로 한 최초의 기초적 저작이었다. 플라톤과 6세기 스토아학파 사이에는 성(聖) 아우구스티누스(St. Augustin), 성(聖) 안셀무스(St. Anselm), 인도 사상가, 아랍 철학자, 문법학자, 사전 편찬자 등이 전문용어학에 대한 글을 남겼다. 중세 시대의 철학·문법 관련 저술에서는 언어, 그리고 언어와 대상·생각의 관계를 주제로 심도 깊은 고찰이 이루어졌다. 그러나 명명과 관련된 문제를 다루는 별도의 학문, 그리고 이러한 문제를 해결하기 위한 방법론을 확립하자는 생각은 르네상스 이후에야 서서히 등장하기 시작했다.

단어의 역사는 이러한 점을 잘 보여준다. (라틴어 'nomen calare'에서 유래한) '명칭목록(nomenclature)'이 '용어집(glossary)' 또는 '이름 목록(list of names)'이라는 의미를 가지고 16세기 초반에 프랑스어와 영어에 처음 등장했을 무렵에는 ('발화된 단어'라는 의미의 라틴어 'dictio'에서 유래한) '사전(dictionary)'과 거의 유사한 단어였다. 반면 '기술에 대한 담론 또는 논문(라틴어: ars, artis, 그리스어: tekhne)'이라는 의미로 1615년에 처음 사용된 영어 단어 '특수용어(technology)'는 17세기 중반에 '특정한 기술 또는 주제에 관한 용어'라는 보다 구체적인 의미로 바뀌게 되었다.

'특수용어'라는 표현이 사용된 개별 사례가 일부 존재하며 프레보(A. Prévost) 신부가 1750년에 발표한 『Manuel lexique ou dictionnaire portatif des mots françois dont la signification n'est pas familière à tout le monde』(모든 사람에게 의미가 익숙하지 않은 프랑스어 단어에 대한 어휘 안내서 또는 휴대용 사전)에도 '특수용어'를 의미하는 프랑스어 단어인 'technologie'가 포함되었지만, 이 단어는 결국 살아남지 못했다. 그 대신 프랑스어에서는 '전통적 작업방식(기법)에 대한 전문화된 담화', 그리고 '이러한 담화에 필요한 어휘'라는 의미를 모두 가진 '기술어(langue des arts)'라는 표현이 사용되었다. 이처럼 전문화된 담화를 파악할 필요가 있었을 뿐만 아니라, 해당 담화를 구성하는 항목에 대한 설명이 필요한 것으로 간주되었다. 퓌르티에르(A. Furetière)가 1690년에 발표한

『Dictionnaire Universel』(보편사전), 그리고 프랑스 학술원(Académie Française)을 위해 1694년에 발간되었으며 『Dictionnaire Universel』에 비해서는 반향이 적었던 코르네이유(Th. Corneille)의 사전은 과학 및 기술 용어에 대한 규범적 설명의 필요성을 잘 보여주었다.

퓌르티에르는 『Dictionnaire Universel』에서 백과사전적이며 언어 외적인 요소에 초점을 맞추었다는 점에서 이미 단순한 사전 편찬을 넘어 전문용어를 다룬 인물이었다. 전문용어에 대한 이 같은 인식은 18세기 과학자 사이에서 더욱 심화되어 디드로(D. Diderot)와 알랑베르(J. d'Alembert)의 방대한 저작 『Encyclopédie』(백과사전)에도 반영된 바 있다. 영국에서도 챔버스(E. Chambers)의 『Cyclopaedia or Universal Dictionary of Arts and Science』(기술과 과학에 대한 백과사전 또는 보편사전, 1728)과 존슨(S. Johnson)의 『Dictionary of the English Language』(영어사전, 1755) 등 이와 유사한 노력이 같은 시기에 진행되었다.

이 같은 현상은 특히 자연과학 관련 저술에서 두드러지게 나타났다. 뷔퐁(G. Buffon)은 『Histoire naturelle』(박물지)에서 다음과 같이 서술한 바 있다.

> 동물의 역사(즉, 체계적이고 구체적인 묘사)를 자세히 설명하고자 할 때 가장 먼저 실행하여야 할 과업은 명명법에 대한 비판적 검토로, 이는 모든 언어에서 다양한 시대에 붙인 서로 다른 이름을 면밀하게 파악하기 위한 것이다.
>
> (뷔퐁, 1749)

뷔퐁은 문헌학적 관점에서 구축한 자신의 체계에서 개념을 구성·설명하기 위한 정보적 가치를 언어적 기호에 부여하였다.[1]

1735년에는 식물 분류에 대한 스웨덴 생물학자 린네(C. Linneaus)의 저술이 네덜란드 라이덴에서 발간되자마자 큰 반향을 불러일으켰다.[2] 린네는 식물 분류를 위하여 별도의 어휘를 사용해야 할 필요성을 인식하였고, 그가 구축하였던 이름과 종별 표찰로 구성된 복잡한 체계가 라틴어에서 유래하였다는 점에서 전문용어학에 기여한 바가 크다.

사실 린네는 식물 분류와 관련된 오랜 전통을 계승하였을 뿐이며, 가장 가깝게는 꽃부리의 구조를 바탕으로 새로운 식물 분류를 제안한 투른포르(J. de Tournefort)의 뒤를 이었다고 할 수 있다.[3] 투른포르는 분류체계에 역점을 둔 식물기재학을 확립하였지만, 종을 구별 짓는 특징에 대해서는 관심을 두지 않았다. 자연과학의 기존 관행에 대한 전형적인 이해를 바탕으로 투른포르는 전문용어학의 일부 측면에 대하여 오늘날까지도 유효한 체계를 마련하였다.

> 식물을 이해한다는 것은 곧 해당 식물의 부위 중 일부의 구조와 관련하여 (중략) 부여된 이름을 정확하게 이해하는 것이다. 한 식물을 다른 식물과 본질적으로 구분 짓는 특징을 언제나 각 식물의 이름에 반영하여야 한다.
>
> (투른포르, 1694)

1758년 박물학자 몽소(D. du Montceau)는 나무를 다룬 연구에서 명명법을 "과학의 대상을 분류하고 명명하는 기술"로 정의하였다.[4] 그보다 1세기 전 체살피노(A. Cesalpino)는 식물에 대한 새로운 서술 방식을 도입하여 식물학의 신기원을 열었다.[5] 그는 관찰을 통해 얻은 방대한 데이터 중 일반적인 중요성과 분류상의 가치가 있다고 판단한 데이터만을 선택하여 일반적인 서술 기준을 확립하고자 시도했다는 점에서 식물학에 공헌한 바가 크다.

프랑스에서는 린네의 분류가 쥐시외(Jussieu) 형제의 저작에서 특히 많은 공명을 얻었다. 형인 앙투안은 투른포르의 뒤를 이어 파리 왕립식물원의 원장으로 재직했으며, 특히 동생인 베르나르는 1758년에 식물에 대한 고유한 자연분류 체계에 따라 베르사이유의 트리아농 별궁 정원을 만든 인물이다.

린네 이외에 식물 분류 분야에 가장 큰 공헌을 남긴 인물은 기통 드 모르보(L. Guyton de Morveau)였다. 그는 1780년부터 화학 명명법에 대한 개혁 작업을 진행했으며, 오래 지나지 않아 라부아지에(A. Lavoisier), 베르톨레(C. Berthollet), 푸르크루아(A. de Fourcroy)도 이 같은 그의 노력에 동참했다.[6]

린네의 명명법과 18세기 박물학 전반은 지식과 그 분류에 사용된 언어간의 완전한 통일성에 바탕을 두었다. 이는 푸코(M. Foucault)가 『Les mots et les choses』(말과 사물, 1966)에서 확인하고 논의하였던 주제이기도 하다. 반면 기통 드 모르보와 라부아지에의 화학 명명법은 현대적인 기능주의 방법론에 근간을 두고 있다. 이들의 차별화된 서술체계, 그리고 관련 특성의 조직화 방식은 과정 및 기능에 대한 지식에 기반한 것으로, 도표 내 위치에 따른 공간 및 외양을 기준으로 서술 가능한 특징에 더 이상 바탕을 두지 않았다.

분류학(taxonomic sciences)은 과학적 수요에 따라 발전한 학문이다. 자연에 대한 과학적 접근법이 도입되고 대수학과 라이프니츠(G. Leibniz) 논리학이 널리 수용되면서, 경제적 진화와 자본주의 부르주아 계층의 부상이 분업과 맞물려 여러 가지 변화가 발생했다.

18세기 중반 디드로의 『Encyclopédie』(백과사전)는 기술 관련 어휘의 취급 면에서 괄목할 만한 진전을 보여주었다.[7] 로크(J. Locke, 1690/1977)를 신봉했던 디드로는 개념과 단어 사이의 관계에 특히 관심이 많았다. 『Le Neveu de Rameau』(라모의 조카)[8]와 같은 디드로의 문학작품에서도 이 문제에 대한 그의 몰두를 확인할 수 있다.

> 기술 언어는 두 가지 이유에서 극도로 부적합하다. 첫째는 적절한 단어가 희귀하다는 점이고, 둘째는 동의어가 너무나 많다는 점이다. (중략) 기술 언어에서 망치와 펜치, 나사송곳, 삽 등에 붙은 이름이 기술의 수만큼이나 많다.
>
> (디드로, 1763)

디드로는 다양한 분야에서 사용되는 언어가 다양하다는 점에 주목하고 조화의 필요성을 인식했다. 디드로는 "익숙하고 잘 알려진 소수의 용어의 사용 방식" 및 이들 용어에 대한 "상관어/대응어"(즉, 결정형용사)의 사용 방식을 "체계화할 수 있는 기술에 대한 표준화된 문법"이 필요하다면서, "이러한 문법은 별개의 기구 및 과정의 형태 및 사용에 대한 차이점 및 유사점에 따라 이름의 생성 여부를 판단할 수 있을 것이기 때문"이라고 주장했다.

이러한 유형의 고찰은 과학 언어에는 분명 적용이 불가능하다. 따라서 일단 명칭의 정밀성과 적절성이 고려되기 시작하면 기능 및 기술이 사회에 가지는 사활적 중요성이 분명하게 드러난다. 지식 발전의 이론적 측면, 그리고 인간 노동력의 조직화를 통한 철저한 세계 파악의 실용적 측면은 언어에 대한 각자의 태도 면에서 명백한 차이가 있다.

디드로에게 있어 기술 언어는 개념적인 문제(즉, 동기부여 및 단어 적정성의 문제)인 동시에 실용적인 문제였다. 그가 서로 다른 주제분야 내 명칭의 확산에 대해 유감을 표명했던 때가 대표적인 사례이다. 디드로는 기술 어휘의 취약성이 단어를 현실에 맞게 조정하는 작업의 어려움 때문이 아니라 사회·직업적 상황으로 인한 것이라고 보았다. 각종 기술이 충분히 발전하여 급격한 변화를 겪지 않는다는 것이 그의 기본 가설이었다. 이 점에서 디드로는 얼마 지나지 않아 잘못된 것으로 판명된 산업화 이전 사회의 관점을 반영했다고 할 수 있다.

2. 전문용어

영어의 '용어(term)', 그리고 이를 나타내는 타 언어의 등가표현들은 널리 알려져 있지만, 언어학과 구분되는 '용어과학(science of terms)'이라는 개념은 18세기 후반부가 돼서야 수용되기 시작했다. 할레·예나 대학교(Universities of Halle and Jena)의 교수였던 슈츠(C. Schütz, 1747~1832)의 저작에서 '전문용어'를 의미하는 독일어 단어 'Terminologie'가 사용된 것을 확인할 수 있다. 형용사인 'terminologisch'는 1788년에 처음 등장했다.

그로부터 얼마 지나지 않은 1801년부터 영어에서 'terminology'가 일찍이 1610년에 영어에 도입되었던 'nomenclature(명칭목록)'와 경쟁하기 시작했다. 1801년 프랑스어에서도 'terminologie'라는 단어가 사용된 기록이 남아있으나, 이는 신조어를 주제로 한 책에서 "불가해한 용어의 남용"을 다룬 메르시에(S. Mercier)가 비판적인 의미로 사용한 표현이었다.[9]

부정적인 뉘앙스가 없는 '용어'의 근대적 용도는 영국에서 발전한 것으로 보인다. '용어'를 "박물학에서 사물의 서술에 사용되는 말의 체계"[10]로 본 휴얼(W. Whewell, 1837)의 정의를 통해 과학적 의미가 부여되었다. 단, 이러한 표현은 여전히 소수의 과학 분야에만 적용이 가능했다. 한 문장에 '체계(system)', '사물(object)', '학문(science)'이라는 개념이 '용어'와 연관되었다는 점에서, 그 동안 도외시되었던 휴얼의 이 같은 정의는 놀라울 정도로 적절성이 높다고 할 수 있다.

점진적이고 부분적인 방식으로 '명칭목록'이 '전문용어'로 대체된 점은 초점에 변화가 왔다는 사실을 암시한다. 이는 '이름(nomen)'에서 '용어(terminus, '끝' 또는 '한계'를 의미)'로의 이행에서도 증명된 바 있다. 『Oxford English Dictionary』(옥스퍼드 영어사전)에서는 '용어'를 "사물의 규모를 제한하는 것. (중략) 비교되는, 또는 사고 행위에서 (중략) 서로 간의 일정한 관계가 파악 또는 명시되는 두 개의 사물 또는 개념의 각각"으로 정의하였다. 이에 따라 분류학적 분류(taxonomical classification) 안에 존재하는 일련의 이름이라는 개념은 '상호적으로 정의된 의미의 체계'라는 개념으로 대체되었다.

19세기 프랑스 사전들에서는 집합명사 'terminologie'가 어렵고 모호하며 쓸모없는 단어의 집합을 지칭할 때 종종 사용되었다. 프랑스 한림원 역시 'vaine terminologie(쓸모없는 용어들)'이라는 표현에서 폄하하는 투로 이러한 표현을 사용했으며, 프랑스의 낭만주의 시인 노디에(Ch. Nodier)도 과학적 '은어(argot)' 등에 대하여 언급한 바 있다. 이 같은 부정적인 의미는 오늘날에도 영어와 프랑스어 모두에서 과학에 관한 '특수용어(jargon)'에 남아있다((에티엉블(R. Étiemble), 1966). '특수용어'에 긍정적인 정의가 부여된 곳은 전문분야 사전뿐이다. 일례로 부이예(Bouillet, 1864, 제 7판)의 『Dictionnaire des sciences, des lettres et des arts』(과학·문학·예술사전)에서는 '특수용어'를 "과학 또는 기술에 대한 전문적 용어 및 그 의미의 총합"으로 정의한 바 있다.

한편 용어체계에 대한 과학적 연구, 그리고 특수 주제분야에 대한 이론에는 별도의 이름이 부여되지 않았다.

『Oxford English Dictionary』(1933)에서는 오늘날 사용되는 '전문용어학'이라는 의미를 희귀하고 어원적인 것으로 표시하고 있으며, 『Webster's Dictionary』(웹스터 사전, 1966) 제 3판도 'terminology'를 "연구분야에 대한 명칭목록"으로 정의하였다. 『Le Petit Robert』(로베르 소사전, 1978)에서는 "사물 및 개념의 분류에 이름을 붙이는 역할을 하는 (중략) 용어에 대한 체계적 연구. (중략) 동 연구의 일반 원칙"이라는 정의를 제시하였다. 독일어와 러시아어에서는 수십 년 동안 이 같은 정의가 널리 사용되었으나, 프랑스어에서는 1960년이 되어서야 자리를 잡게 되었다. 캐나다 퀘벡에서 처음 사용된 파생어 'terminologue(전문용어 작업자)'의 경우도 마찬가지이다. 오늘날까지도 'terminology'라는 표현이 학문('전문용어학')의 의미로는 널리 인식되지 않고 있으며, 최근 간행된 프랑스 백과사전들은 전문용어학의 존재조차 인정하지 않는다. 보다 깊은 침묵을 나타낼지도 모르는 용어상의 이 같은 공백을 메우는 것이 이 글의 목적 중 하나이다.

3. 주제의 범위에 대한 관찰

1) 서유럽의 고전주의 시대(17~18세기)

이 시대를 규정하는 특징은 언어 이론의 집대성, 지식에 대한 고찰, 지식의 수학화 추세 강화, 기술적 진보에 대한 새로운 인식, 그리고 보편적(백과사전적)인 학술적 태도였다.

언어 이론은 '일반문법(general grammar)'에 부분적으로 근간을 두고 있는데, 이러한 일반문법은 고대 그리스·로마 및 중세 시대의 의미론과 앵글로색슨 민족의 경험주의적 전통에서 파생된 것이었다.

1690년 발표된 로크의 『Essay on Human Understanding』(인간오성론)은 사상과 지식, 언어간의 관계를 다룬 텍스트 중 의심의 여지없이 당대 최고의 영향력을 자랑하는 저작이었다. 모페르튀(P. Maupertuis)는 특히 콩디약(E. de Condillac)의 감각론에 기반을 두고 이러한 사상에 대한 정신병리학적 해석을 제시했는데, 그의 해석은 『Neue Abhandlungen über den menschlichen Verstand』(신 인간 지성론)에서 라이프니츠(G. Leibniz)가 제시했던 형식주의적 비평과는 근본적인 차이가 있었다. (당시에는 라이프니츠의 비평에 대한 온전한 이해가 이루어지지 않았다.)[11]

'본유관념(innate idea)'이라는 개념에 공통적으로 적대적인 태도를 보였던 로크와 콩디약, 그리고 기계론적 접근법을 파괴한 장본인인 라이프니츠는 이내 지식이론에 대한 데카르트(R. Descartes)의 영향력을 제한하게 되었다. 오늘날 촘스키(N. Chomsky, 1966)가 주도한 데카르트 언어학의 부활도 마찬가지로 거부의 대상이다.

고전주의 시대 후반에 등장한 칸트(I. Kant)의 비판적 종합은 문제를 새로운 형태로 표현하였다. 개념보다 판단, 단어보다 논리적 추론이 우선한다는 주장은 (18세기 철학자들이 그토록 강력하게 주창해온) 언어의 구조가 가지는 의미, 그리고 사상을 수단으로 한 세계의 분석에 이 같은 구조가 가지는 중요성이라는 근본적 문제에 대한 회피로 이어졌다.

고전주의 시대에는 사실과 그 작동방식에 대한 체계적 고찰이 이루어졌다. 과학·기술·언어를 고민한 철학자로 근대 전문용어학의 아버지라 할 수 있는 베이컨(F. Bacon) 이후 다양한 학자들이 저마다의 공헌을 남겼다. 1643년 위대한 판화가였던 보스(A. Bosse)는 가르침, 규칙의 작동, 그리고 그가 '기술(technology)'이라 명명했던 기술적 이론을 서로 구분했다.[12] 이 같은 사고방식은 중세의 사고방식을 계승한 것이나, 르네상스 시대의 경제발전 덕분에 완전히 새로운 중요성을 띠게 되었다. 데카르트도 체계화된 기술적 교수법을 주창하였다.[13]

이러한 논의의 중심에는 전문용어의 문제가 있었다. 디드로와 알랑베르의 『Encyclopédie』에서 제시한 종합은 이 같은 진화에서 필수적인 단계였으며, 이는 과학이 무엇보다 잘 구성된 언어여야 한다는 계율에도 부합한다. 철학적인 차원에서 데스튜트 드 트라시(A. Destutt de Tracy)의 '이데올로기(idéologie)'는 언어학에 사상을 다룬 지배적 학문을 중첩시키는 경향이 있었다.[14] 일정한 측면에서는 시대에 뒤떨어진 감이 있었지만, 이 같은 노력은 (로크가 이미 지적했던) 일관성 있는 논리체계의 이론적·실용적 부재를 드러냈다는 점에서 의의가 있다.

2) 19세기의 언어 사회공학과 과학기술 발전

푸코는 지식의 중대한 변화가 발생한 시점이라는 점에서 18세기의 종언과 19세기의 시작이야말로 사상사의 핵심이 되는 순간이라고 보았다. 『Les mots et les choses』(1966)에서도 동일한 기본 주제가 반복되었다. 때로는 교묘하게 위장하거나 방해되는 경우도 있었지만, 이러한 주제는 여러 형태로 재등장하였다.

언어의 구조와 작동에 대한 관찰을 바탕으로 언어학이라는 새로운 학문이 태동하였고, 이는 명명(denomination)의 개념과 연관될 수밖에 없었다. 명명은 특정한 언어로만 이루어질 수 있으며, 언어는 형태적 구조뿐 아니라 기능적 구조도 가지고 있다. 이러한 방법으로 형태에 대한 학문의 필요성이 발견되었고, 이에 따라 괴테(J. Goethe)는 '형태론(morphology)'이라는 단어를 고안하였다.

역사적인 관점에서 볼 때, 19세기 초반 민족주의가 부상함에 따라 언어적 전통에 대한 재평가가 적극적으로 이루어졌다. 낭만주의는 언어, 또는 언어의 사용을 문화와 동일시하였으며, 19세기 문헌학에서는 텍스트가 사회적·역사적 인간의 지식을 평가하는 유일한 수단이라고 보았다. 18세기에 스스로가 언어적으로 우월한 위치에 있다고 보았던 프랑스인들의 신념, 그리고 다수의 지역 언어를 포기하고 프랑스어라는 명망 있는 언어를 선택하였던 수치 모두 설 자리를 잃게 되었다. 이전까지 멸시되었던 형태, 방언, 고어 등이 연구와 관심의 대상이 되었다. 영어 다음으로 독일어, 러시아어가 온전한 문화적 위상을 획득하게 되었으며, 이후 헝가리어, 폴란드어, 루마니아어 등 압제를 받던 공동체들의 언어가 그 뒤를 이었다.

언어학 이론은 보통 사회적 수요의 충족을 위해 발달하기 마련이다. 19세기 프랑스에서는 현대적인 의미에서의 언어학이 번성하지 않았다. 대신 언어에 대한 연구는 문헌학 위주로 이루어졌는데, 이는 스스로에 대한 확신이 과했던 프랑스인들이 과거의 신념이 가진 힘을 잃었기 때문이었다. 현대 언어학은 라스크(R. Rask)를 위시한 덴마크 학자들, 그리고 그림(J. Grimm)과 보프(F. Bopp)를 중심으로 한 독일 학자들이 창시한 학문이다. 이후 독일에서는 슐레겔(F. Schlegel), 훔볼트(W. von Humboldt)를 비롯한 수많은 학자들이 이들의 뒤를 이었다.[15] 이로 인해 유럽의 기존 국제어들은 지식에 대한 독점권을 포기해야 하는 상황에 처하게 되었다.

사회언어적 관점에서 볼 때, 19세기는 언어 개입주의의 태동을 알린 시대이기도 하다. 프랑스에서 그레고아르(Grégoire) 신부가 주도한 1801년의 자코뱅 통일정치는 매우 의식적이고 잔혹한 권위주의 통치로 이어졌다.[16]

도시화, 산업화, 운송수단 발달 등의 사회경제적 진화가 대중교육의 발전 및 민족주의 의식의 자각과 결합되면서 기존의 언어·문화 규범에 영향을 미치고 새로운 언어·문화 규범을 확립하는 명시적 정책이 생겨났다. 선진국의 경우 소수언어와 그 사용에 대한 조직화된 억압이 발생하였으나, 문학작품에서는 이들 언어가 가치를 인정받고 보전되었다.

최근의 자유주의적·지역주의적 반응에서 알 수 있듯이 이 같은 현상은 프랑스에서 강하게 나타났다. 외부의 압력으로 인하여 켈트족 언어들이 사라진 영국, 그리고 이민자들의 문화적 전통이 새로운 단일어 문명이라는 멜팅 팟(melting pot)에 융합되었으며 원주민과 원주민 언어들에 대한 학살이 자행되었던 미국의 경우도 마찬가지이다. 스위스와 벨기에 같은 정치적 고려의 산물을 제외하면 통일적인 언어 표준화를 피할 수 있었던 현대국가는 거의 없었다. 오늘날의 관점에서는 이를 비난하기 쉽지만, 당시에는 민족의식과 국가적 통합이라는 수요에 의하여 촉발된 현상이었다.

동일한 시대에 식민주의로 인해 새로운 행정언어가 부여되는 현상이 발생하였다. 처음에는 스페인어와 포르투갈어의 사용이 강제되었고, 이후에는 영어, 프랑스어, 네덜란드어, 그리고 한동안은 독일어까지 광범위한 공동체에 강제되면서 기존의 상업적, 문화적 균형은 물론 다른 모든 언어적 균형을 어지럽혔다. 이는 아시아와 아프리카 사회들을 세계에 개방시킨 것은 물론, 결코 과소평가할 수 없는 역사적 폭력이라는 수단을 통하여 이들 유럽언어의 세계적 역할을 대폭 확대하는 역할을 하였다.

이러한 진화와 전문용어 사이의 연관관계는 분명하다. 당시는 강력한 국가들의 통제 하에 있는 소수 언어에서 강력한 통제를 받는 명칭에 대한 수요가 크게 증가한 상황이었다. 과학기술과 정보교환의 극적인 변혁 및 가속화가 진행됨에 따라 이 같은 수요가 점차 늘어났으며 단계적인 충족이 이루어졌다. 이 같은 진화의 실제 효과는 다양한 기술의 역사에서 확인할 수 있다.[17]

일례로 야금학의 발전은 1783년에 발명된 연철법 덕분이었다. 영국에서는 자국 내에서 이루어진 다양한 발명 덕분에 섬유산업이 발달했다. 기술에 대한 경험주의가 퇴조하고 기술적 관행에 대한 과학적 근거가 제시된 것이 이 같은 변화의 주된 요인이었다. (이는 이미 디드로가 관찰한 현상이었다.) 프랑스의 화학자 베르틀로(M. Berthelot)와 슈브뢰이(M. Chevereul)를 비롯한 일류 과학자들은 자신들의 성과에 대한 산업적 응용을 경멸하지 않았다.[18] 예를 들어 광학의 진보는 사진 등의 영역에서 산업적 응용으로 직접 이어졌으며, 이론역학은 에너지원 등에 대한 통달에 영감을 주었다.

일부 통일된 언어들에서는 거대한 정치 공동체에서 사용되는 과학기술 분야 담론의 탄생으로 명칭에 대한 수요가 배가되었다. 현대 기술은 수단과 방법의 상당한 복잡화를 초래하기는 하지만, 동시에 이러한 수단 및 방법에 대한 일반화·통일화를 통해 그럼에도 불구하고 어휘의 상대적 동질성을 달성할 수 있도록 한다.

3) 19~20세기의 발전상

19세기 말과 20세기 초에는 새롭고 극적인 변화가 발생하였다. 경제적, 사회적, 정치적 수준에서 중대한 변혁이 일어나면서 모든 실용적 지식 및 과학에도 영향을 주었고, 이 같은 변혁에 따라 전문용어학의 변화에 대한 긴급하고 구체적인 수요가 생겨났다. 실제로 전문용어학의 변화는 다소 엄격한 사상체계 뒤에 숨은 형태로 조용하게 진행되었다. 이러한 현상은 효율성에 대한 열망이 효율성 달성을 위한 자동적인 수단을 제공하는 상황과 동시에 발생하였다. 그러나 상대적으로 역사가 오랜 기술의 전자화 및 연산화는 심각한 환멸을 초래하였다. 번역이 이 같은 경험을 겪었고, 사전편찬학은 그 중심에 서 있었다. 두 가지 사례 모두 매우 일반적인 문제점을 보여준다. 즉, 보다 공식화된 학문에 대한 응용에서 나온 방법론은 '연성(soft)' 학문에는 적용하기가 어려웠다. 이들 연성 학문의 경우 '학문(science)'이라는 영예로운 이름을 합리화하고자 하는 그릇된 노력으로 인해 해당 분야에 적용이 불가능한 과학적 엄격함에 대한 권리를 주장하게 된다.

다시 전문용어학과 그 실제적 응용에 대한 이야기로 돌아가자면, 우리는 현재 전 세계적인 수준에서 과정의 일반화를 목도하고 있다. 이로 인해 세계 각지에서 원시적인 기술부터 첨단 원자력 기술에 이르기까지 다양한 수준의 기술이 공존하는 상황이 발생하게 되었다. 이처럼 상황을 복잡하게 만드는 요인은 최악과는 거리가 멀다. 사회정치적·기술적 진화와 연결된 정보의 집중적인 유통은 기만적인 대중화, 과학적 사실의 이념적 이용, 잘못된 방향으로 가는 토론, (말 그대로 그리고 은유적인 의미에서) 과잉과 혼란으로 인해 초래된 커뮤니케이션 채널의 차단, 그리고 편파적이고 심지어 해롭기까지 한 정보 선택으로 인한 집단 신경증 등 골치 아픈 부작용과 연관되어 있다.[19]

교육과 정량적 정보 면에서 진전이 있었음에는 의심의 여지가 없지만, 이와 동시에 응용에 대한 과학적 기반의 창출로 인해 중대한 변형 및 이에 따른 왜곡 없이 지식을 유통하기가 더욱 어려워지고 있다. 이러한 과업이 점차 어려워짐에 따라 담화 및 지식 획득에서 전문용어학이 담당하는 치료적 역할이 더욱 중요해지고 있다. 강력하고 모호하며 텅 빈 단어에 대한 물색에서 이 같은 점을 확인할 수 있다. 지적 혼란주의의 주요 목격자이자 비판자인 발레리(P. Valéry)는 이러한 '앵무새들(perroquets)'을 통렬하게 비판한 바 있다.

경제적, 정치적, 사회적 권력의 구조와 관련된 진화는 더욱 극적이다. 여론조작 기법, 권력투쟁 및 억압을 위한 방법론, 심지어 고문과 학살까지 잔혹한 대립의 단계에 도달하였다.

우리가 관찰한 바처럼 지식의 위기는 무엇보다도 지식의 전파에 영향을 미치지만, 그 다음으로는 지식의 구조에도 영향을 미친다. 주체-객체 관계(subject-orient relationship)는 더 이상 과학을 통해 기적적으로 단순화·정화되는 것으로 간주되지 않는다. 이제 과학은 주체가 스스로가 빚어낸 객체 안에 있다는 점을 인정하고 선언한다.[20] 철학자와 시인들은 이 같은 주제를 자연과학의 몫으로 넘겼다. 보어(N. Bohr)와 하이젠베르크(W. Heisenberg) 이후 그 어떤 인식론자도 이 주제를 피해가지는 못했다.[21] 기호의 위기와 연결된 인류학의 우려스러운 질문들은 이론적 지식의 뿌리 깊은 조바심을 잘 보여준다.

『Les mots et les choses』의 마지막 장에서 푸코는 최근 등장한 사상사의 전 세계적 분신, 즉 지식의 객체로서의 인간이 가지는 안정성에 의문을 제기했다. 이 경우 지식의 주체와 객체 사이에 상정되는 일관성이 인간이 아닌 형식적 또는 자연적 객체를 위해 해석된 '과학'의 개념이 가지는 위치와 기능을 그 자체로서는 수성하지 못하는지 여부에 대해서도 질문을 던질 수 있다. '인간'을 발견하기를 희망함으로써 과학은 스스로에게 근본적인 변화를 선고한 것인지도 모른다.

또한 과학과 기술간의 관계는 이론과 실제 사이에 확립된 연결 관계를 흔드는 것으로 보인다. 공식화된 과학에서 유래한 전문용어들은 자연과학에서 주도력을 확보한 다음 일상적인 언어 사용의 영역, 즉 인간과 인간 활동의 영역으로 이동한다. 이제 과학적 비전, 그리고 인간 활동에 대한 과학 위주의 관점이 없는 기술적 전문용어는 존재하지 않으며, 따라서 '인간과학(human science)'이 없는 전문용어는 있을 수 없다. 그러나 경험과 관련한 이러한 과학적 설명에 대한 신념을 수용하는 순간 그 무엇보다도 안정적이라 믿었던 개념과 이름의 체계는 스스로의 기반에 의문을 제기하기 시작한다. 갑자기 모든 것이 도전에 직면하게 되며, 이름과 개념은 사회학 또는 요리법만큼이나 많은 문제를 수학에서도 야기하였다. 이러한 현상으로부터 보호받는 것으로 보이는 영역들, 즉 명명법과 응용과학 및 제도는 오늘날 응용 전문용어학의 연구 대상이 되었다. 전문용어가 비로소 제 자리를 찾는 분야이다. 그러나 이들 주제분야의 중요성은 핵심 부문과 관련하여 파생되는데, 이는 언제나 논의의 대상이 되거나 담화의 문제에 종속되는 영역이다.

전문용어학 이론에서 만연하는 경우가 많은 엄격한 실증주의는 해당 이론이 생겨나던 시점에는 필요했던 과도기 단계일 것이다. 그러나 서술하고자 하는 욕망과 서술 대상 객체에 대한 무지 사이의 격차는 전문용어학을 무력한 학문으로 전락시키거나 번역 또는 문서화를 위한 지원 도구라는 하찮은 위상을 가지게 만들 것이다. 하지만 전문용어학은 실제로는 모든 사회적 계획에 선행하는 근본적 수요를 만족하기 위한 필수불가결한 지식체계라 할 수 있다.

미주

1. 뷔퐁 백작(르클레르(G. Leclerc), comte de Buffon, 1701~1788): 뷔퐁의 1749년 작 『Discours sur la manière de traiter l'histoire naturelle』(박물지)은 고어(R. Gore)가 영어로 번역하여 『A manual of the elements of natural history』(자연과학 요소 매뉴얼)라는 제목으로 1825년 런던에서 출간되었다.

2. 린네(C. Linnaeus): 스웨덴의 위대한 생물학자 린네는 식물 분류에 대한 기본서 『Systema naturae, sive regna tria naturae sistematice proposita and Fundamenta botanica, quae majorum operum prodromi instar theoriam scientia botanices par breves aphorismos tradunt』(자연의 체계)를 1735년 출간하였다.

   추가 참조:
   스턴(W. Stearn, 1959). The background of Linnaeus' contribution to the nomenclature and methods of systematic biology. In *Systematic Zoology*, 7, 4-22.

   제프리(C. Jeffrey, 1977). (식물 명칭목록에 대한 입문서로, 동물, 박테리아, 바이러스의 명칭도 함께 다루었다.)

3. 투른포르(J. de Tournefort, 1656~1708): 투른포르는 1694년 『Eléments de Botanique』(식물학의 요소들)를, 1700년에는 『Institutiones rei herbariae』(식물체계)를 각각 출간하였다.

   추가 참조: 제프리(1977).

4. 몽소(D. du Montceau): 몽소는 1758년 『De la physique des arbres』(수목 자연학)를 출간하였다.

   추가 참조: 제프리(1977).

5. 체살피노(A. Cesalpino): 체살피노는 1583~1603년에 피렌체에서 16권에 달하는 기념비적 저작 『De plantis』(식물론)를 출간하였다.

6. 화학 명칭목록의 진화를 다룬 저작으로는 칸(R. Cahn, 1979), 플러드(W. Flood, 1960), 크로슬랜드(M. Crosland, 1962) 등이 있다. 프랑스어 문헌의 경우 다고

네(F. Dagognet, 1969), 벵소드-뱅상(B. Bensaude-Vincent, 1993)이 대표적이다.

원전 출처는 다음과 같다.

기통 드 모르보, 라부아지에, 베르톨레, 푸르크루아(L. Guyton de Morveau, A. Lavoisier, C. berthollet & A. de Fourcroy, 1787). *Méthode de nomenclature chimique*. Paris: Cuchet.

기통 드 모르보(L. Guyton de Morveau, 1782). *Tableau de nomenclature chimique*.

최초의 영어 번역본은 라부아지에(A. Lavoisier, 1799). *The Treatise of Elementary Chemistry* (4th ed.). Edinburgh이다. 동 저작에서 발췌한 내용이 웨스트폴과 토렌(R. Westfall & V. Thoren, 1968)에도 실려 있다.

추가 참조: 스틸먼(J. Stillman, 1924); 데이비스(K. Davis, 1966); 홈즈(F. Holmes, 1985).

7. 35권으로 구성된 『Encyclopédie, ou dictionnaire raisonné des sciences et des arts』(백과전서)는 1751년 파리에서 출간되었다.

동 저작의 서문은 알랑베르(J. d'Alembert, 1805). *Oeuvres Philosophiques, historiques et littéraires*. Paris: Bastien에 등장한다.

추가 참조: 단튼(R. Darnton, 1979); 웨스트폴(R. Westfall, 1968).

8. 디드로(D. Diderot, 1763/1950). Le Neveu de Rameau. Lille: Giard.

9. 메르시에(S. Mercier, 1801). *La néologie ou Vocabulaire des mots nouveaux*. (2 vols.) Paris.

10. 휴얼(W. Whewell, 1794~1866): 영국의 인식론자 겸 철학자이다. 휴얼의 『History of Inductive Sciences』(귀납적 과학의 역사, 1837)와 『The Philosophy of Inductive Sciences』(귀납적 과학의 철학, 1840)는 과학의 역사와 인식론의 발전에 한 획을 그었다.

11. 로크(J. Locke, 1632~1704): 스코틀랜드의 철학자로, 근대 경험주의의 창시자로 간주된다. 로크의 『Essay on Human Understanding』(인간오성론)은 1689년에 출간되었다.

모페르튀(P. Maupertuis, 1698~1759): 프랑스의 수학자 겸 철학자이다.

콩디약(E. de Condillac, 1715~1780): 프랑스의 철학자로, 감각론의 창시자로 간주된다. 콩디약의 『Essai sur l'origine des connaissanes humaines』(인간지성기원론)은 1746년에 출간되었다.

라이프니츠(G. Leibniz, 1646~1716): 독일의 철학자, 수학자 겸 과학자이다. 라이프니츠의 형식주의적 비평은 1665~1704년에 출간된 『Neue Abhandlungen über den menschlichen Verstand』(신 인간이성론)에 표현되어 있다.

추가 참조: 러셀(B. Russell, 1937); 브로드(C. Broad, 1975).

이들 철학자에 대한 개관은 홀(A. Hall, 1962) 참조.

추가 참조: 아르슬레프(H. Aarsleff, 1982); 줄리어드(P. Juliard, 1970).

12. 유명 판화가 보스(A. Bosse, 1602~1667)는 1643년에 출간된 저서 『De la manière à graver à l'eau forte et au burin』(에칭 및 뷔렝 판화 기법)에서 '기술(technology)'이라는 단어를 사용하였다.

13. 데카르트(R. Descartes)의 저작에 대한 영문 번역본은 데카르트(1931) 참조.

14. 데스튜트 드 트라시(A. Destutt de Tracy, 1970). Eléments d'Idéologie. In *Oeuvres Complètes*. Paris: Librarie Philosophique.

15. 언급된 학자들의 저작 중 관련이 높은 것을 정리하면 다음과 같다.

훔볼트(W. von Humboldt, 1836). *Über die Verschiedenheit des menschlichen Sprachbaues und ihren Einfluss auf die geistige Entwicklung des Menschengeschlechts.*

슐레겔(F. Schlegel, 1822). *Über die Sprache und Weisheit der Inder.*

라스크(R. Rask, 1814). Researchers on the origin of the ancient nordic language. Copenhagen.

그림(J. Grimm, 1870). *Deutsche Grammatik*. (2nd ed.) Berlin.

보프(F. Bopp, 1845). *Kritische Grammatik der Sanskrita-sprache.*

요약정리는 레흐만(W. Lehmann, 1967); 벅과 라벤(G. Buck & F. Raven, 1971); 로빈스(R. Robins, 1990) 참조.

16. 그레고아르(Grégoire) 신부가 1794년에 제시한 과격한 제안(『Rapport sur la necessite et les moyens d'anéantir les patois et d'universaliser l'usage de la langue française』(방언을 제거하고 프랑스어 용법을 보편화할 필요성 및 수단에 대한 보고))은 발리바르와 라퐁트(G. Balibar & F. Laponte, 1974)에서 논의되었다.

    추가 참조: 세르토, 쥘리아와 레벨(M. Certeau, D. Julia & J. Revel); 레이(A. Rey, 1989).

17. 이 주제에 대해서는 뒤카스(P. Ducasse, 1983), 기유(B. Gille, 1978) 등 크세주 문고(Que sais-je?) 시리즈 다수, 그리고 펭귄(Penguin) 등 유사 시리즈를 참조하기 바란다.

18. 베르틀로(M. Berthelot, 1827~1907)는 유기화합물 합성에 대한 연구로 가장 잘 알려져 있지만, 이와 더불어 농업 분야에 화학을 응용하는 데 기여하였으며 교육부 장관을 지낸 인물이기도 하다. 슈브뢰이(M. Chevereul, 1786~1889)는 순수화학 연구를 산업적 응용, 특히 지방질 연구와 관련된 응용과 결합하였다.

19. 이들 정보는 처음에는 실험적인 성격을 가진다. 그러나 심취가 되었건 혐오가 되었건 간에, 과학기술 주제의 사회적 반향이 미치는 영향은 풀어내기 어려운 목적을 위하여 이러한 소재를 변형시킨다. 공간의 활용, 발암물질, 질병, 오염, 기상학 등에 대한 담론의 본질을 생각해보면 간단하다.

20. 또 다른 질문이 있다면 바로 "무엇이 주제인가?"일 것이다. 현상학, 막스주의, 심층심리학은 진실을 구성 또는 반영하는 단어·이성, 즉 '로고스'를 전달하는 역할을 하는 지식이라는 순수한 주제에 대한 환상을 깨뜨렸다. 인간은 더 이상 이성적이기만 한 동물이 아니다.

21. 보어(N. Bohr, 1885~1962)는 덴마크의 핵물리학자이자 노벨상 수상자이다. 보어가 전문용어학과 관련성을 가지는 것은 그가 내놓은 상보성(complementarity) 원칙 때문이다. 동 원칙에서는 '구조(structure)'가 사물의 상대적으로 영구적인 측면이라면, '과정(process)'은 이들의 상대적으로 변화하는 부분들을 나타낸다고 본다.

참조: 보어(1958).

하이젠베르크(W. Heisenberg, 1901~1976): 독일의 물리학자이자 노벨상 수상자이다. 하이젠베르크 원칙에서는 대상의 정확한 위치를 말할 수 있다면 그 대상은 움직이지 않음이 분명하다고 본다.

참조: 하이젠베르크(1952).

John Benjamins Series

02 Essays on Terminology

2장

전문용어학의 이론적 문제

Est-ce qu'on sait ce que c'est qu'un pinson
D'ailleurs il ne s'appelle pas réellement comme ça
C'est l'homme qui a appelle cet oiseau comme ça
Pinson pinson pinson pinson
Comme c'est curieux les noms
(되새가 무엇인지 아십니까
게다가 사실은 그 이름으로 불리지도 않지요
이 새를 이름대로 부르는 사람이 여기에 있습니다
되새 되새 되새 되새
정말이지 이상한 이름이에요)
프레베르(J. Prévert), 『Paroles』 (말), 'Dans ma maison'(나의 집에서)

오늘날 이해되는 바처럼 전문용어학은 표현과 커뮤니케이션이라는 즉각적인 문제를 해결할 수 있도록 하고자 개발된 실용적 활동의 성격이 강하다. 그렇다면 전문용어학을 통해 이론적 문제를 해결하는 것은 과연 합리적인 일일까? 사전편찬학에 비견할 수 있는 활동인 기술적 응용 전문용어학(applied descriptive terminology)에 종사하는 실무자들에게 있어 이러한 주제는 다소 불필요한 것으로 보일지도 모른다. (필자는 1977년 기술적 응용 전문용어학을 지칭하는 용어로 '전문용어집 편찬(terminography)'[1]이라는 이름을 제안한 바 있다.) 보통 전문용어 작업 실무자들은 이론을 참조하여 일반화하려는 모든 시도를 곧 모호성과 불필요한 복잡성의 원천으로 간주하기 때문이다.

그러나 아무리 암시적인 것일지라도 이론적 기반이 없다면 해당 주제에 대하여 전문용어학 또는 전문용어 작업을 논하는 것 자체가 불가능하다. 이들 분야와 관련된 활동들은 표준화 및 언어계획, 사전편찬학, 명명법 및 분류학, 문서분석 및 정보처리, 번역, 체계적 교수법(교수학) 등 널리 인정받고 알려진 타 학문에 귀속될 것이다. 더욱이 소위 말하는 전문용어 활동은 관련 학문을 조직하는 데 필요한 과학적, 기술적, 행정적 커뮤니케이션과 언어적 수단의 창출에 표현의 부정확성이 부정적인 영향을 주는 상황에서 진화하였다. 이론이 없다면 분자생물학, 사회학, 정신분석학과 관련된 전문용어 문제와 연산, 토목공학, 항공교통관제, 신 칸트주의 철학과 관련된 전문용어 문제간의 공통점은 존재하지 않을 것이다. 사상과 어원, 의미분석, 전문분야 어휘론의 역사만으로도 이러한 문제에 대처하기에 충분할 것이다.

학문으로서, 그리고 응용과학으로서의 전문용어학의 존재와 통합성, 자율성은 지식과 언어간의 이론적 차별화에 기반을 두고 있다. 그러나 (자주 있는 일은 아니지만) 이러한 차이점이 명시적으로 드러나는 경우에도 전문용어학의 이론적 기반은 여전히 취약하고 분산되어 있으며 시대에 뒤떨어졌다는 문제점을 보인다. 언어학과 어휘론, 문헌학 및 번역이론이 전문용어학의 기반에 불균형적인 영향력을 행사한다는 점에서 전문용어학의 이론적 기반은 취약하다. 이론 개발의 계기가 되었던 각자의 상황과 수요에 따라 여러 학파가 저마다 다른 태도를 취하게 되었고, 이에 따라 서로 다른 기반 및 추정을 바탕으로 연구를 시작했다는 점에서 전문용어학의 이론적 기반은 분산되어 있다. 또한 아리스토텔레스(Aristotle)의 형이상학, 또는 더 위험하게는 플라톤(Plato)주의, 데카르트(R. Descartes)의 기계론적 합리주의, 17~18세기 영국 실용주의에 기원을 둔 특정한 추정들이 해당 철학에 대해 전적으로 무비판적인 태도를 보인다는 점에서 전문용어학의 이론적 기반은 시대에 뒤떨어졌다.

오늘날의 전문용어학에서 개념과 용어간의 근본적 대립은 사상과 언어간의 이분법으로 보일 때가 너무도 많다. 이 분야에서 가장 널리 알려진 이론들은 적절한 전문용어 구조를 통해 항목별로 대응을 이루어야 하는 개념적 구조를 즉시 상정하는, 다소 이상주의적이고 변증법적이지 않은 지적 구성을 보인다. 과학사상의 역사, 기술의 역사, 그리고 번역의 불확실성과 모호성의 역사만 보아도 이 같은 관점에 비판적인 입장을 취할 수밖에 없다. 전문용어학을 더욱 발전시키려면 19세기 말부터 확립된 구분을 기억하고 논리학의 연구성과를 통합하고자 노력할 필요가 있다. (특정한 전문용어학자들의 저술에서 주는 인상과 반대로, 논리학은 밀(J. Mill)이 1843년 발표한 『A System of Logic』(논리학 체계) 이후로 정체되지 않고 꾸준한 발전을 이루었다.) 또한 (신 칸트주의 학자라는 이유로 일부에서는 불신할지도 모르는) 카시레르(E. Cassirer)의 역작으로 시작하여 언어철학 및 어원학 분야의 연구성과를 통합하는 한편, 마지막으로는 과학사와 관련된 연구성과도 전문용어학에 통합하여야 할 것이다.

일례로 중요한 문제 하나를 간단하게 짚고 넘어가고자 한다. 한 언어의 어휘에 대하여 전문용어는 별도의 개체를 구성하는데, 이는 전문용어가 메타언어의 특정한 특징을 가지기 때문이다. 또한 실제 세계와 비언어석 활동을 완전히 파악하고자 한다는 점에서 어휘와는 근본적으로 차이가 있다.[2)]

1. 전문용어 단위의 문제

언어학, 의미론, 기호학과 마찬가지로 전문용어학도 기호를 연구하는 학문이다. 이들 기호는 자연어 단어, 구문 등의 형태를 띠며, 이 같은 형태와의 관계에 대해서는 상세한 논평 및 설명이 필요하다.

1) 어휘단위, 의미단위

어휘론에 대한 수많은 저작에서는 어휘를 구성하는 구조를 설명하고 있다. 여기서는 고대부터 18세기 말까지 근본적인 의미단위로 자연스레 간주되었던 단어의 기능과 형태를 정의하기 어렵다는 점을 상기시키는 것으로 충분할 것이다.

19세기 및 20세기 언어학에서는 단어를 의미의 최소단위인 형태소 또는 기호소로 나누었으며, 고찰하여야 할 중요한 요소로 구문과 핵문장을 추가하였다. 반면 논리학 및 언어철학, 언어 민족학 및 사회언어학, 문헌학적 전통, 방언학, 비교언어학 등에서는 어휘와 단어가 가장 큰 중요성을 유지하거나 재확보하였다. 바이스게르버(L. Weisgerber, 1958), 레이지(E. Leisi, 1961) 등으로 대표되는 독일 단어·객체 언어학파, 그리고 콰인(W. van O. Quine, 1960)의 『Word and Object』(단어와 객체)와 오스틴(J. Austin, 1962)의 『How to do things with words』(말과 행위) 같은 제목에 미친 영향이 이 점을 강력하게 뒷받침한다. 스스로를 반의미론적 또는 무의미론적인 이론으로 간주한 구조주의 언어학은 이러한 문제를 단순히 회피하거나 해당 문제를 정의하려다 지쳐버린 반면, 파이크(K. Pike, 1967)를 비롯한 미국 행태주의 언어학자들은 인간적·사회적 차원에서 이 문제를 다루었다. 변형생성문법학파는 더욱 애매한 입장에 있었는데, 이는 촘스키(N. Chomsky) 본인이 공개적으로 드러낸 사실이기도 하다. (촘스키의 추종자들이 주창한) 형태통사론의 관점에서 전적으로 설명 가능한 어휘적 생산성이라는 개념은 과학적 관찰을 위하여 조정·수정할 필요가 있다.

추상적 언어체계의 엄격하게 조직화된 모델과 (유일한 실제적 관찰 대상인) 담화의 무한한 변형 사이에 용례 또는 객관명사라는 중간적 상태가 필요한 것으로 보인다. 이러한 가설은 기호학과 연결되어 있다. 이 분야에서 소쉬르(F. de Saussure)보다 중요도가 높은 인물인 옐름슬레브(L. Hjelmslev, 1953)는 본인의 이론에서 이러한 가설을 명확하게 설명하였다. 그의 가설은 제대로 된 어휘론의 확립에 필수적이다.[3]

그로스(M. Gross, 1968, 1977)의 어휘·문법에 대한 기술적 체계언어학에서는 체계와 규범 사이의 경계 영역을 탐구하였다. 사회언어학적, 의미론적, 기호학적 관점에서는 단어, 그리고 보다 광범위하게는 자연스러운 분석이 불가능한 단위인 숙어 및 구문이 특수하고 중요한 위상을 가진다. 정보처리 관점에서는 '성문화된 단위(codified unit)'라는 개념이 단어와 구문 단위를 모두 포괄한다. 하지만 전문용어학이 이름(name)과 용어(term)만을 다루는 학문이라면 이러한 질문을 굳이 해야 할 이유가 과연 무엇이란 말인가? 이는 단순히 단어, 그리고 명사구로 성문화된 단어들의 조합이라는 표현 형식의 형태로 가장 자주 나타나는 요소가 바로 이름과 용어이기 때문이다. 용어가 상징기호(graphic symbol)나 숫자표현 등의 형태를 띠는 경우도 있으나, 대부분의 경우 단어(명사, 동사, 형용사) 또는 구문의 형태를 띠게 된다.

2) 이름

단어는 자연어의 어휘에 소속된 기호로, 다른 모든 기호와 마찬가지로 소속된 언어체계 안에서 불가분한 의미 및 사용 형식으로 분석된다. 반면 이름에는 또 다른 의미론적 기능이 존재한다.

논리적·철학적 관점에서 볼 때 이름은 인간경험의 다른 요소, 즉 이름이 지칭하는 개별적 또는 집단적 존재를 의미한다. 명칭(designation)은 이름, 그리고 이름을 사용(하거나 이후 확립, 부여 또는 수용)하는 사람(들)이 명명한 대체 사이에 수립되는 관계이다. 명칭은 실재에 대한 이름의 지시(reference)이다. 상상의 존재에 대해 명칭을 논하는 경우는 없기 때문이다. 따라서 이름의 의미론은 순수하게 지시적인 성격을 띠며, 이에 대한 확장을 통해 분석이 가능하다.

지시와 표시(denotation)는 동일한 관계를 언어행동(즉, 발화하는 주체)과 현실세계의 객체 사이의 관계로 파악한다. 기호에서 사물로 향하는 이 모든 관계는 어의론적(semasiological) 관계로 불린다. 반면 '이름'을 의미하는 그리스어 단어 'onoma'에 어원을 둔 명의론적(onomasiological) 관계는 사물과 명명 대상 객체(즉, 이름 또는 명칭)간의 관계를 의미한다.

기호나 단어가 아닌 이름에서만 고유하게 나타나는 본질적인 관계는 이름을 사물, 개별 개체, 특정 요소와 연결시키는 관계이다. 이 같은 관계는 이들이 이름(고유명사)으로 분류되지 않았는지, 또는 보통명사나 다음과 같은 분류로 나누어진 이름으로 분류되었는지 여부에 따라 결정된다.

- 이름(본질적으로 고유명사)은 논리학의 중점적 연구 대상이다.
- 보통명사는 단어(어휘적 구성요소)를 다루는 언어학과 차별화된 어휘론의 중점적 연구 대상이다.
- 이름은 전문용어학의 적합한 연구 대상이다. 일관적인 구조를 가진 체계 안에서 정의할 수 있는 이름은 용어라고 불린다. 용어의 정의 내용은 내포(intension)를 통해 분석 가능한 개념에 대응한다.

2. 단위-기호 체계

1) 어휘장과 패러다임적 관계

구조주의 어휘론은 어휘소의 체계에 대한 연구와 관련이 있다. 어휘장(lexical field) 개념은 트리어(J. Trier, 1931)가 그 의미로 인해 연구되는 단어의 집합을 뜻하는 '의미장(semantic field)'을 제안한 이후 독일 언어학에서 채택되어왔다. 어휘장 개념은 바르트부르크(W. von Wartburg, 1956), 마토레(G. Matoré, 1951), 기로(P. Guiraux, 1968), 코제리우(E. Coseriu, 1966, 1968), 발딩거(K. Baldinger, 1980) 등, 특히 프랑스어와 독일어를 포함하여 다수의 인도유럽어족 언어를 연구한 수많은 어휘학자들의 저술에서 확인할 수 있다.

어휘장에 대한 연구는 전체 어휘 안에 있는 다양한 유형의 구조를 보여준다. (특정 시점 및 특정 사용 수준에서의) 기능 언어 안의 다양한 구조가 될 수도 있고, 다양한 언어의 구조를 비교하는 형태가 될 수도 있다. 이러한 구조로는 형태의미론적 구조(접두사·접미사 구조 등), 어휘소에 대한 의미론으로 문서화할 수 있는 사회문화적 또는 역사적 구조, 그리고 마지막으로 통시적·어원적 구조가 있다. 이러한 분석은 언어체계와 그 패러다임적 관계에 영향을 미친다.

관찰 가능한 담화의 실재는 통합적 관계(syntagmatic relations)를 제공한다. 이러한 관계는 직접 관찰이 가능한 반면, 패러다임 축은 임의적 구성의 결과이다. 알파벳 순으로 정리한 사전이 널리 알려진 사례이다. 이 경우에는 '어휘(lexicon)', 어휘장, 어휘 하위그룹(체계)이라는 개념을 사용하고 '단어(vocabulary)'라는 표현은 담화에서 관찰 가능한 단위에 쓸 것을 권장한다. ('기계도구 관련 단어 모음'의 경우처럼 일정한 패러다임 축을 따르는 '어휘'의 하위집합이라는 의미로 '단어'를 사용하기도 한다. 이 같은 다의성은 유감스러운 현상이며, 언어학과 관련된 전문용어가 부족함을 잘 보여준다.)

이와 같은 두 가지 현실은 동일한 객체에 대한 두 가지 시각에 대응하며, 이들 두 가지 시각은 각각 다소 직관적인 이미지 또는 엄격한 모델로 구상되었다. 패러다임적 집단은 관찰 가능한 데이터(즉, 통합적 집단, 성명, 텍스트 등)를 바탕으로 사전편찬자나 언어학자들이 만들어낸 구성체이기 때문이다.

전문용어학 역시 이 같은 두 종류의 집단에서 소재를 얻지만, 전문용어학의 개념적 관점은 언제나 주제에 대한 패러다임적 처리로 이어지게 된다. 이에 따라 전문용어학은 사전편찬학에 좀더 가까워지는 반면, 구문에 따라 달라지는 담화분석과는 거리가 생긴다.

그럼에도 불구하고 담화분석은 경험적인 관점, 즉 언어학자의 관점에서 어휘소를 분석할 때마다 반드시 출발점으로 삼아야 할 연구이다. 전문용어학자는 이와 다른 관점을 채택하는 한편, 전문용어학적 구조의 형성이 형태론적 원칙에 의존할 뿐만 아니라 자연언어를 포함한 기호체계에 의하여 문서화, 보존, 전달되는 운영체계에 주로 의존한다고 상정하여야 한다. 이들 체계는 이론적, 분류적, 실용적 등의 특징을 띨 수 있으며, 그 접근 단위는 인식론적이자 기호학적이다. 언어학적 환원주의는 이 영역을 마비시키는 효과를 가져올 것이다.

2) 명명체계

어휘장 및 그 구조에 대한 연구는 어휘론과 어휘의미론에서 유래된 것이다. 그 뒤를 이은 전문용어학은 정의에 표현된 기준에 의하여 집단화·분류된 객체의 집합(개별 지시대상, 논리의 세부사항 등)을 의미하는 이름의 구조화된 집합을 연구하는 학문이다.

피상적인 관점으로 보면 전문용어학은 과학 및 기술에 대한 어휘항목을 주제별로 정리한 체계를 연구하는 학문인 반면, 어휘론은 공통된 언어의 어휘 하위집단을 다루는 학문이다. 그러나 이러한 구분은 실제로는 적용하기가 어렵다. 전문용어학에서는 단어 또는 어휘소 집단과 단어보다 큰 성문화된 단위를 모두 다루는 것은 물론이고 기호 및 의미도 다루는 학문이기에 여전히 어휘론, 더 나아가 언어학의 일부라 할 수 있다. 과학 및 기술에 대한 담화와 그 의미·신태그마 구조, 그리고 여기서 파생될 수 있는 패러다임적 구조는 형태론 또는 어휘론의 특성을 지닌다. 이는 전문용어학자에게 매우 중요한 기초 단계가 될 수 있지만 전문용어학의 주된 관심분야에는 여전히 해당되지 않는다.

전문용어학자들은 기호, 즉 단어 및 단어보다 큰 단위에 관심이 있으나, 이러한 관심은 이들 단어 및 단위가 객체를 명명하는 이름, 그리고 개념에 대한 지시자로 기능하는 선까지로 제한된다. 이러한 관점에서 보면 동사는 과정과 활동을 나타내는 이름이라 할 수 있다. 전문용어학적 체계에서는 분류적인 명칭 또는 개념적 상징으로 기능하지 않는 일체의 언어기호를 배제하며, 이에 따라 진술표지(marker of enunciation)도 배제의 대상이 된다. 예를 들어 인칭대명사의 경우, 언어학에서의 고유명사처럼 고유한 객체를 나타내지만 개념적 기준에 따라 분류하지는 않는다. 논리학에서의 '고유명(proper name)' 개념과 언어학에서의 '고유명사(proper noun)' 개념을 구분하면 도움이 된다. 또한 소유형용사, 시간·장소부사, 관계 기능을 가지는 문법적 기능어(이른바 '문법어'), 의미론적 변형으로 간주되는 단위(예: 형용사에서 파생된 부사) 등도 제외된다. 전문용어학적 어휘집을 살펴보면 금세 알 수 있듯이, 궁극적으로는 보통명사, 명사구, 개념적 내용을 명사로 축약할 수 없는 일부 동사(축약이 가능한 경우 행동을 나타내는 명사로 간주함), 유사한 상황의 형용사(즉, 특성을 나타내는 명사가 아닌 형용사) 등이 남게 된다.

지시적 기능 및 참조적 기능과 더불어 분류적 기능도 종종 함께 가지는 기호로 구성된 전문용어 체계는 지식 객체의 분류에 기본이 되는 동일한 기준 집합을 통해 조직화되어야 한다. 단 한 가지 언어에 대해서만 서술하는 경우에도, 최소한 아리스토텔레스, 칸트(I. Kant), 러셀

(B. Russell) 등의 관점에서 근간을 이루는 개념적·분류적 기준이 논리적(즉, 비언어학적)인 성격을 띤다는 점에서 국제언어학적(interlinguistic)이라 할 수 있다. 엄격한 유명론은 전문용어학이 어휘론으로부터 자율성을 가질 가능성을 완전히 없애고 만다. (유명론에서처럼) 자연어와 관련된 논리구조가 가지는 상대적 독립성을 부정할 경우, 적어도 번역가능성에 의해 입증된 국제언어학적 기준에 대해, 그리고 다양한 언어에서 동일한 이론 또는 학문에 대한 부분적으로 동질적인 전문용어의 확립에 대해 논해야 한다. 이러한 체계가 메타언어적인 체계가 될 수 있을지 여부를 안다는 사실은 인식론으로 설명이 가능하다.

경험적인 관점에서 볼 때, 언어에 대한 모든 체계는 엄격한 유명론적 해석을 적용하더라도 정의상 메타언어적이라 할 수 있다. 반면 메타언어를 언어에 질서를 수립하기 위한 분류이자 언어외적 구성으로 간주하는 경우, 과학과 관련된 모든 전문용어는 메타언어적 특성을 가지는지 여부에 따라 분류가 가능하다. 따라서 '메타언어적'이라는 표현은 과학적 지식이라는 개념과 연계된 것이라 할 수 있다. 위의 'II. 2. 1) 어휘장과 패러다임적 관계'에서는 '메타언어'를 전문용어의 동의어처럼 사용하는 현상을 유발한 이 같은 마지막 관점이 '발상만이 실제(ideas alone are real)'라는 해석에 내재된 강력한 이상주의에 바탕을 두고 있음이 확인되었다.

이러한 관찰은 논외로 하더라도, 전문용어는 명사로 된 체계이자 정의로 구성된 체계이다. 전문용어는 언어기호의 형태로 된 개념체계의 유일한 구체적 실현을 대표한다. 이들이 표현하는 정의와 개념이 실재를 재구성하는 것으로 간주되는 정도는 특정한 요소와 반대되는 논리적 보편소(universal)를 통한 범주화 또는 조직화에 따라 좌우되며, 그렇기 때문에 내포적 분석에 대응된다. 이러한 구성은 구조화된 형태를 가지며, 단어의 어원으로 판단할 때 진정한 용어로 구성되었다고 할 수 있는 이 같은 체계에 속한 명사들로 구축된 주제분야에 대응된다.

이와는 대조적으로, 언어학적 보통명사(예: 다뉴브 강, 브리지트 바르도, 더 타임스, 아멜리아 태풍 등)를 통해 표시된 실재를 단일한 단위의 여러 종류로 구분하는 것은 외연적 의미론만을 나타낸다. 즉, 언어학적 보통명사의 외연은 언제나 하나라는 것이다. 한편 언어학적 보통명사의 외연은 불확정적이며, 이는 해당 명사가 용어인지 여부와는 무관하다.

내포와 외연 사이의 대조관계, 그리고 상대적 동기부여와 관습성 사이의 대조관계를 바탕으로 용어의 체계(전문용어집)와 이름의 체계(명칭목록) 사이의 대조관계를 확립하려는 시도가 이루어져왔다. 이러한 대조관계는 명칭목록의 근원인 과학적 분류법을 이론적·개념적 구조를 수립할 힘이 전혀 없는 분류표시 작업(labelling exercise)으로 전락시키게 될 것이다.

용어와 고유명 사이의 구분과 관련하여 비노큐르(G. Vinokur)도 인용할 수 있다.

> 사고의 대상을 가리키는 이름으로서의 용어를 고유명, 또는 전문용어와 대비되는 명칭목록의 요소 또는 상징과 혼동해서는 안 된다. 용어는 완전히 추상화된 관습적·임의적 상징으로 구성된 체계로 간주하여야 하며, 용어의 목적은 이론적 사고의 필요성과 관계없이 대상을 표시하는 수단을 제공하는 것이다.

이러한 관점을 리포마츠키(A. Reformatsky, 1993)는 다음과 같이 강화하였다. "전문용어학은 먼저 특정한 학문 내의 개념체계와 연결되는 반면, 명명법은 단순히 대상에 명칭을 붙이는 작업이다." 러시아 전문용어학자들의 이 같은 설명 시도는 찬사를 받을 만하나, 그 기저에는 한 가지 위험한 실재론이 자리하고 있다. 비노큐르와 아크마노바(O. Akhmanova, 1974)가 지적했듯이 이들이 '이름(name)' 또는 '상징(symbol)'이라 부르는 명칭목록의 요소는 다양한 특징을 감안할 때 고유명과 연결되지만, 이 같은 근접성을 바탕으로 종종 도출되는 결론은 수용하기가 어렵다. ('이름'이라는 용어의 경우 이미 지나치게 많이 쓰이고 있기에, 필자는 이 같은 용례를 모방하지 않고자 한다. '상징'의 경우도 동일한 문제가 존재한다.)

언어학에서의 고유명과 달리 명칭목록의 단위들은 내포의 정의가 불가능하지 않고 개념에 대한 대응이 불가능한 것도 아니며, 구체성을 가지지도 않는다. 실제로 '명칭목록(nomenclature)'이라는 용어 및 개념 자체가 모호한 성격을 가진다. 프랑스의 강 이름, 또는 주민 수가 10만 명 이상인 중국의 마을 이름만을 모은 목록은 분류표시의 집합에 불과하다. 반면 효소 또는 항생제에 대한 명칭목록, 그리고 특히 자연과학과 관련된 과학적 분류법 전반의 경우는 그렇지 않다. 명칭목록의 통일된 개념을 유지하기 위하여 일각에서는 명칭목록의 요소들을 고유명으로 간주하는데, 이 같은 고유명은 외연적 정의만 가능하기 때문에 내포적 분석은 불가능하다.[4] 명칭목록에 대한 이 같은 접근법을 반박하려면 린네가 마련한 최초의 과학적 명칭목록이 성별 및 종에 따른 위계적 분류(분류법)를 반영하고자 이명식으로 작성되었음을 지적하는 것만으로 충분하다.

한편 전문용어학의 관점에서 보면 고유명으로 구성된 명칭목록은 전문용어집이라 할 수 없다. 각자의 근원(상표 등)을 따서 명명한 제품의 명칭목록은 전문용어집이 될 수도 있고 그렇지 않을 수도 있다. 자동차 제조업체의 경우 고유명을 제품에 사용한다는 점이 흥미롭다. 에코(U. Eco, 1976)는 동일한 유형의 부분적 모사품과 복제품간의 유용한 구분을 제시한 바 있다. 마지막으로 체계적 분류법에 대응되는 과학적 명칭목록은 반드시 전문용어집이 된다. 이 마지막 경우에서는 메타언어적 개입이 없는 한 명칭목록에 포함된 용어들을 고유명과 일치시키는 것은 불가능하다. 하나의 언어에서 분류 또는 개념을 표시하는 고유명의 경우 번역이 불가능하므로 번안이 필요할 수 있다는 점을 항상 인식하면서, 메타언어 수준에서 모든 명사와 용어를 이렇게 간주할 수는 있지만 그 대가로 사실상 플라톤적인 철학을 채택해야 한다고 주장할 수 있다.

여기서는 구조화된 분류기준에 바탕을 둔 모든 명칭목록을 전문용어집으로 간주하며, 이들을 언어학적 관점에서의 '고유명사'로 칭하지 않고자 한다.

3. 전문용어학에서의 '개념'

> 삼각형을 나타내는 어떠한 표시도 일반적인 삼각형의 개념과 적절하게 일치할 수 없다. 삼각형의 '도식(schema)'은 공간에서의 특정한 순수 형상과 관련한 상상을 종합하는 원칙을 의미한다. 예를 들어 '강아지'라는 개념은 일정한 유형의 네 발 달린 동물을 특정한 형태로 제한하지 않고 일반적으로 상상할 때 적용되는 원칙을 나타낸다.
>
> (칸트, 1781)

전문용어 표준화를 위하여 국제표준화기구(ISO)와 각국의 표준화 기구들은 단순화된 어휘를 채택해왔다. 영어와 프랑스어에서 '개념(concept)'이라는 단어는 추상적인 관점에서, 그리고 일반적으로 철학 및 논리학에서 사고행위와 사고(아이디어)의 대상을 나타내는 데 널리 사용된다. 철학적 전통에서는 '관념'을 객체에 포함된 지식의 대상으로 간주하고, 그 활동의 목적으로 '관념'을 정의한다. 국제 표준화와 관련된 의사결정을 충족하기 위하여 이러한 일반적 아이디어를 영어로 'concept', 프랑스어로 'notion', 러시아어로 'poniatje', 독일어로 'Begriff'로 부르게 되었다. 킨트니 프레게(G. Frege)의 '관념이론(théorie de la notion)'을 논하고 독일어 '기능개념(Funktionbegriff)'을 프랑스어 '기능관념(notion de fonction)'으로 번역하는 것은 모든 철학규범에 반하는 행위이다. 그렇기에 본서에서는 다음과 같은 내용을 채택하기로 한다. 기술적 전문용어학이나 응용 전문용어학(예: 전문용어집 편찬)을 논할 때는 '관념'이라는 용어를 사용하되, 이론적인 부분에서는 '개념'과 '관념'을 모두 사용한다. 또한 '개념화(conceptualisation)', '개념화하다(conceptualise)', '개념 구상(conception)' 등의 파생어도 사용되기 때문에 '개념'은 반드시 사용해야 할 용어이다. 표준화 담당자들은 이론적·학문적 담론에서의 프랑스어 'notion'의 용례에 충분한 주의를 기울이지 않은 것으로 보인다. 심지어 이들은 형태가 잘 잡히지 않고 모호한 개별적 사고의 대상에 종종 대응되는 'notion'의 일반적 용례에도 주목하지 않은 듯하다. (한편 'concept'는 일상언어에서 사용되지 않는 표현이다.) 또한 표준화 담당자들은 이들 표현의 어원에 대해서도 전혀 고려한 바가 없다. 프랑스어에서 'notion'(라틴어 'notio')은 'notare', 'nota'(특징)와 관련이 있으며 본질적으로 기호학적인 특성을 가진다. 반면 'concept'는 유심론적인 특성이 분명하게 드러난다. 영어에서도 이와 동일한 어원구조를 사용하며, 독일어의 경우 'Begriff'라는 또 다른 개념이 존재한다. 일상적 프랑스어에서 'concept'는 과학, 철학, 이론 등 체계화되고 규제를 받는 지식활동 전반의 엄격하고 정밀한 구성에 대해서만 사용된다. 또한 'concept'는 집단적이고 표준화된 가치도 가지고 있는 표현이다. 한편 프랑스어에서 'notion'은 개별적 개념 구상 또는 하나의 사회집단에서 수용한 개념 구상을 논할 때 사용되나, 엄격하거나 정밀한 정의를 상정하지는 않는다. 그러나 예상할 수 없는 용례로 인해 이 같은 의미론적 경향이 뒤집히는 경우도 종종 있다.

이 같은 특정한 사례는 표준화가 직면한, 극복이 불가능할 때도 있는 난제를 보여주는 좋은 예이다.

1) 전통적 전문용어학에서의 개념

뷔스터(E. Wüster)의 저작에서 파생되어 20세기 초반 독일의 언어학 전통에 일반적으로 의존하는 전문용어학의 여러 학파에서는 '개념(concept)'에 대해 상당히 안정적인 정의를 채택하였다. (독일어로는 'Begriff', 프랑스어는 'notion', 러시아어는 'poniatje'에 해당한다.)

> 다소 임의적인 수준의 추상화를 통해 외부 또는 내부 세계의 개별 객체들을 분류하기 위한 정신적 구조물
>
> (ISO, R704 권고: 1968 제정, 1986 개정)

> 공통된 특성으로 서로 연결되는 개별 객체들의 그룹화를 통해 생성된 사고의 단위
>
> (DIN 제안 초안)

이 같은 정의가 순수하게 유심론적이며 자연과학의 기본원리에 부합하지 않는다는 점은 명백하다. 최근 사례로는 ISO 문서 R704:1968의 개정을 요구했던 구(舊) 소련의 제안에서 이와 다른 인식론적 관점을 확인할 수 있다.

> 어떠한 객체와 관련된 판단들로 구성된 통일성 있는 집단으로, 객체의 내재적 특성을 반영하는 판단들이 그 핵심을 구성함

(당시는 소련이었던) 러시아에서 제안한 영어 번역본에는 '사고(thought)'라는 표현이 포함되는데, 이는 유심론적 관점이 잠재의식에 남아 저항하고 있음을 보여준다.

앞에 제시된 두 가지 정의는 과정(구성) 또는 그 결과(단위)로서의 정신적 활동을 명시적이고 배타적인 방식으로 언급하고 있다. 반면 러시

아의 정의는 '판단(judgment)'의 모호성을 이용해 유심론적 가정으로부터 거리를 두었다.

또한 러시아의 정의는 '개념'의 의미를 확장하여 더 이상 분류에 따른 그룹화 과정만을 의미하지 않게 되었다. 정신적 표현과의 관계 또는 관찰 가능한 실재와의 직접적으로 표현 가능한 관계없이 추상적인 관념인 '이상(idéalités)'을 구성하지만 근본적으로 기능과 연관된 논리학과 수학 등의 추상과학을 전문용어학에 포함시키기를 원하지 않을지라도, 이와 같은 심리적인 차원에서 논리적인 차원으로의 전환이 실제로는 필요하다. 이러한 두 번째 정의는 칸트와 상당히 유사하다. 잘 알려진 바처럼 칸트에게 있어 개념(Begriff)은 다양한 판단이 만나는 교차점이었다.

그러나 전문용어학에서의 개념에 대한 전통적 정의는 특히 기술과 관련한 정의를 수립하는 데 편리하고 유용하지만, 중세적인 의미에서 '실재론적(realist)'이라 할 수 있는 이들 정의의 심리적 특성으로 인해 실제 사용 측면에서는 취약하다. 이들 정의에서 제시하는 추정의 범위는 아리스토텔레스적인 입장에서 순수한 플라톤주의까지 이른다. 실제로 '개념'은 때때로 언어보다 이전에, 그리고 언어의 외부에 존재하는 것으로 보인다.

한편 순수한 규범주의적 시각에서 보면 'x'라는 개념을 가진다는 것은 단순히 'x'를 나타내는 단어를 사용하는 방법을 안다는 의미이다. 칸트 철학에서는 'x'를 결정지을 수 있는 체계를 가지고, 특히 개념을 이용하여 인식 가능한 현상과 지력의 산물을 연결하는 것을 의미한다. 이러한 관점에서 볼 때 용어와 명사는 해당 용어 및 명사를 인식하고자 검증할 수 없는 이전의 존재를 부여한 개념(관념)에 연관된, 임의로 선택된 표지로 간주되어서는 안 된다.

이러한 문제를 더 이상 데카르트의 주지주의적 관점에서, 또는 감각을 바탕으로 형성된 이미지에 따라 개념과 단어가 결정된다고 보았던 로크(J. Locke, 1689)나 콩디약(E. de Condillac, 1746)의 경험주의적 관점에서 바라보아서는 안 될 것이다.

혹자는 전문용어학에서 모든 활동의 근간을 이루는 '개념'에 대한 이론의 공식화를 이토록 오래 미뤄온 이유가 무엇인지 궁금할 것이다. 규범주의적 관점에 따라 개념이 단어의 사용에 좌우된다고 간주한다면 전문용어학은 일반 어휘론의 일부로 전락하며, 뷔스터와 소련 학파의 입장도 환상에 지나지 않게 된다.

첫 번째 관점의 경우 일반언어의 의미론과 관련된 실험적 입장과 상당 부분 맥을 같이 하기에, 이보다 더욱 심각한 환상은 유심론적 관점이 될 것이다. 이러한 유심론적 관점은 사물이 존재하지 않아도 사물에 대한 이미지 또는 생각을 형성할 수 있을 가능성을 개념과 동일시하는 소쉬르의 견해의 기저를 이루고 있기도 하다. 소쉬르의 경우 '관념(notion)'이라는 표현을 사용하지 않았음에 유의해야 할 것이다.

전문용어학은 이 같은 유심론적 관점에 대한 통렬한 비판을 제시할 필요가 있다. 유심론적 관점에 따르면, 우리는 개념을 통해 사물의 본질이 되는 특징적·객관적 속성을 이해할 수 있게 된다. 플라톤부터 순진한 오늘날의 관점에 이르기까지 다양하게 전개된 실질적 보편소, 즉 필수적 속성에 대한 이론이 대표적이다. 이는 제약이 많은 신학적 세계관에 바탕을 둔 철학·논리체계가 힘을 잃었음을 보여주는 좋은 사례이다. 수학의 근간에 대한 논의 과정에서 엄격한 유명론적 형식주의에 반대하는 모든 이들에게 '플라톤주의'라는 꼬리표가 붙었으나, '플라톤주의'라는 단어의 이 같은 사용에는 논란의 여지가 존재한다.

이러한 입장은 인간과 지식, 과학의 개념 구상이 지식의 진화 및 그 응용과 무척이나 양립하기 어려움을 암시하며, 때문에 19세기 중반 이후 과학자와 논리학자, 대다수의 철학자들은 이 같은 입장을 거부한 바 있다. 버클리(G. Berkeley, 1710), 그리고 (앞서 지적한 바처럼) 일찍이 라이프니츠(G. Leibniz)와 칸트도 다른 방식으로 이를 거부했으며, 헤겔

(F. Hegel)과 마르크스(K. Marx) 등도 마찬가지였다. 이러한 입장은 언어별로 다양한 기호가 부여된, 인간과 사회, 역사를 넘어선 실재에 대응하는 일련의 개념이라는 환상을 사실로 상정하고 있다. 이는 '실증주의(positivism)'로 지칭하는 경우가 많지만 실제로는 적합하지 않은, 몇몇 과학주의 관점에 근간이 되고 있다.

민족언어학자들의 경우 이와 매우 상반된 입장을 택했다. 사피르(E. Sapir)와 워프(B. Whorf)의 가설[5]에서 주장한 바처럼, 언어학적 체계가 다양한 문화의 총체적 비전을 조직화한다는 것이다. 지식의 조직화에 언어가 미치는 영향을 보여주는 사례는 많다. 하지만 이들 사례는 커뮤니케이션이 거의 이루어지지 않거나 일방적으로 진행되는 문화에서 개인언어가 보이는 자발적 기능 작용에 국한된다. 또한 이들은 의미론적 보편소의 존재가 가정되었다는 사실을 숨겨서는 안 된다. 바로 이러한 보편소를 통해 번역, 그리고 메타언어의 지위로 승격된 또 다른 언어를 사용한 특정 언어의 상세한 특징에 대한 묘사(즉, 언어학 자체)가 가능해진다. 관념이나 개념의 용례 및 기능이 단어 또는 명사의 용례와 다르다는 점은 분명하지만, 이들에 대한 설명은 동일한 의미론적 보편소를 가정하는 모든 단어 및 표현의 사용에 결부시키는 방법으로만 가능하다. 이러한 표현 중에는 모든 언어에서 산출할 수 있는 설명 및 정의가 분명히 포함된다. 단, 이 경우 단어의 체계화된 사용을 통해 해당 단어는 용어가 된다.

따라서 개념과 관념, 일반적 사고 또는 보편소에 대해 논하는 경우 곧바로 형이상학으로 빠지게 될 위험성이 무척이나 크다. 그러나 기술적 언어학에 얽매이지 않고 구상적 관념에 대한 현상학적 설명을 뛰어넘어 의미에 대해 다루고자 하는 경우, 경험적 심리학의 관점을 고수하지 않고 개별적 사상과 집합적 관념을 논하려는 경우, 그리고 과학이나 기술에 직접 종사하지 않는 입장에서 사물의 속성을 설명하고자 하는 경우 이러한 관점은 필수불가결하다.

2) 부류

명사라는 수단으로 식별되는 논리학적 보편소의 등장은 부류의 구성과 연결되며, 인간의 지각을 통해 확인되는 구체적 객체의 개별적 특성을 제거하여 위계에 들어맞는 공통적 특징만을 남기게 된다. 이들 부류는 부류로 분류되는 각종 정보항목(지각 등)에 바탕을 둔 일반화된 추상개념에서 형성된다. '구상하다(conceive)'라는 표현이 개념을 형성한다는 의미인 경우, 그리고 객체의 부류에 대한 개념 속에 해당 객체가 품고 있는 동일한 속성들이 한데 모이는 경우, 일시적으로 변동하는 현상의 연속이라는 개념은 그러한 연속의 모든 단계에 걸쳐 불변하는 요소들을 한데 모아야 한다는 점을 입증할 수 있다.

이러한 논리학적 부류는 분류학(taxonomy)에서 그 구성이 연구되며, 자연과학의 계층적·체계적 분류(즉, 명명법)의 영역에서 분명하게 나타난다. 또한 하나의 문화 안에서 명명이 이루어지는, 자연스럽게 관찰된 객체들의 위계(즉, 민속분류학)도 이러한 영역에 포함된다. 분류학, 그리고 분류과학 중 가장 일반적인 분야인 부류학(classology)은 외연적 논리학과 연관성을 가진다. 분류학에서 그 구성이 연구되는 이들 논리적 부류는 자연과학의 계층적·체계적 분류 영역, 즉 명명법에서 분명히 드러난다. 기호(단어, 명사 또는 용어)가 가지는 지시력·명명력은 해당 기호가 대응되는 지시 대상물의 부류에서 파생된다. 명의론적·지시적인 관점에서 보면 지시적 부류는 개념의 토대가 되며, 이는 반(反) 유명론적인 관점에 해당한다. 부류에 대한 이 같은 학설은 인도의 고전 언어이론에서 잘 드러나는데, 여기서는 'jati'(카스트)라는 단어를 사용하여 논리적 개념의 문화적·사회적 기원을 보여주고 있다.

부류학 이론은 수학의 집합론과 연관성이 없지 않다. 하지만 수학에서는 추상적 객체와 집합 소속 여부라는 단순한 사실을 함께 다루는 반면, 전문용어학에서는 의미론 및 비형식 논리학과 마찬가지로 하나의 부류에 대한 소속 여부를 확정하는 공통된 특징의 집합도 같이 고려하여야 한다. 이러한 연구를 '내포적 의미론'이라 하는데, 명명된 객체의 목록을 만드는 외연적 의미론과 달리 내포적 의미론은 정의에 관한 이론의 근간이 된다.

외연적 부류를 이름이나 용어로 확인할 수 있을 때는 외연적 부류로 결정되는 일이 드물며, 실제로 관찰 가능한 대상을 나타내야 할 필요조차 없다. 이러한 관점에서 볼 때, 유니콘의 부류, 익수룡의 부류, 그리고 코끼리의 부류는 동일한 특징을 가진다. 첫 번째 부류는 오류를 제외하고 0의 요소(즉, 존재상으로 비어있는 요소)로 구성된 부류이다. 두 번째 부류는 현재 관찰이 불가능한 요소로 구성된 부류로, 그렇기 때문에 정량화가 경험적으로 불가능하더라도 언급이 이루어지는 순간에는 이론적으로 정량화가 가능한 부류가 된다. 세 번째 부류는 과거와 현재, 미래의 모든 코끼리로 구성된 개방적 부류를 명백히 나타내는 사례이다. 부류는 정량적인 방식으로 결정이 가능하며, 통제된 공정 속에서 제조된 제품(예: 특정 자동차 업체에서 백만 번째로 생산한 차량)의 경우에도 마찬가지이다.

분류와 분류학은 관찰을 기반으로 한 과학은 물론 일상생활에서의 안정적인 명칭의 생성에도 필수불가결한 요소로, 다음과 같은 경우에 역할을 하게 된다.

- 어떠한 객체가 경험적으로 특정한 부류에 속하지 않거나 해당 부류에 속한 것으로 기록되는 경우
- 어떠한 객체가 단순한 식별의 결과로 고유한 것으로 간주되는 경우: 이는 개별 객체를 다른 객체와 구별해야 하는 경우 필수불가결한 작업이다. 일란성 쌍둥이를 구분하는 개인별 이름, 그리고 하나의 동일한 생물학적 개인이 가지는 다양한 측면(통치기간의 이름, 가문 등) 등이 대표적 사례이다.
- 어떠한 객체가 단 하나의 요소로 된 부류를 구성하는 경우: 일신교적인 개념

인 '신(God)'이 많은 언어에서 하나의 부류를 나타내는 공통된 이름(예: 신들(the gods), 하나의 신(a god)) 역할을 한다.

- 어떠한 객체가 기술적 원형 등 잠정적으로 단 하나의 요소로 된 새로운 부류를 구성하는 경우: 여기서는 인공물, 즉 인간이 만든 대상을 논의하고 있으므로 이러한 객체는 계획 단계에 있을 수 있다. 지시적 부류는 '유니콘'의 경우처럼 존재상으로 비어있는 것이 아니며, 아직 실체적으로 존재하지 않는 요소에 의하여 점유된다.

어휘론에서 이는 잘 알려진 사례이다. 즉, 하나 또는 여러 가지의 구체적 객체를 지칭하기 훨씬 전에 계획된 실체에 이름을 붙이고 구성 및 논평적 담화에 사용되는 경우이다. 이러한 사례로 1949년 이전의 핵폭탄의 부류, 그리고 20세기 말과 알 수 없는 미래의 은하계간 로켓의 부류를 들 수 있다. 이러한 지시적 의미를 넘어, 상상 속의 지시 대상물에 대한 문제는 논리와 연관이 있지만 기술 또는 과학 관련 전문용어와는 관계가 없다. 상상 속의 지시 대상물은 문화적 실물(realia) 및 서술적 실물, 즉 존재론적 지시 대상물과 같은 언어의 대상이라 할 수 있다.

3) 개념과 기능

'심상(image)'은 우리의 생산적 상상이 가지는 경험적 기능의 산물인 반면, 합리적인 개념의 '선험적 도식(schema)'은 (중략) 순수한 선험적 상상의 산물이자 어느 정도는 그러한 선험적 상상을 입증하는 요소이다.

(전략) 오성이라는 순수한 개념의 '선험적 도식'은 특정한 심상과 연관될 수 없다. 이는 일반적인 개념에 따라 통일성의 규칙을 통해 도출되어 범주에 의해 표현되는 (중략) 순수한 종합에 불과하다.

(칸트, 1781)

그러므로 일반적 개념은 단순한 상징이나 실제의 관념이 아니라 (중략) 인간 오성에 작용하는 선험적 도식, 즉 (중략) 문구는 기억나지 않는 시의 운율 같은 것으로 구성된다.

(라랑드(A. Lalande), 1893)

개념은 성명의 내용인 경우에도 기본적으로 속성과 같은 행태를 보인다.

(프레게, 1952)

개념에 대한 심리학적·유심론적 접근 방법 이외에, 철학적·수학적 전통은 물론 논리학적 전통에서도 이와 다른 이론을 발전시켜 왔다. 고전 시대에는 (양 극단에 해당하는) 버클리와 로크에 대한 비판만으로는 개념과 보편소 등을 개체와 연결시킨 이론을 배제하기에 충분하지 않았다. 이는 개체를 실체, 불변의 존재 등으로 간주되는 단어의 의미로 본 유명론, 인간이 인식할 수 없는 세계에 외부적 형태가 존재한다고 가정한 실재론, 또는 일반 추상개념 및 이와 동일한 관념이 사람들의 마음에 존재한다고 본 유심론 모두 마찬가지였다. 이들 이론 중 유명론과 실재론은 근본적으로 이론 형이상학과 연계된다.

그렇기 때문에 버클리가 개념을 지지하는 '일반관념(general idea)'을 논박하고(단, 이를 통해 문제를 해결했다기보다는 단순히 기호학의 전 단계인 '의미주의(significalism)'로 전환한 데 불과했다), 칸트가 '선험적 도식' 이론을 제시하고, 1880년대에 논리학이 부흥한 이후로는 더 이상 개념과 존재의 등식을 고수할 수 없는 상황이 되었다. 한편으로 개념은 이름의 적절한 사용을 통한 대상의 구분, 인식, 분류 등 다양한 결과를 얻기 위한 담론의 수단으로서, 기능적 관점에서 보았을 때 이론적인 성격을 가지게 되었다. 이는 다양한 효과를 내는 논리적 구성이며, 논리적 과정을 통해 발생하는 산물이기도 하다. 다른 한편으로 개념은 어떠한 단계에서는 실체성을 가질 수 있으나, 순수과학에서는 기능적인 개념이 된다. (이는 카시레르가 1910년에 발표한 고전적 저술 『Substanzbegriff vs Funktionsbegriff』(실체개념 대(對) 기능개념)의 제목에도 잘 드러나 있다.) 논리학자이자 수학자였지만 '개념'[6]을 정의하지는 않았던 프레게의 경우, 수학적 기능과 논리적 속성을 중심으로 개념을 바라보는 한편 (그 자체로 논리적 객체와 연관성이 높은) 논증 및 주체를 개념과 대비시켰다. 모든 논증에서 개념-기능에는 하나의 값(즉, 참값)이 있어야 한다. 그렇기 때문에 '이것은 Y이다'라는 형태에 대해 판단을 내릴 때, 술부인 'Y이다'는 f(x)로도 표현이 가능한 개념에 대응한다. 여기서 x(객체)는 기능에 대한 논증이다.

숫자 개념 등의 수학적 개념에 대한 연구에서 이들 이론에 대한 실제 사례를 다양하게 확인할 수 있다. 이러한 점을 고려할 때, 개념을 '인식된 개체의 구체적 부류에서 발견된 공통적 특징의 추출에 대응하는 추상작용의 결과'로 간주하기란 더 이상 불가능하다. 이러한 관점을 마지막으로 옹호한 위대한 논리학자는 밀(1843)이었다. 이와 동시에, 자연과학의 여러 개념(예: '상대성', '파동', 물리학의 '미립자', 생물학의 '유전자')이 그 감각적 기원에서 점차 멀어짐에 따라 역동적 구조의 일부인 기능적(작용적) 도식이라는 이들 개념의 진정한 특성이 확인되었다.

특징의 추상이 곧 개념이라는 환상은 이들 개념의 이름이 직접적으로 관찰 가능한 객체를 지칭하는 경우에만 유효하다. 특히 제작 전에 정밀한 설계를 거친 객체의 경우 제어가 가능한 상반된 특징에 따라 분류할 수 있다. 이러한 주장이 가지는 실제적 효과는 그 범위가 다양하다. 기술적 객체의 정의에 그 기능이 포함된 경우에는 전통적인 접근법만으로도 충분해 보일 수 있으며, 아리스토텔레스의 원칙에 따라 볼트와 나사 등 다양한 기술적 객체를 정의할 수 있다. 반면 과학지식적 객체, 특히 특징이 아닌 기능을 기준으로 조직화가 이루어지는 현대적 명칭목록에 이러한 분류원칙을 적용하면 문제가 발생할 수밖에 없다. 이러한 이유에서 오늘날의 전문용어학적 관행은 순수과학에서는 인정받지 못하고 있으나, 응용과학 및 기술 분야에서 전문용어학이 가지는 중요성은 명백하다.

4. 정의와 용어

1) 정의와 설명

정의와 설명은 전문용어학의 핵심적 쟁점이라 할 만하다. 논리적 작용인 동시에 언어적 활동인 정의가 가지는 내재적 모호성은 한 가지 기본적인 의문으로 이어진다. 바로 "우리가 자연적인 언어와 담화에 대한 논의를 중단하는 시점은 언제이며, 개념(또는 관념)의 기능적 도식(schemata)을 통해 사물 및 그 인식론적 조직에 대해 논의하기 시작하는 시점은 언제인가"라는 문제이다. '정의'와 '용어'라는 단어를 연결하는 공통적인 특징이 하나 있는데, 바로 한계의 고정, 그리고 끝('정의(define)'에서 'fin'에 해당함)과 그 결과(용어)라는 원래 의미를 가진다는 점이다. 개념적인 수준에서 볼 때, 단어가 '용어'로 불리려면 하나의 집단, 즉 하나의 전문용어 목록에 속한 항목으로서 나머지 모두와 구분이 가능해야 한다. 이처럼 상호적인 차이를 바탕으로 한 체계를 표현하는 유일한 수단이 바로 '정의'로 일컬어지는 작용이다.

'정의'라는 용어는 여러 가지 면에서 모호성을 가진다. 정의는 논리적 작용인 동시에 자연어 문자열의 생성이며, 논리적 작용과 그 결과를 나타낸다. 언어의 대상으로서 실현된 결과가 곧 정의라고 간주하면, 정의는 '~이다'라는 표현이 들어간 문장(X[모든 X]는 ~한 Y이다) 또는 구문(~한 Y)이 될 수 있다. 이러한 모호성이 해소되면 실제로는 정의가 아닌데도 정의라고 불리는 대상이 존재한다는 사실이 드러난다. 서술, 즉 누군가가 단어를 유추하도록 하는 표현의 대표적인 사례로 십자말풀이의 정의를 들 수 있는데, 이러한 정의의 경우 말장난이나 숨겨진 의미, 이중적 의미, 그리고 추측의 대상이 되는 언어적 형태에 대한 다른 단서의 존재(예: 단어를 구성하는 글자의 수, 힌트로 미리 주어지는 글자)에 바탕을 두고 있다.

언어 사전의 정의는 형태가 잘 갖춰져 있고 효과적인 경우에 '정의'로서의 지위를 획득하나, 이들은 '단어'에 대한 정의에 국한된다. 즉, 완곡어법의 형태를 띠며 설명적이고 '부수적'인 성격을 가지는 동의어로, 피정의항(definiendum)을 확인할 수 있도록 하지만 그 구성은 확인해주지 않는다.

논리학자들이 제시하는 정의는 '사물에 대한 정의'이지만 이 같은 표현은 잘못 선택된 것으로, 개념에 대한 정의가 보다 올바른 표현일 것이다. 이러한 유형의 정의는 건설적이며 필수적이다. 그러나 기호를 사용하여 개념의 구조를 반영하는 순수한 정의가 진정으로 가능할까? 『Topics』(전제론)와 『Analytica』(분석론)에서 아리스토텔레스는 이렇게 순수한 정의가 분명히 가능하다고 보았다. 아리스토텔레스는 가장 가까운 성과 차별화되는 종의 정의를 통하여 정의된 사물의 본질이 드러난다고 보았다. 한편 아리스토텔레스보다 비관적 또는 비판적인 관점을 견지했던 칸트의 경우, 임의적 조합(wilkürliche Synthese)을 내포하는 개념을 구성·제시하는 유일한 학문이라는 점에서 수학만이 정의를 가질 수 있다고 보았다.

아리스토텔레스가 제시한 존재론적 정의는 수학자들이 제시한 형식체계의 건설적(기능적) 정의와 같은 종류라고 할 수 있다. 존재 자체의 구조가 반영되었는지 여부와 무관하게, 구조화된 체계로 정리되어 형식적이고 일정한 개념적 조직을 반영하는 '용어'가 '단어'를 대신하여 정의의 대상이 된다. 존재론적 정의의 기원은 형이상학적인 특성을 가지나, 언어학자와 전문용어학자의 입장에서는 이러한 측면을 무시할 수 있다. 형식적·기능적 정의는 논리학에 그 기원을 두고 있으며, 다수의 내부적 법칙에 좌우된다. 한편 사전편찬학적 정의는 언어의 기호만을 다룬다. 사전편찬학적 정의에서는 사물의 개념 및 부류 대신 기호의 용례가 가지는 뜻과 그 부류를 구분하면서 의미를 설명한다.

그러나 정의와 설명 사이의 구분은 여전히 필요하다. 정의에서는 피정의항과 관련된 의미의 모든 특징(언어학적 정의의 범위에 해당함), 또는 관련성이 있는 모든 개념적 특징을 설명하되 이러한 특징 이외의 내용이 들어가서는 안 된다. 반면 설명에서는 피정의항과 관련된 특징은 물론 관련성이 없는 특징도 축적할 수 있다. 뜻과 용례를 제시하는 여러 언어사전의 정의는 물론, 대상과 관념의 부류를 제시하는 수많은 백과사전의 정의도 실제로는 정의가 아닌 설명에 해당하는 경우가 많다. 고유명을 지칭하는 백과사전적 서술만이 러셀의 '확정기술(definite description)'에 대응된다.

2) 전문용어학적 정의의 위상

전문용어학적 정의가 가지는 위상은 확실하지 않다. 이론적인 관점에서 봤을 때 전문용어학적 정의는 용어와 관련된 특징을 표현하여야 하나, 한편으로 이러한 정의는 관념 또는 개념의 특징을 반영해야 하므로 모든 언어로 즉시 번역이 가능한 순수 용어, 그리고 모든 개념이 한 가지 뜻으로 명확하게 확립된 일관적인 전문용어학적 체계에만 적용이 가능하다. 이러한 요건을 잘 보여주는 대표적인 사례로 수학·논리학 이론, 자연 사물에 대해 예외적으로 일관성을 갖춘 이론적 구성, 가장 과학적인 명칭목록 등이 있다. 개념의 구성과 관련하여 학자들이 정의의 단위를 제안한 사회과학에서도 동일한 현상이 나타난 바 있다.[7]

그렇다 하더라도 체계의 공시적 상태를 격리하고, 모든 개념적 모호성을 제거하고, 용어로 사용되는 단어의 언어적 특성을 추상화하는 등의 작업이 여전히 필요하다. 성(聖) 룰루스(R. Lullus)의 시대에서 라이프니츠를 거쳐 현대 논리학에 이르기까지, 완벽한 언어를 찾고자 하는 끈질긴 노력은 이러한 노력을 기울이는 과정에서 직면하게 되는 극복 불가능한 어려움을 잘 보여준다.[8]

경험적인 관점에서 볼 때 전문용어학적 정의는 다른 정의와 무척 다르다. 전문용어학적 정의는 사전편찬학적 정의와 백과사전적 설명을 절충한 해법으로, 명사의 용례를 개선하여 용어로 기능하도록 하는 한편 존재의 부류와 개념체계의 작용을 구성하는 방법을 (재현하거나 묘사하는 대신) 반영하는 것을 목적으로 한다. 이러한 정의는 자연어로 표현되기에 특정한 언어의 단어 단위가 가지는 모든 모호성, 다의성, 함축성을 그대로 가지게 된다.[9] 어휘목록에 제시된 조직을 반영하는 순수한 분류에서만 외연적 정의, 즉 개인이 부류가 되는 정의가 가능하다. 예를 들어 '(군대의) 계급'을 정의하려는 경우 이러한 등급을 순서대로 명료하게 확인하는 이름을 나열하면 된다. 그러나 이러한 정의는 허구가 아닌 이상 동어반복적이고 유명론적인 성격을 띠게 된다. 즉, 어휘적 패러다임을 정의하는 것이다.

전문용어학적 정의에서는 이러한 단점을 극복하고자 노력할 수는 있지만 완전히 탈피하는 것은 불가능하다. 전문용어학적 정의는 분명히 내포에 바탕을 둔 정의인 반면, 명시적 의미에 관심을 두는 논리학자들은 외연에 바탕을 둔 정의를 매우 중요하게 생각한다.

전문용어학적 정의의 본질을 궁극적으로 결정짓는 요소는 특정 주제분야에 대해 구상된 체계의 특성, 그리고 문제가 되는 객체의 부류이다. 이들 요인에 따라 전문용어학적 정의가 이론적 모델에 어느 정도까지 접근할 수 있는지가 결정된다. 주제분야가 확정되어 구조화되지 않은 경우, 또는 주제분야가 이질적, 실용적, 경험적인 성격을 띠는 경우에는 순수한 전문용어학적 정의의 형성 자체가 불가능하다.

전문용어학적 활동(즉, 전문용어집 편찬)에 대한 수요가 가장 높은 지점이 바로 여기라는 사실에 주목할 필요가 있다. 그러나 이러한 상황에서의 '정의'는 특수 사전편찬과 유사한 활동이 된다.[10] 전문용어 실무자의 입장에서는, 아리스토텔레스의 정의도 일견 사물의 본질을 드러내는 듯해도 그리스어 어휘 구조를 설명하는 것이 주된 기능이었기에 마찬가지로 모호하다는 점에 주목함으로써 이 같은 실망스러운 사실에 대한 위안을 얻을 수 있을 것이다.

5. 대상의 개념체계 및 부류

먼저 협의의 개념화(즉, 이론 및 형식론의 수립)를 모호한 단어로 나타낸 관념의 점진적·후시적 체계화와 구분하면 도움이 된다. 첫 번째 유형에는 수학 및 논리학 이론이 포함되는데, 이들 이론의 대상은 관념적이고 가설연역적인 성격을 띤다. 두 번째 유형에 해당하는 학문으로는 자연과학이 있는데, 경험과 관찰을 통해서만 정의할 수 있는 조건을 만족시켜야 하는 개조된 구성을 언제나 그 대상으로 한다.

이처럼 기초적인 인식론적 사항을 명시한 바, 존재의 부류를 구성할 때 인공물 및 문화적 대상에 대해서는 단순한 정의 방법이 채택된다는 점을 덧붙일 필요가 있다. 신이나 자유, 정의 같은 추상적 객체는 물론, 교회와 감옥, 법원, 의자, 펜치, 비행기 등의 구체적 객체의 경우도 마찬가지이다. 그러나 이러한 방법은 역사적이고 인류학적이긴 하지만 과학적인 방법은 아니다. 기술의 수준에서 볼 때, 분류를 원하는 인간의 정신은 자신이 마주친 객체를 기능적 기준에 따라 역동적으로 분류하기 위해 조직화된 체계적 지식을 활용하게 된다.

일례로 기하학적 관념(예: 아르키메데스(Archimedes)의 나사못)인 동시에 형태와 기능이 결합된 인공의 물질적 객체인 '나사못'은 명확하게 확인할 수 있는 개념에 대응하며, 다른 언어에도 등가표현이 있는 용어로서의 '나사못'(예: 영어 'screw', 프랑스어 'vis', 독일어 'Schraube', 스페인어

'tornillo')은 의심의 여지없이 잘 형성된 객체의 부류를 나타낸다. 그러나 '나사못'이라는 개념은 범위가 너무 넓어 전문용어학과는 별 관계가 없으며, 전문용어학에서 관심을 가지는 부분은 바로 나사못의 하위유형이다. 반면 '꽃', '포유류' 등의 관념은 반복적인 조정을 거쳤으며, 이미 언어에서 확고하게 자리를 잡은 '꽃', '포유류' 등의 이름은 모호성의 주된 원천이기에 (협의의) '용어'가 가지는 논리적 순수성을 달성하기가 무척 어렵다. 예를 들어 고래와 돌고래 등이 어류, 포유류, 또는 어류와 포유류 모두에 해당되는 것으로 무질서하게 간주된다거나, 혹은 거미가 곤충으로 간주되는 경우가 종종 있다는 사실에 대해 동물학자는 그리 신경을 쓰지 않지만 전문용어학자는 무심하게 넘어갈 수 없다.

이름의 마지막 범주는 문화적 실체에 대한 기호로 구성되며, 임시로 제시된 규범적 담론을 바탕으로 그 용례를 통해 스스로 정의된다. 이러한 어휘는 법률 및 계시종교의 어휘로, 이들의 개념은 텍스트, 경전, 성경 또는 코란의 내용에 따라 해석된다. 만약 이렇게 해석이 되지 않는 경우, 해당 개념을 현대적 관점에서 재조명하는 텍스트 해석이 이루어진다. 이들 체계는 언어, 나아가 문화 속에서 구성되어 정의 및 전문용어화가 가능하게 되며, 해당 언어·문화의 특성이 강하게 반영된다. '정의', 규범적인 의미의 '법률', '형벌' 등의 개념 및 용어는 단일문화적인 특성으로 인해 번역하기가 어렵다. 이 같은 제약적 특징은 개념체계의 하위요소로 내려갈수록 더욱 분명해진다. '그리스의 노예제', '아테네의 도편추방제', '17세기 영국의 수장관', '현대 미국의 보안관' 등 개념이 가지는 문화적·언어적 기원을 명시해야 하는 예외적인 경우도 일부 존재한다.

1) 개념체계의 유형

실증적 전문용어학을 위해, 그리고 이론적인 가식 없이 개념체계를 다음의 네 가지 유형으로 구분할 수 있다.

① 형식화가 가능한 특징, 그리고 명백히 기능적인 개념을 갖춘 순수이론을 바탕으로 구성된 가설연역적 체계(예: 수학, 논리학)
② 관찰된 자료의 체계적 분류와 귀납법, 또는 관찰 가능한 일련의 특징에 대한 가설연역적 이론구성의 확립을 통해 개발된 체계(예: 자연과학, 사회과학)
③ 기능을 구조화·규칙화하거나, 혹은 위의 유형 ①이나 유형 ②에 해당하는 과학적 지식을 실용적 목표에 적용함으로써 생성된 체계(예: 공예의 경우처럼 하나의 목표(프로젝트) 및 활용(실현 및 이용)에 따라 결과를 얻고 수요를 충족하기 위한 여러 기능의 조직화)
④ 일관적인 담론의 의미에 의해 개발된 체계
  - 외부적 진실을 발견·설명하려는 경우(예: 계시종교, 철학이론, 인문과학에 이르는 관념적 담론): 유형 ②에 해당하는 과학적 성명은 '허위 여부 입증 가능성(falsifiability)'을 기준으로 하여 유형 ④의 관념적 성명과 분리할 수 있다. 이러한 '허위 여부 입증 가능성'에 의하면 유형 ④의 관념적 성명은 거짓임을 입증하기가 불가능하므로 과학적인 성명으로 간주할 수 없다.
  - 스스로 정의·규범화된 문화적 개념의 체계를 구성하려는 경우(예: 법률, 규범적 담론, 설득을 위한 사회적 담론)

위에 제시된 모든 사례에서 지시단위간의 의미론적 관계, 나아가 정의와 전문용어 사이의 관계가 명확하게 드러나며 특수한 절차를 요한다. 번역사와 문서관리 담당자들은 경험을 통해 이러한 점을 잘 알고 있다.

2) 개념구조의 다변화

그 표현 형태가 가지는 중량감으로 인해 사전에 등재되는 항목들은 비교적 안정적인 성격을 띠는 반면, 전문용어를 통해 표시되는 구조들은 지속적인 진화를 거친다. 이로 인해 여러 가지 결과가 발생하는데, 그 중 가장 심각한 것은 일반사전에서 과학·기술 관련 어휘를 다룰 수 없게 되었다는 점이다. 방법론적인 관점에서 볼 때 전문용어학적 사전 편찬 작업은 폭이 좁은 구획으로 나누어 공시적으로 진행할 수밖에 없지만, 이와 동시에 매우 정밀한 통시적 설명으로 이러한 작업을 뒷받침할 필요성이 존재한다. 이 같은 쟁점들, 그리고 명칭체계를 어휘구조에 삽입함에 따라 발생하는 여러 문제점으로 인해 전문용어학은 서로 분리된 여러 가지 전문용어 체계로 다변화하는 방향으로 나아가고 있다. 하나의 주제분야로서 전문용어학이 가지는 통일성에는 의심의 여지가 없지만, 다양한 명칭체계별로 적용되는 법칙은 서로 상이하다.

이러한 문화적 다변화의 효과는 개념의 보편성에서 확인할 수 있는데, 이는 용어의 번역이 거의 완벽하게 가능하다는 점에서 입증된 바이기도 하다. 수학에서 '격자'를 의미하는 프랑스어 'treillis'와 영어 'lattice' 사이에는 차이가 없으며, 프로이트 학설의 '초자아'를 의미하는 독일어 'Überich'와 프랑스어 'surmoi' 사이에도 차이가 있을 수 없다. 반면 매우 유사한 요리를 나타내는 명사(예: 프랑스어 'cassoulet', 스페인어 'fabada', 브라질식 포르투갈어 'feijoada') 사이에는 분명한 차이가 존재한다. 마지막으로 영어의 'attorney'(법정대리인)와 프랑스어의 'avocat'(변호사)는 서로 대응되지 않는 표현이지만, 그럼에도 불구하고 이들 단어는 각자의 주제분야 및 문화에서 전문용어학적 서술의 대상이 될 수 있다.

개념의 선택이 엄격하지 않고 용어의 선택이 즉각적, 일관적으로 이루어지지 않는 경우, 순수 전문용어학은 하나의 환상에 불과하다.

(사전 발췌, 차용, 신조어 생성 여부와 무관하게) 개념체계 및 명사체계에 대한 설명과 관련하여, 특히 ISO 표준 제안서에서는 전문용어의 효율성과 명확성을 담보하기 위해 용어의 형성은 개념의 형성을 반영하여야 한다는 주장을 일반적으로 제시하고 있다. 언어학의 '형태론적 유연성(morphological motivation)'과 유사한 이 같은 과정을 가장 잘 보여주는 사례가 바로 린네(C. Linnaeus) 이후의 과학적 명명법이다.

전문용어학적 체계가 일관적인 개념체계에 부응하더라도 그 내부적 관계를 반영하지 못한다는 점에서, 전문용어학은 인식론에서 독립된 학문이다. 전문용어학적 체계는 특별한 동기부여 없이 일반언어의 단어로 형성된 경우에도 특정한 개념체계를 나타내고 해당 개념체계를 지시할 목적으로만 존재한다는 점에서, 전문용어학은 언어학에서도 독립된 학문이라 할 수 있다.

6. 전문용어학과 관련된 관계

이 글의 논점은 다음의 세 가지 문제로 요약할 수 있다.

- 지식의 주체와 객체 사이의 관계(논리 – 언어철학 – 인식론)
- 사회적 관습 사이의 관계(사회학 – 경제학 – 기술 – 언어학)
- 언어와 문화, 지식 사이의 관계

괄호 안에 나열된 학문은 선형적 분류의 양 극단에 위치하며, 일반적인 기호학적 체계를 상정하면 원이 완성된다.

1) 지식과 명명 사이의 관계

지식의 대상의 구성은 기호를 사용한 추론적·논리적 활동을 통해 발생한다. 문화적 경험을 통해 우리는 언어기호, 특히 이러한 목적을 위해서는 명사를 사용해왔다. 사물에 이름을 붙이는 것은 해당 사물을 구분하고, 인식하고, 궁극적으로는 알기 위한 행위이다. 이러한 목적을 위해 필요한 순수지식과 응용지식은 서로 밀접하게 연계되어 있다. 아르키메데스 이후 과학과 사회적 관습간의 관계는 호혜적이고 변증법적인 성격을 띠고 있다. 서로 다른 문화에서 세계에 대한 지식을 자연스럽게 조직화하는 경우에도 동일한 내용이 적용된다. 소위 말하는 '통속어원(popular etymology)'에서는 지식을 추구하지만, 여기에서의 지식은 상징과 신화 등에 기초를 둔 실용적인 지식이다. 이들 명칭목록은 서로 다른 전제, 믿음, 문화적 의도, 어휘적 수단에 근간을 두고 있으며, 의미론적 수사학 덕분에 충분히 다변화된 충분한 수의 어휘의 생산이 가능하다.

사회적 요인이 축적되어 만들어진 산물인 언어의 어휘목록은 이러한 방식으로 지시체계, 그리고 (개념적 '정화' 과정을 통해) 전문용어의 수용적 매체이자 창조적 수단이 된다. '전문언어'라는 관념은 이러한 지시적 조직의 어휘적 해석에서 나온 것이다. 어휘목록의 발전이 특정 문화의 지시적 수요에서만 발생하는 것이 아니라, 담화에서 실현되는 언어의 수단에도 좌우된다는 점은 분명하다. 이 모든 요소는 문화인류학과도 연결된다. 말할 권리, 즉 수용되는 담화 유형의 상호적 영향이 언어체계의 어휘적 창의성을 활용하는 방식의 변화를 결정하는 것이다.

2) 전문용어학적 활동의 사회적 조건

전문용어학의 사회적 조건에 대한 분석에는 사회에 대한 정확한 개념 확립이 전제가 된다. 따라서 경제구조의 우월성에 대한 가설을 바탕으로 집단에 의한 매체의 숙달 및 변형을 수반하며 이러한 현상을 조직화하는 담화의 가설을 수립하게 된다. 이러한 담화를 위해서는 세계의 사물, 그리고 이러한 사물을 변형시키는 도구에 이름을 붙일 필요가 있다. 숙달과 변형이 변증법적으로 연결되어 있는 사회적 인간 체제는 처음에는 지각력과 공예술을 통해, 다음으로는 과학 및 기술을 통해, 마지막으로는 관념론적·제도적 구조를 생성하는 사색적 담화를 통해 스스로를 조직화하는 것으로 보인다.

3) 언어, 문화 및 지식

어휘목록에 전문용어가 삽입되는 것은 첫째로 단일문화적이고 때로는 단일어적인 사실이다. 그러나 사회집단의 지식, 지식 및 기능의 전문화, 그리고 다문화적·국제적 문명의 성장 덕분에 이러한 교환은 보편화를 특징으로 하는 표준화를 거치게 된다. 이는 과학적 일반화에 대한 수요가 가지는 역사적인 측면으로, 정치경제학의 실체에 기반을 두고 그로부터 뒷받침을 받는다. 보편적 일반화를 목적으로 하나의 언어와 하나의 사상적 전통 속에서 발달한 학문이 가지는 문화적 역설에 대해서는 일찍이 고대 그리스, 인도, 중국에서 실증한 바 있다. 하지만 이 시대 이후로 이와 같은 분리는 생각할 수도 없는 일이 되었다. 아랍 사상이 정점에 달했던 시기도 이미 다문화적 커뮤니케이션에 기반을 두고 있었다. 라틴어에 대한 애착에도 불구하고 국제적인 성향이 강했던 서유럽의 중세 사상도 마찬가지였으며, 이러한 경향은 르네상스 이후로 더욱 두드러졌다.

한편 기술의 경우, 사회와 경제, 명명체계 사이의 관계가 명확해졌다. 이는 보편적 기술 전문용어의 존재 또는 이를 생성하려는 의도에 의해 입증된다.

개념화된 판단과 평행을 이루는 일관적 용어체계로 명사를 조직화한 만큼, 모든 언어에서 이들 용어의 표현을 허용하는 것이 목적이다. 언어에서 이 같은 표현이 가지는 가능성과 실제 적용이 곧 전문용어학과 연관된 모든 문제의 종합이라 할 수 있다.

미주

1. 본고에서는 주제에 대한 일반이론을 그 서술적 응용과 대비시킬 필요가 있는 경우에만 '전문용어집 편찬(terminography)' 및 관련 파생어를 사용하고 있다. 마찬가지로 진지한 전문용어집 편찬자는 어느 정도의 이론적 기초 교육을 받고 실무 작업에 대하여 얼마나 고민하느냐에 따라 전문용어학자로서의 특성도 함께 가진다. 1957년 러시아의 전문용어학자 나탄손(E. Natanson)이 프랑스어 단어 'terminographe'를 최초로 제안하였다.

2. 레이-드보브(J. Rey-Debove, 1978) 참조. "그 객체가 언어, 특히 자연언어인 언어"를 지칭하는 '메타언어(metalanguage)'에 대한 경험적 정의를 제시한 연구이다. 언어와 사상에 대한 진실을 표명할 수 있지만 라캉(J. Lacan) 등의 사상가들이 강력하게 부정하고 있는 '메타언어'의 환상은 전문용어가 단순히 개념을 반영하면서 언어의 수준보다 상위에 머무를 수 있다는 착각과 연결되어 있다.

3. 필자는 레이(A. Rey, 1977b)에서 이 주제에 대한 견해를 밝힌 바 있다.

4. 러시아 언어학자들이 본 전문용어와 명칭목록 사이의 차이점에 대해서는 아크마노바와 아가포바(O. Akhmanova & G. Agapova, 1974), DIN 2330(1979) 참조.

5. 1930년대에 정립된 사피르(E. Sapir)와 워프(B. Whorf)의 가설에서는 언어가 그 사용자들을 위해 일련의 범주를 형성하며, 사용자들은 이러한 범주를 통해 세상을 바라보게 된다고 주장한다.

   참조: 워프(1956).

6. 프레게(G. Frege)는 다음과 같이 서술하였다. "화학자에게 모든 물질을 분해하라고 요구할 수 없는 것과 마찬가지로, 모든 것을 정의하라고 요구할 수는 없다. 단순한 요소는 분해가 불가능하며, 논리적으로 단순한 요소는 적절한 정의를 가질 수 없다. 대부분의 화학 원소가 그렇듯, 이제 논리적으로 단순한 요소가 처음부터 주어지는 경우는 별로 없다."

   출처: 프레게(1952). *Concept and Object*, trans. Geach, p. 42.

7. 참조: 옐름슬레브(L. Hjelmslev, 1953).

8. '룰리(R. Lully)'로도 알려진 성(聖) 룰루스(R. Lullus, 1232~1316)는 카탈루냐의 신비주의자이자 프란치스코 회(會) 수사로, '위대한 술법(Ars magna)'을 통해 그가 창안한 사상적 상징은 기독교에 대한 모든 진실을 발견·입증할 수 있는 수단이 되었다.

추가 참조: 스틸먼(J. Stillman, 1924).

9. 함축의는 명시의에 추가된 부차적 의미이다. 논리학에서 밀(J. Mill, 1843)은 외연의를 표현하는 명시의와 반대되는 개념인 내포의를 함축의와 연관시킨 바 있다.

10. 추가 참조: 베세(B. de Bessé, 1990).

John Benjamins Series

02 Essays on Terminology

3장

전문용어학의 새 시대: 사회적 측면에서 이론으로

전문용어학에 대한 최초의 연구 동기는 기술에 대한 동기와 마찬가지로 자발적이었을뿐만 아니라, 과학의 탄생에 대한 동기와 마찬가지로 이론적인 성격을 가지고 있었다. 18세기에 지식의 동시적 확장과 기술 및 통신수단의 성장이 이루어짐에 따라, 전문용어학은 이러한 여러 가지 현상과 관련된 난제 중 일부를 극복하는 데 필요한 도구로 여겨졌다. 전문용어학이 과학적인 방향성을 획득하는 동시에 사회적으로 중요한 활동으로 인정받은 것은 그로부터 한참 후인 20세기의 일이었다.

1. 과거 시대의 특징

새로운 시대에 대한 언급은 이와 대비되는 '과거' 시대를 체감하거나 확인할 수 있을 때에만 가능하다. (우리가 속고 있는 것이 아니라면) 이제 그 끝을 맞이하고 있는 것으로 보이는 이 같은 과거 시대에는 나름의 명분과 정점이 존재했다. 1960년대 초반에 시작된 이 시대는 약 30

여 년간 지속되며, 대체로 유럽과 북미, 일본 등의 주요 선진국 중 특히 이중언어 또는 다언어를 사용하는 국가들, 그리고 다민족으로 구성된 조직에 국한된다. 영국, 일본, 프랑스, 아랍권에서 전문용어학적 활동의 중요성에 대한 인식은 특정한 형태의 발전 양상 및 방법론은 물론, 일련의 정치적·경제적 상황과도 밀접하게 연계된다. 이러한 상황에 따라 '전문용어학'이라는 단어는 (보다 이론적인 방식으로 정립이 가능한) 지시적인 내용뿐만 아니라 역사적인 함의도 함께 가지게 되었는데, 이러한 역사적 함의 중 일부는 일시적이고 임시적이었던 것으로 증명될 수도 있다.

1960년대부터 1990년대까지의 전문용어학적 활동을 특징짓는 구체적인 요소들은 일반적인 역사적·사회학적 맥락에 따라 좌우되는 듯한데, 이러한 맥락에서는 일련의 특정한 기능에 역점을 두고 나머지 기능은 부수적이거나 보좌하는 역할로 국한시켰다. 불과 얼마 전까지만 해도 전문용어학적 활동은 번역과 문서화 등의 언어학적 응용과 밀접하게 연계되어 있었으며 기술, 행정, 법률 분야에 중점을 두었다는 점은 주지의 사실이다. 최근에는 전문용어학을 데이터 처리와 접목시키려는 시도도 이루어지고 있으나, 이는 영속적인 결합으로 이어질 안정적인 관계가 아니라 일시적인 불장난에 가깝다. 다언어의 사용을 요하는 정치기관이나 국제적 기업, 특히 복잡성이 높은 조직, 연방·연합정부, 표준화기구, 경제기획 당국, 다국적 기업에서 이러한 시도가 활발하게 전개되었다.

이에 따라 정치·경제 권력이야말로 전문용어학적 활동의 틀과 더불어 해당 활동의 실현 수단을 제공하는 주요 결정요인임을 확인할 수 있다. 이는 우리에게 상당히 익숙한 패턴이다. 우리의 관점에서 볼 때 전문용어학은 추상적 학문이라기보다는 사회적 학문에 가까우며, 심지어 사전편찬학과 같은 응용과학으로 볼 수도 있기 때문이다. 그러나 전문용어학을 구성하는 요소들 사이의 균형이 달라질 수 있고, 이에 따라 전문용어학이 가진 기능들의 분포도 변할 수 있다. 전문용어학의 새 시대를 정의한다면, 이미 수 세기 동안 연구의 대상이 되었으며 로크(J. Locke), 알랑베르(J. d'Alembert), 디드로(D. Diderot) 등[1]이 이미 200여 년 전에 정의내린 전문용어학의 이론적 성격 수준에서 정의가 이루어지지는 않을 것이다. 무엇보다도 전문용어학의 사회적 역할, 실제 활용 양상, 전문용어학에 대한 인식 등의 조건에서 변화를 확인할 수 있을 것이다.

2. 전문용어학의 기능적 내용

여기서 첫 번째로 밝혀둘 점은, 비록 아직까지는 완벽하고 충분하지는 않지만 전문용어학이 드디어 독립된 학문으로 인정받게 되었다는 사실이다. 하지만 이 같은 사실이 가지는 중요성은 부차적인 수준이다. 일례로 일반 대중은 정치, 행정, 경제 분야에서 전문용어학이 수행하는 역할에 대해서만 인정해왔다. 전문용어학은 기술, 공예, 번역, 노하우 숙달, 데이터 처리 자동화 및 전송, 특히 유럽연합 산하기관의 경우와 같은 국제관계, 그리고 스위스, 벨기에, 캐나다 등 다언어를 사용하는 국가에서의 다언어 커뮤니케이션 지원 등과 연계되거나 이에 종속된 분야로 간주된다. 하지만 이는 개탄해야 할 문제가 아니다. 이들 연결고리는 태동 단계에 있는 전문용어학에 양분을 공급하는 '탯줄'로, 복잡하고 때로는 다소 위협적이기도 한 모체와 가까운 거리를 유지할 수 있게 하기 때문이다.

성장하는 모든 세포와 마찬가지로, 하나의 사회에서 태동한 연약한 배아 상태의 전문용어는 나중에 성인기가 되면 적응, 수행, 완성해야 하지만 무한한 변이가 가능한 구조 및 기능에 따라 발전하게 된다. 생물학에 빗댄 이 같은 비유를 통해 증명할 수 있는 것은 없지만, 이는 결코 무리한 비유가 아니다. 참되고 고유하며 정의할 수 있는 정체성을 가진 인간의 모든 활동(전문용어 역시 정체성의 증명이 가능하다)은 각각의 요소와 기능이 지속적으로 활성화된 복잡한 기능구조에 근간을 둔다. 다양한 요소의 혼합, 이들 요소간의 관계, 그리고 요소간 상호작용의 조화 및 효과는 지속적으로 달라진다.

따라서 우리는 전문용어학의 다양한 사회적 응용의 이면에 숨어있는 전문용어학의 필수적인 기능적 내용을 고려하여야 한다. 추상적이고 가설적인 목록을 작성하기보다는 가시적인 부분에서 숨겨진 부분으로 옮겨가는 방식을 취할 수 있다. 전문용어학이라는 빙산의 바닥까지 닿지는 못하더라도, 이러한 기반이 표면구조의 균형을 맞추고 있으며 우리의 눈에 보이는 요소들을 정의하는 역할을 한다는 점을 잊지 말아야 한다.

1) 사회적 기능

전문용어학이라는 빙산 중 눈에 보이는 부분은 제도적·재정적 측면에서 본 전문용어학의 사회역사적 기능이다. 예를 들어 전문용어 정보가 담긴 데이터베이스, 그리고 크고 작은 범위의 용어은행이 국가적·초국가적 수준의 정치 및 행정 조직, 산업체(예: IBM이나 지멘스), 또는 산업체를 지원하는 조직(예: 구소련의 국가계획위원회(Gosplan), DIN이나 AFNOR 같은 국내 표준화기구, 이들 기구에 대응되는 국제표준화기구인 ISO)에 존재한다.[2] 기존의 전문용어 관련 조직 중 대부분은 언어정책(예: 캐나다 퀘벡, 프랑스, 아랍 국가) 또는 이중언어 정책(예: 캐나다, 스위스)을 지원한다. 이들은 국제기구에서의 커뮤니케이션 채널은 물론, 기술발전과 교역, 수출을 위한 경제정책을 유지하는 역할을 수행한다. 후자에 관여하는 조직은 공공기관과 민간조직을 모두 아우르며, 국내 조직은 물론이고 국제적·다국적 기구도 포함된다.

이러한 사회경제적 기능은 매우 다양하며, 이 같은 경우에 전문용어학은 그 자체로 다양성을 가지는 다른 활동에 종속되는 것이 일반적이다. 단, 이들 활동은 통·번역, 참고자료 정리, 기록작업, 자연적인 발화 및 문서에 대한 통제와 같은 다양한 언어적 절차와 구분되어야 하며, 교수법 개발부터 표준의 정의까지 이르는 언어관리 계획의 일환으로 이루어진다. 이러한 모든 경우에 있어 전문용어학은 사전뿐만 아니라 구문론, 형태론, 음성학, 정서법 등까지 포괄하는 언어사용의 구조에 완전히 통합된다. 전문용어학은 개념과 (용례, 규범 및 발화행위를 통해 발현되는) 언어체계 사이의 대응을 책임진다. 그러나 항상 존재하는 이 같은 언어기능은 사회적 필요에 따라 좌우되며, 그렇기에 전문용어학은 독립적인 동인이 될 수 없다. 전문용어학은 기술, 행정, 법률 분야의 담화보다 과학 분야의 담화에서 보다 큰 독립성을 가진다. 일상적 담화에서 전문용어학은 그 언어적 범위를 재정의할 수 있는, 다소간에 확연하게 드러나는 정치적 영향에 전적으로 종속된다. 특히 미국에서 활발하게 전개되고 있는, '정치적으로 올바른' 담화를 도입하려는 최근의 시도는 언어규범을 통해 사회에 대한 비전을 강제하려는 이 같은 노력의 대표적인 사례라 할 만하다. 또한 광고홍보, 미디어 등의 사례처럼 대중커뮤니케이션에도 전문용어학이 연계되는 경우가 많아지고 있다. 여기서 전문용어학이 수행하는 구체적인 과제는 언어 커뮤니케이션의 질을 높이고, 언어 사용자와 해당 언어 사이의 관계를 개선하고, 사회 구성원 간에 나타나는 담화와 용례의 차이를 보다 효과적으로 조정하는 것이다. 사실 이 모든 과제는 사회학 및 사회기호학 전반과 관련된 내용이므로 언어의 특정한 기능을 넘어서는 문제이다. 전문용어학은 역사적, 정치적, 경제적 이유가 있는 경우에만 개입하며, 영상 및 기타 기호적 형태가 포함된 복잡한 커뮤니케이션 체계 안에서만 작동한다. 일례로 컴퓨터나 테이프 레코더와 같은 공산품에 들어있는 관측물은 그래픽 이미지나 색상, 음성 이미지가 포함된 총체적 메시지의 일부로서의 전문용어를 고려하지 않고서는 개선이 불가능하다. 현대의 미디어 요건에 전문용어학을 완전히 통합시키기 위해서는 사회계층별로 특화된 커뮤니케이션의 필요성뿐만 아니라 문자 및 구두 형태, 언어, 영상을 모두 고려하여야 한다. 잡지의 경우 원하는 시간과 장소를 택하여 읽을 수 있는 반면, 라디오 청취자나 TV 시청자는 외부에서 강제된 시간대 내에 반응해야 하며 선형적인 메시지를 전달받게 된다. 다만 최근에는 녹음 또는 녹화된 메시지를 중간에 멈추고, 반복하고, 다시 재생함으로써 메시지를 분해하고 가로막을 수 있게 되었다. 이러한 새로운 기능이 상당한 효과를 내는 가운데, 전문용어학이 커뮤니케이션의 질적 향상에 진정으로 기여하려면 이 같은 효과에 반드시 대응하여야 한다.

이러한 상황을 감안할 때, 이제는 전문용어학을 카드나 데이터베이스에 기록된 개념적·언어적 분석에 국한된 것으로 간주해서는 안 된다. 전문용어학과 사회, 정치, 경제 사이의 관계가 수요를 창출하고 수단, 특히 재정적 지원을 이끌어내는 역할을 하므로 이 같은 관계가 갖는 중요성이 매우 크다.

그러나 전문용어학의 지배적인 특성이 커뮤니케이션 체계의 구축 및 발전이든, 또는 집단의식에 대한 영향이든 간에, 전문용어학의 사회역사적 기능은 비록 눈에는 덜 띄지만 보다 심각한, 궁극적인 언어적·인지적 목표와 밀접하게 연계되어 있음을 알 수 있다.

2) 언어적 기능

전문용어학의 언어적 기능은 전문가에게는 가장 눈에 띄는 측면이지만, 언어를 독립적인 존재로 보지 않고 언어의 다양한 발현 방식을 혼동할 때가 많은 일반 대중의 입장에서는 그렇지 않다. 언어는 일반언어로 발현되기도 하고, (소쉬르(F. de Saussure) 이후 프랑스 학자들이 '언어활동(langage)'과 대비하여 '언어(la langue)'라 칭했던) 추상체계로 발현되기도 하며, 어법, 규범, 서면·구두 담화 및 이들간의 상관관계로 발현되기도 한다. 사회는 언어가 발현되는 방식을 통해서만 언어를 이해하며, 이 중 가장 중요한 요소는 언어교육, 텍스트 형식으로 식별되는 특정한 제한적 담화 형태로 된 문자언어의 구사력, 그리고 말할 권리를 통해 확립된 사회적 계층이다. 부르디외(P. Bourdieu, 1977)를 위시한 사회학자들은 '언어시장'이라는 개념을 제시하였는데, 이 같은 경제적 은유 이외에도 정치 또는 싸움과 관련된 은유 역시 가능하다. 언어현상을 사회적 상호작용 속에 흡수시키는 방식이 개념의 표준화(인지적 기능), 또는 어휘적·관용구적 형태(용어의 실제적·언어적 형태)의 선택을 통한 언어적 형태의 표준화에 더 이상 국한되지 않게 되면 전문용어학에도 적용이 가능해진다.

그러나 언어적 기능은 담화의 사회적 환경 밖에서만 분리가 가능하다. 즉, 방법론이나 메타 방법론, 또는 사회적 기능의 수행을 위한 원칙, 방법 및 수단을 개발하려는 과제 안에서만 분리될 수 있는 것이다. 또한 언어에 초점을 맞춘 전문용어학은 정치나 경제에 초점을 맞춘 경우보다 구체적이거나 순수하지 않다. 이 때는 어휘론, 전문언어 문법, 그리고 (출처 목록 작성, 정보의 자동·수동 처리가 포함된) 사전편찬학과 연계되기 때문이다. 엄격하게 전문용어학적인 수요에 대응하여 신조어를 만드는 경우에도 어휘론과 통사형태론적인 측면이 포함되며, 언어 간 대조가 이루어지는 경우에는 번역이론도 여기에 추가하여야 한다. 또한 용어의 폐기 및 대체의 경우, 언어 순화주의에 찬성 또는 반대하는 이념적 입장의 채택은 물론 사회적 기능 및 사회언어학도 관련이 있다.

사회정치적·사회경제적 역할의 경우와 마찬가지로, 이 같은 언어적 기능에 있어 전문용어학을 다른 분야로부터 완전히 분리하기란 불가능하다. 1960년대에서 1990년대 사이에 터득한 이러한 교훈은 전문용어학에 대한 환상을 깨는 데 도움이 되었다. 하지만 초기 이론에서도 지식을 다루는 분야인 전문용어학에 언어적 기반뿐만 아니라 개념적 기반도 함께 제공함으로써 향후의 발전 방향을 이미 예견한 바 있다.

3) 인지적·분류적 기능

전문용어학에서는 역사적으로 언어에 대한 설명을 무시해왔다. 공동체의 언어적 행태를 설명·분석하는 대신, 지식의 응용이 가지는 언어적 행태를 연구하고자 했다. 지식은 언어를 수단으로 하여 구성, 조직, 전파되지만, 이는 단일어를 통해, 또는 한 언어를 관장하는 의미 규칙에 따라 이루어지지 않는다. (두 가지 경우 모두, 이들 규칙이 무엇이든 간에 현재로서는 해당 규칙에 대한 이해가 불완전한 수준이다.) 라부아지에(A. Lavoisier)가 현대 화학을, 패러데이(M. Faraday)가 현대 전자학을 창시했을 때, 이들은 내부적 논리에 부합하는 관찰과 경험으로부터 영감을 받아 역동적인 개념체계를 발전시켰다.[3] 이러한 지식의 집합을 원점에서부터 설명해야만 했던 라부아지에와 패러데이는, 17~18세기의 연금술과 전자기 이론을 바탕으로 탄생한 구시대 화학의 풍부하고 복잡하며 잘못된 체계에서 차용된 프랑스어나 영어 단어를 사용해야 했다. 라부아지에가 '신시대 화학'의 언어를 발전시키는 과정에서 구시대 체계의 일부 단어 및 용어는 새로운 체계의 개념(예: '플로지스톤(phlogiston)')에 대응되지 않아 폐기되었으며, 이들을 대신하여 완전히 체계화된 새 용어가 도입되었다. 이를 통해 라부아지에는 기통 드 모르보(L. Guyton de Morveau), 푸르크루아(A. de Fourcroy), 베르톨레(C. Berthollet)와 함께 발전하는 사상체계 속에서 그리스어를 유래로 하며 정확한 의미 값을 가지는 완벽한 전문용어 체계를 확립하였다(예: 수소(hydrogen) = 물을 생성하는, 산소(oxygen) = 산을 생성하는). 18세기 말 당시 그리스어는 사어(死語)가 되었지만 그 잔여 요소는 여전히 대다수의 과학자에게 친숙했으며, 그로부터 형태학적 요소를 차용한 체계였기에 이 같은 전문용어의 언어적 수용력은 프랑스어를 넘어설 정도로 강력하였다. 따라서 패러데이가 만들어낸 전문용어는 다수의 다른 언어에서도 채택되었지만, 이처럼 예외적인 경우에도 개별 언어의 역사적 체계 속에서 다양한 지시적 요소가 전문용어에 영향을 미쳤다. 따라서 라부아지에와 기통 드 모르보는 구시대 지식체계에서 동기를 상실한 단어를 일부 승계하여 신시대 지식체계 하에서 새로운 역할과 전문용어적 가치를 부여했다(예: 산, 소금).[4]

이러한 현상은 한편으로는 개념화 작업과 명칭의 필요성 사이의 관계, 다른 한편으로는 언어적인 지칭 수단이 복잡하고 불안정하다는 점을 잘 보여준다. '세계 공통어' 또는 '국제어'에 대한 근거 없는 믿음과 계획, 그리고 (대수식이나 화학공식과 같은 '실제' 언어이든, 해부학과 같은 국제적 명명법이든, 또는 자연과학에서 사용되는 라틴어이든 간에) 자연어에서 나타나는 차이를 피하기 위한 부호의 존재는 다른 지식체계를 표현할 수단을 얻기 위해 하나의 언어로 생성된 지시를 제거해야 할 필요성에 대응한다. 여기서 주목해야 할 사실은 이러한 필요성이 국제적 신호 및 기호 체계를 도입하는 기초적 시각 부호(예: 많은 국가의 교통 및 숙박시설에서 사용되는 위치, 금지사항 등을 나타내는 안내판 및 신호판)를 만들어야 할 필요성과는 다르다는 점이다. 첫 번째 경우에 전문용어나 명칭은 (문장 구조와 함께) 국제사회에서 공유하는 대리어를 구성하며 자연어로 번역이 가능하다. 한편 두 번째 경우는 단순한 순서로 된 어휘군과 구 단위의 집합에 해당한다. 첫 번째 경우에는 과학 지식의 역동적 처리에 직접적으로 연결된 부호를 사용하여 처리 과정을 설명하고 증명을 실행할 수 있으며, 두 번째 경우에는 언어와 무관한 기호가 허가, 방향, 지시 등을 나타낼 뿐이다.

명칭, 명칭목록, 전문용어 체계의 중요성은 일반적으로 인정을 받고 있으나, 주제분야에 따라 중요성의 정도는 달라진다. (논리학과 수학 등의) 형식체계에서는 전문용어가 필수적이지만, 그렇다고 하여 다른 요인들을 배세할 수는 없다. 전문용어는 논리학과 수학이 만들어낸 가설·연역적 체계와 관련된 물리학, 천문학, 화학, 생화학 등의 자연과학에 반드시 필요한 요소이다. 이들 분야에서는 모든 개념화 작업 및 모델이 그 목적에 맞게 변형된 전문용어를 필요로 한다. 이처럼 필수불가결한 전문용어는 해당 전문용어가 사용되는 개념적 도식과 어느 정도 유사하다. 전문용어학자라면 누구나 알고 있듯이, 전문용어학적 신조어 제정과 언어적 안정성 사이에 지속적인 갈등이 나타나는 것이 바로 이 지점이다. 지식체계에 변화가 일어날 때마다 명칭체계에도 이에 상응하는 변화가 이루어져야 한다. 하지만 이러한 두 가지 변화는 여러 층위간의 커뮤니케이션을 촉진시키는 사회적 기능도 달성하여야 하므로 동일한 속도로 진화하기란 불가능하다. 이밖에도 자체적인 개념화 작업이 필요한 모든 이론은 지식의 대상이 동일하더라도 각각의 지식체계별로 전문용어도 서로 다르게 확립하는 것이 이상적이다. 이는 철학에서, 그리고 언어학은 물론 전문용어학도 포함되는 인문학 전반에서 전형적으로 발생하는 상황이다.

요컨대 과학 분야 전문용어는 항상 변화하는 지식체계의 다양성을 반영하기에 언제나 부적절하며 지나치게 정적이다. 또한 그 경계가 정확하게 정해져 있지 않은 관계로, 원칙적으로는 전문용어에 존재해서는 안 되는 다의성(하나의 기호가 다수의 의미를 가짐, 하나의 용어가 다수의 개념을 나타냄)과 동의성(하나의 동일한 개념을 나타내는 용어가 다수 존재함)이 실제로는 흔하게 나타나고 있다.

명칭목록의 경우에는 문제가 상당히 다른데, 특히 개념화의 특성 자체가 분류학적이라 앞에서 언급한 철학 및 인문학과는 상이한 자연과학의 경우에는 더욱 그러하다.

기술 분야에서는 지식의 처리 과정이 그 사회적 응용, 상용화, 관련 담화의 유형(특히 홍보 관련 담화)으로 인해 손상되는 양상을 보인다. 지식 습득 과정과 명명 과정 사이의 관계는 원초적인 상태 그대로이나, 구체적인 과정은 크게 다르다. 기술 분야는 기능적 대상을 다루는 응용과학이며, 따라서 기술 분야의 개념은 발견이 아닌 실용적·이론적 유용성에 초점을 맞추고 있다. 전문용어학과 기술 분야간의 특수한 연결고리는 발명 또는 기술적 진보와 명칭체계 사이의 공리적 관계에서 찾을 수 있으며, 이 모든 요소는 좋은 쪽으로든 나쁜 쪽으로든 이 같은 공리적 목적에 종속된다. 이는 (이론적 지식과 밀접한 관련이 있는 학문임에도 불구하고) 통계학이나 응용언어학 같은 추상적 기법에도 마찬가지로 적용된다.

마지막으로, 일관성 있는 체계로 조직화된 명칭의 집합으로서의 전문용어는 법학, 그리고 (어느 정도는) 신학 및 윤리학의 경우처럼 규범적인 사회적 담화에 직접적으로 의존할 수 있다. (행정법, 헌법, 우주법, 해양법, 노동법, 상법 등) 다양한 분야를 포괄하는 법학은 사회의 진정한 규칙 체계이다. 법학은 담화인 동시에 응용학문으로, 사회적 효율성이라는 특수한 목적만을 위하여 관련 개념을 발전시켜왔다. 이 영역에서 헌법, 법률, 사법적 판결, 행정처분 등 법전의 전문용어는 사회의 조직화에 도움이 되며, 사회 구성원의 지식을 풍부하게 하기보다는 사회규범을 안정화하는 데 기여한다.

대부분의 학문에서 인지적·이론적 성격을 띠는 전문용어의 지적·개념적 기능은 기술 분야에서는 공리적·실용적인 기능을, 법학에서는 표준화 기능을 가진다. 또한 규제 및 표준화에 대한 다양한 접근법 중 언어가 수행하는 기능이 필수적이고 기본적인 역할을 한다. 인지적, 사회역사적, 언어적 기능간의 관계는 이렇게 정리해볼 수 있다.

4) 기능의 상호작용

앞에서 언급한 기능 중 어느 것도 독자적으로 작용할 수 없으며, 각각의 기능은 서로 연결되어 있다. 이러한 사실은 전문용어학이 가지는 세 가지 특성을 잘 보여준다. 첫째는 이해(과학), 숙달(기술), 규제(법학, 종교, 윤리학) 등 현실과 관련된 조직화 및 분류 특성이고, 둘째는 일반언어 어휘와 마찬가지로 전문용어도 언어의 형태(주로 명사로 된 단어 및 구문)로 구성됨에 따른 언어적 특성이며, 셋째는 (지식, 처방, 설득, 소개 등) 일반적·특수적 담화 유형으로 이루어지는 커뮤니케이션을 규율하는 사회적 특성이다.

실제 전문용어의 개입은 이처럼 다양한 층위에서 이루어진다. 각각의 기능이 제대로 수행될 수도 있지만 잘못 수행될 수도 있기에, 전문용어 작업 및 메타 전문용어학에서는 이들 기능을 분리·발전시킴으로써 효율성과 목적정합성을 높인다. 과학에서든 기술 분야에서든 간에, 전문용어 관련 활동이 자발적으로 이루어진 경우 비판의 대상은 오로지 부족한 성과뿐이었다. 많은 학자, 과학자, 기술자들은 각자의 지식 분야에서 동일한 대상 또는 개념을 나타내는 명칭이 여러 개 존재한다는 점(디드로는 『Encyclopéedie』(백과사전)에서 이미 이 점을 지적했으며, 존슨(S. Johnson)도 『Dictionary of the English Language』(영어사전)에서 동일한 지적을 한 바 있음), 또는 특정 개념을 나타내는 명칭이 잘못 선택된 점에 대해 유감을 표하고 있다. 또한 언어학자와 작가들은 잘못 형성된 용어, 그리고 소위 '특수용어(jargon)'에 대해 비판적인 입장을 견지한다. 프랑스의 경우, 이러한 태도를 보인 대표적 사례로 구르몽(R. de Gourmont, 1902)과 에티엥블(R. Étiemble, 1966)이 있다. 그러나 이들의 비판은 서로 반대되는 관점에서 이루어졌다. 인지적 기능 관련 전문가(과학자, 과학기술 전문가, 인식론자, 철학자)나 규범적 기능 관련 전문가(표준화 전문가 및 법률가), 이론언어학 및 응용언어학 전문가(언어학자, 교사, 번역가), 사회과학 전문가(커뮤니케이션, 정치학, 경제학 전문가)는 전문용어의 대상을 서로 다르고 상호보완적이며 때로는 상충되는 관점에서 바라본다.

이와 유사하게, 신중하고 체계적인 전문용어학적 발전은 한 가지 기능을 다른 기능보다 우선시하는 것을 목표로 삼을 수 있다. 이에 따라 뷔스터(E. Wüster)가 창시한 오스트리아 학파는 언어적 기능을 최소화하고 인지적 기능과 분류적 기능을 중시하는 경향이 나타났다. 반면 캐나다 학파의 경우 사회역사적·언어적 용례와 같은 사회언어적 측면과 표준화를 더욱 강조한 나머지 때로는 인지적 기능이 희생되기도 하였다.[5] 이러한 경향을 뒷받침하는 논거는 강력하다. 개념화와 지식 조직화 기능이 우세한 영역(예: 정밀과학, 자연과학)에서는 외부의 개입 없이 전문용어 문제를 자체적으로 해결하는 경향이 있다는 것이다. 이 경우 단일어 내, 또는 다수의 언어간 표준화 작업은 과학자들이 자체적으로 처리하게 된다. 서술 작업은 전문용어학자의 도움 없이 주제분야 전문가들이 작성한 학술논문, 소고, 매뉴얼, 사전에서 이루어진다. 이들 영역에서 조직화된 활동으로서의 전문용어학은 보조적 기능(예: 언어학적 적합성에 대한 자문)에 대해서만 개입이 가능하다. 지식의 집합이자 구체적인 방법으로서의 전문용어학이 개입해야 하는 경우는 주로 기술 분야, 법학 등 대규모 지식 순환이 필요한 모든 영역이다. 이들 분야에서는 사회적 차원에 중점을 둔 언어적 기능, 그리고 전문용어학의 사회문화적 기능이 우위를 나타낸다. 이들 기능의 기저를 이루는 인지적 기능은 주제분야 전문가들이 이미 다룬 것으로 가정한다. 사회적 수용성을 강조할 경우 인지적 기능은 변형과 왜곡을 겪을 수 있다. 바로 이 지점에서 전문용어학자들의 개입이 가능하며 또 필요한데, 이는 (언어적 기능의 문제인) 표현의 표준화가 아닌 커뮤니케이션의 조정을 위해서이다. 이러한 마지막 목표를 추구하기 위하여 전문용어학자들은 개념적·인지적 정확성을 판단하지 않으며, 그 대신 이러한 정확성을 통제하여 적절한 명칭에 반영되는지 여부를 확인하는 데 기여한다.[6] 이들의 중요한 역할은 실제로 사용되는 명칭의 정확성과 정밀성을 감독하는 것이다. 그렇기 때문에 인지적 기능, 특히 인지적 기능의 창의적 측면은 그 자체로는 필수적이고 근본적일지 모르나, 전문용어 작업자의 입장에서는 다른 기능에 비해 중요성이 덜하다.

3. 새로운 시대의 특징

전문용어학의 새로운 시대는 이전 시대에서 배운 교훈으로 시작된다. 이러한 교훈은 전문용어의 주요 기능, 그리고 이들 기능간의 균형에 대한 것이다. 먼저 '제도권'에 속하는 전문용어학자들은 인지적 기능의 중요성을 평가절하하였으며, 이에 따라 명칭과 관련된 개념구조의 문제를 놓고 과학 및 기술 분야에서 이루어지는 창의적 활동에 대해 지나치게 방관하는 입장을 취해왔다. 이러한 문제를 다룬 문헌에 대해 전문용어학자들, 특히 전문 번역가들이 보인 부정적 반응은 이들이 받은 전문적 훈련의 약점을 고스란히 드러낸다. (일례로 1970년대 뷔스터와 비엔나 학파, 그리고 러시아의 유명 학자들이 발표한 논문에서 이 같은 부정적 반응을 확인할 수 있다.) 이러한 경우에는 이론이 반드시 필요하다. 개념구조를 불안정하며 문제의 언어적 측면에 의해 지속적으로 악영향을 받는 복잡한 과정의 결과로 보는 대신 독립적이고 안정적인 존재로 판단하는, 세간에 팽배한 망상에 물들지 않도록 하는 유일한 수단이 바로 이론이기 때문이다.

이와 관련하여 과학자와 인식론자들은 이미 경고를 보낸 바 있다. 이 글에서는 20세기 이전 학자 중 철학자로는 베이컨(F. Bacon), 홉스(Th. Hobbes), 라이프니츠(G. Leibniz), 칸트(I. Kant), 로크, 헤겔(G. Hegel)을, 과학자로는 알랑베르, 라부아지에, 헬름홀츠(H. von Helmholtz)만을 인용하였다. 20세기 이후 학자의 경우, 쿠아레(A. Koyré), 바슐라르(G. Bachelard), 포퍼(K. Popper), 파이어아벤트(P. Feyerabend) 등 다수의 인식론자를 언급하지 않고 과학자 하이젠베르크(W. Heisenberg)만을 인용하였다. 이들의 문헌을 살펴보면 한 가지 중요한 사실을 알 수 있다. 목적에 걸맞은 적절한 전문용어학적 장치 없이는 그 어떤 발견, 관찰 보고서, 귀납 또는 연역 추리도 불가능하며, 이러한 전문용어학적 장치는 (언어 외적인 상징적·우상적 체계를 제외하고) 개별 언어의 구조에 따라 결정된다는 점이다. 정치인, 과학자, 심지어는 소설가들이 만들어낸 철학적 담화라 하더라도 사전에 전문용어를 구성하고 사용하지 않으면 철학적인 성격을 제대로 갖출 수 없다. 명칭 없는 명명은 불가능하고, 용어 없는 과학적 명명도 불가능하다. 그러나 명칭과 용어 모두 언어의 일부이다. '이상적'인 용어, 또는 (일각에서 제기하는 잘못된 주장처럼) '국제적으로 통용되는' 용어는 존재하지 않는다. 그러나 자연어가 가지는 다양성으로 인해, 국제적 수준의 커뮤니케이션을 위해 부분적이나마 언어의 경계를 넘어서는 용어는 분명히 존재한다. 그러나 용어의 이 같은 특성이 세계 전역에서 보편적으로 나타나지는 않는다. 중국어나 일본어, 아랍어나 말레이시아어는 고대 그리스어 및 라틴어는 물론, 현재 사용되는 유럽 언어의 단어요소와도 유사성이 없다.

그렇기 때문에 개념-용어 쌍의 인지적 기능을 온전하게 이해하는 전문용어학자는 정의를 개발하거나 통제할 수 있게 되며, 이는 사전편찬학만큼이나 전문용어학에서도 기본이 되는 과정이다. 이러한 기능을 통해 언어 안에 잘 통합되어 있거나 언어와 유리된, (사회과학의 개념 및 이론과 병렬을 이루는) 동일한 대상에 대한 분파적 구조와 그 특성을 한층 개선할 수 있다. 이 같은 분파적 구조가 가지는 특성의 예로는 동질성과 이질성, 단일성과 다중성 등이 있다. 아랍어의 경우와 대조적으로 독일어, 프랑스어, 영어로 된 현대 화학 관련 어휘가 효과적으로 통합되어 있는 것이 대표적인 사례이다. 이러한 유형의 연구는 실용적 목적을 가지고 있다. 과학에서든, 기술 분야에서든, 법학에서든 기존에 알려져 있으며 필요한 개념화 작업을 위하여 각각의 주요 언어에 존재하는 전문용어를 평가함으로써 차용의 출처가 되는 분화 또는 공백을 구체적으로 관찰하겠다는 것이다. 이들 영역에서 차용의 경향은 다른 언어체계에 비해 해당 언어체계가 시대적으로 얼마나 앞서있는지에 따라 달라지며, 이 같은 발전상은 발견에서의 우선순위, 즉 개념화 및 지식에서의 우선순위와 일치하는 경우가 많다.

이러한 문제와 관련하여 전문용어학은 여전히 태동기에 머무르고 있으며, 이들 분야에서의 연구성과에 대한 지분을 (오랫동안 언어와 그 사회적 기능을 무시해왔던) 인식론에, 그리고 사상사, 과학이론, 법학이론 등에 양보한 사례가 지나치게 많았던 것으로 보인다.

반면 전문용어학은 언어적·사회적 기능에 대해서는 진전을 보여왔으며, 이러한 진전은 지금도 계속해서 이어지고 있다. 사회언어학, 그리고 언어개혁 및 표준화를 위한 사회언어학의 응용과 더불어, 전문용어학은 필요성과 관련된 명명 수단에 대한 언어적 개입의 범위와 한계를 이론적·실제적으로 입증해왔다. 형태론과 의미론에서 획득한 지식을 바탕으로, 전문용어학은 신조어의 평가와 제정에 대한 기준을 제시하였다. 신조어, 동의어, 명사구 구조 등의 분야는 전문용어학에서 관심의 대상이 된 이후 이전보다 큰 주목을 받게 되었는데, 이는 전문용어학에서 언어학의 추상적 고찰에 실용적 고찰을 더했기 때문이다.

사회적 기능의 경제적 측면은 중요성이 매우 크기 때문에, 특히 정치적 영향을 고려하는 경우 이 부분에 연구 및 재정지원이 집중되는 경우가 많다. 그러나 적절한 균형을 맞추려면 언어적 측면과 인지적 측면도 보다 심층적으로 연구할 필요가 있다. 일례로 프랑스어, 독일어, 스페인어에서 컴퓨터 분야 전문용어 체계를 개선하려면 용어의 질과 일관성을 관리하고 용어와 개념이 보다 효과적으로 대응되도록 해야 한다. 이렇게 하면 (심지어 영어를 비롯하여) 해당 영역의 어휘가 불만족스러운 수준인 다른 언어의 전문용어 체계를 개선하는 데도 기여할 수 있게 된다. 마찬가지로 언어에 대한 특정한 용법(예: 미국에서의 스페인어 용법, 퀘벡에서의 프랑스어 용법)에 대한 전문용어학적 관리가 다른 용법(예: 스페인에서의 스페인어 용법, 프랑스나 벨기에에서의 프랑스어 용법)에도 영향을 미칠 수 있다. 이는 단일어 또는 다언어로 이루어지는 국제적 표준화의 문제이다.

1) 새로운 기능

여기서 언급한 기능 이외에도 다양한 기능이 존재한다. 전문용어학적 활동이 보다 활발해지고 널리 인정을 받을수록 다른 활동에 비해 그 기능의 범위가 넓어지게 된다. 데이터베이스, 기계보조번역 등의 발전에 따라 전문용어학이 가지는 순수하게 기술적인 기능을 고려해야 한다. 신기술의 전파 및 개발에 대한 전문용어학의 기여를 여기서 상세하게 설명하지는 않겠지만, 전문용어학과 컴퓨터 응용 사이의 관계에 대해서는 언급해두고자 한다. 컴퓨터 응용에 때로는 과람한 특권을 부여하는 첨단기술의 측면 이외에도 다양한 요소가 전문용어학에 개입되어 있다. 이와 유사하게 전문용어학적 방법도 (사전편찬학, 문서화, 번역 등) 명명과 지식 전파에 영향을 미치는 다른 방법의 발전에 기여하고 있다.

전문용어학은 순수이론(특히 이른바 '경성과학'의 경우)부터 복잡한 사회적 응용분야까지, 개념적·언어적 분석부터 행정, 정치, 경제 부문에서 직접 사용할 수 있는 응용 방법론까지 다양한 활동과 연계되어 있으며, 이 과정에서 다양한 기능들이 자체적인 위계질서를 구축하는 경향이 있다. 그렇기 때문에 추상적인 기능은 잊히거나 심지어는 불필요한 짐으로 간주될 수 있다. 사전편찬학자인 필자는 전문용어학의 응용과는 무관한 관찰자에 해당하며, 제대로 된 응용을 위해서는 탄탄한 이론적 기반이 필요하다는 사실을 상기시키는 역할은 바로 이러한 관찰자의 몫이라 하겠다. 사회적 필요에 효율적으로 대처하는 학문인 전문용어학은 가장 이타적인 숙고와 긴밀하게 연관된 지식의 집합을 그 전제로 한다.

미주

1. 로크(J. Locke, 1689/1977). *An Essay Concerning Human Understanding.* Lodon: Dent.

   『Encyclopédie』(백과사전)의 편집자인 알랑베르와 디드로에 대한 내용은 디드로(1969), 몰리(J. Morley, 1923), 그림슬리(R. Grimsley, 1963) 참조.

2. 전문용어와 관련한 국제표준화기구(ISO)의 기능에 대해서는 ISO(1988) 참조.

3. 라부아지에(A. Lavoisier) 관련 내용은 데이비스(S. Davis, 1966), 웨스트폴과 토렌(R. Westfall & V. Thoren, 1968), 홈즈(F. Holmes, 1985) 참조. 프랑스어 문헌으로는 벵소드-뱅상(B. Bensaude-Vincent, 1993) 참조.

   패러데이(M. Faraday)는 '전극(electrode), 전해액(electrolyte), 양극(anode), 음극(cathode), 이온(ion), 음이온(anion), 양이온(cation)' 등 전기분해와 관련된 모든 용어를 창안하였다. 이는 철학자 휴얼과 주고받은 서신에 기록되어 있다.

   추가 참조: 톰슨(S. Thomson 1901), 보워스(B. Bowers, 1974).

4. 화학 분야 언어에 대한 상세한 설명은 크로슬랜드(M. Crosland, 1962) 참조.

   추가 참조: 칸(R. Cahn, 1979), 플러드(W. Flood, 1960).

5. 캐나다에서 이루어지는 활동에 대해서는 'Actes'라는 이름으로 참고문헌에 포함된 각종 회의 논문집 참조.

6. 전문용어학과 직접적으로 관련된 이들 학자의 연구는 참고문헌에 제시되어 있다.

4장

신조어의 개념과 개별언어 내 전문용어의 진화

마르티네(A. Martinet)가 편집한 『La linguistique』(언어학, 1964)라는 책의 색인에는 '신조어(neologism)'라는 용어에 대한 참조가 한 차례 등장한다. 그러나 이 항목은 어휘목록을 다루는 장이 아닌, 언어병리학에 대한 연구를 지칭한다. 동 항목에서는 일부 정신적 장애 상태에서 형성되는 언어 형태가 "발화의 의미에 부적합하고 언어의 관점에서 볼 때 사리에 맞지 않는" 경우가 종종 있으며, 따라서 "규칙과 동떨어진 헛소리"가 된다고 하였다(마르티네, 1964). 『Webster's Dictionary』(웹스터 사전, 제 3판) 역시 'neologism'을 "정신병자가 만들어낸 무의미한 단어"로 정의하였다.

이러한 점에 대해 우려해야 할 이유는 분명하다. 블룸필드(L. Bloomfield, 1933), 해리스(R. Harris, 1951), 글리슨(H. Gleason, 1961), 리온스(J. Lyons, 1977) 등 일반언어학 관련 참고서적의 색인, 햄프(E. Hamp, 1957)의 『Glossary of American technical linguistic usage』(미국 기술언어 용례 용어집, 1925~1950), 뒤크로와 토도로프(O. Ducrot & T. Todorov, 1972)의 『Dictionnaire des sciences du langage』(언어과학 사전)에는 '신

조어'라는 용어가 게재되지 않았지만, 사전편찬학자는 무수히 많은 언어적 형태를 신조어로 분류해야 하는 상황이기 때문이다. 다행히 사전편찬학을 지향하는 각종 서적, 그리고 보다 친숙한 형태의 언어학 사전을 바탕으로 정신병 환자가 아닌 일반인 화자 및 저자도 '신조어'를 사용할 권리를 누리게 된다. 그러나 이들 사전의 정의에도 심각한 문제가 존재한다. "의고체(archaism)와 달리 신조어는 특정한 언어에 언제나 존재하였던 것은 아니지만 최근에 사용되고 있는 표현을 지칭한다"고 설명한 사전 편집자의 순진함에 대해서는 굳이 논평하고 싶지 않지만, 신조어의 본질에 대한 망설임이 존재한다는 점, 그리고 이러한 정의에서 '최근'이나 '새로운' 등의 형용사가 반복적으로 사용된다는 점을 유념하여야 한다. 『Larousse Dictionary of Linguistics』(라루스 언어학 사전)에서는 신조어를 "최근에 생성된" 또는 "최근에 차용된" "단어", 또는 "기존 단어의 새로운 의미"로 정의하였다. 동시에 '신조어 사용(neology)'은 "새로운 어휘단위를 형성하는 과정"으로 정의하였다. 이러한 정의에서는 단어보다 큰 단위를 포함하는 한편, 신조어 사용과 차용을 구별하는 것으로 보인다. 『La lexicologie, lectures』(어휘론 강의, 레이(A. Rey), 1970)에서 필자는 신조어를 "언어 사용자가 최근의 것으로 인식하는 어휘단위"로 정의한 바 있다. 이러한 정의에 따라 새로움이라는 개념은 심리적·사회적 요인으로 축소되었으며, 따라서 더 이상 객관적이지 않으며 연대순도 아니다.

여기서는 일단 문제를 내포하고 있는 정의를 잠정적으로 수용하고자 한다. 이 정의에서는 신조어의 언어학적 특징과 연대순에 따르는 특성을 정의하지 않고 있다. 모든 즉각적·실용적 목적을 위하여 신조어는 특정한 언어적 부호의 새로운 단위로 간주될 수 있다. 그러나 이처럼 명확하고 일관된 개념은 우리에게 세 가지 문제를 제기한다.

- 어떤 종류의 언어단위가 관련되는가?

- 어떤 종류의 새로움인가?
- 부호 또는 체계에 대한 어떠한 정의가 가장 적절하며, 신조어 단위와 이들 단위가 나타나는 체계 사이의 관계는 무엇인가?

본 장의 전반부에서는 이러한 세 가지 문제를 다루며, 후반부에서는 이들 문제가 초래하는 실제적 결과를 지적하고자 한다.

1. 신조어 사용의 특징

1) 신조어의 언어학적 특징

개념의 범위를 정하려면 명확히 구분된 인접영역을 증명하거나 구성하면 도움이 될 때가 많다. 신조어가 어쨌든 새로운 언어단위임을 인정하면, '문장'이라는 단위가 커뮤니케이션에서 가장 빈번하게 나타나는 새로운 단위라는 점에 즉시 주목하게 된다. 훔볼트(W. von Humboldt) 이후, 그리고 보다 명확하게는 촘스키(N. Chomsky) 이후, 언어는 유한한 요소로 무한한 수의 문장을 생성할 수 있는 무한한 창조성을 가진 존재로 간주되고 있다. 그러나 이전에 생성된 적이 없는 새로운 문장은 어떠한 언어학적 이론에서도 신조어로 간주된 적이 결코 없다.

다른 한편으로는 마르티네가 말하는 '2차 분절(second articulation)'의 새로운 요소, 즉 언어의 음운론적 체계를 통해 실현되는 새로운 요소의 등장을 고려해보고자 한다. 자연적 진화를 통해 나타났건 차용을 통해 나타났건 간에, 새로운 음소 역시 신조어로서의 자격이 없다. '신조어 사용'과 '신조어'를 의미하는 영어 단어 'neology'와 'neologism'에는 '로고스(logos)'라는 표현이 포함되어 있는데, 여기서 '로고스'는 언어인 동시에 이성적 사고이다. 따라서 이러한 개념은 순수하게 형식적인 음소 조합을 배제한다. 이는 (물론 그 이유는 상당히 다르지만) 담화에서 화자의 창의성을 배제하여야 하는 것과 마찬가지이다.

그러므로 신조어라는 개념은 형태소와 구 사이에 있는 결합된 구조에만 적용이 가능하다. 형태소와 구라는 잘 정의된 두 개의 기능단위 사이에 위치하는 특수한 영역이 바로 사전편찬학이다. 이 영역을 지배하는 요소는 '단어(word)'인데, 많은 이론 언어학자들이 이러한 용어의 사용을 불쾌하게 생각하지만 종합적인 언어이론으로도, 소박하거나 과학적인 경험주의로도 피할 수 없는 용어이다.

'단어'와 '어휘목록'의 정의와 관련한 문제점은 '신조어'를 분석하고자 할 때도 다시금 발생한다(레이, 1973a). '어휘단위'를 의미 개념(그 형태가 내용 실체와 연결된 단위)인 동시에 정보 개념(부호 요소로 기억에 저장되는 단위)으로 인정할 경우, 신조어의 개념이 어느 쪽과도 직접적으로 일치하지 않는다는 점을 즉시 확인할 수 있다.

필자는 신조어의 정의에서 'mini-(작은)', 'euro-(유럽의)' 등의 새로운 형태소를 배제할 것을 제안하고자 하나, 그렇다고 하여 이러한 형태소로 만든 'minijupe(미니스커트)', 'eurocrate(유럽공동체 관료)' 등의 표현을 신조어에서 배제할 수는 없다. 따라서 어떤 단위를 '신조어'라 할 수 있을지를 구체적으로 검토하여야 한다.

어휘단위는 형태소 단어, 복합어, 그리고 일부 '어휘화된(lexicalized)' 구단위로 구성된다. 형태소 단어 중에는 '문법적(grammatical)' 단어도 포함되어 있는데, 이를 어휘목록의 일부로 간주하는 이론도 있지만 제외하는 이론도 있다. 이러한 문법적 단어는 그 수가 적고 패러다임이 안정적이다. 언어의 구문론적 기능에 반드시 필요하며, 심지어 언어체계의 구조를 특징짓기도 한다. 이들은 적어도 단기적으로는 신조어 사용에 영향을 받지 않는다. 반면 소위 말하는 '어휘적' 단어는 그 수가 많고 개방된 집합에 속하며, 단일한 형태소를 구성하는 어휘적 단어는 '신요소(novelty)' 여부에 영향을 덜 받는다. 단순한 신조어는 보통 차용어, 옛 고유명, 약어, '의미 신조어(sense neologism)' 등이다. 어휘의 발전을 다룬 서적이나 사전 부록, 신어사전만 살펴보아도 새로운 형태(즉, 의미 신조어 제외) 중 절대다수가 복합어라는 사실을 확인할 수 있다. 신조어 사용의 핵심 영역이자 양적으로도 가장 중요성이 높은 영역은 다음의 두 집단으로 나누어진다.

(가) 대다수의 화자에게 동기를 부여하지 않으며, 언어의 문법에 맞지 않고 예측이 불가능한 차용 및 기타 형태의 영역
(나) 그 의미구조로 인하여 보다 심층적인 구문구조를 반영하는 형태론의 영역

이러한 구분에는 중요한 실제적 함의가 있다. 새로운 형태적 요소를 가지는 단어(어간과 접미사, 접두사와 어간, 또는 두 개의 어간으로 구성된 단어), 그리고 복잡성이 더욱 높은 병치종합어는 개념단위 또는 소통단위를 형성하여 어휘목록의 일부가 됨으로써 어휘목록에 진입할 수 있다. 사실상 문법에서 허용되는 모든 조합이 어휘목록에 포함될 수 있지만, 최종적 수용 여부는 사회문화적 제약에 따라 결정된다. 일례로 'maisonette(작은 집)'는 프랑스어 단어가 되었지만 'usinette(작은 작업실)'는 그렇지 못했다. 후자가 대화나 문서에 사용되면 곧 신조어가 된다. (이러한 신조어가 어떠한 방식으로 사용될지는 쉽게 상상해볼 수 있다. "이 작은 아틀리에를 '작업실(usine)'이라 부르시나요? 고작해야 작은 작업실(usinette)인걸요!") 이는 가능성(형태론)에서 실제(어휘, 신조어)로의 이동이 단순히 언어적인 문제가 아니라 심리적·사회적 문제임을 의미한다.

그러나 심리적·사회적 요인은 언어체계만큼이나 제약적인 특성을 가진다. 이들 요인은 어휘규범을 결정하고 커뮤니케이션의 효과를 보장한다. 그러나 문법, 특히 형태구문론에 대한 연구가 상세히 이루어진 반면, 이들 요인에 대해서는 연구가 거의 이루어지지 않았다. 또한 단순히 신조어 사용을 체계의 일반적 창의성에 융합시키고자 하는 유혹도

강하다. 여기서 언급한 심리사회적 제약, 특히 역사적 상황으로 인하여 특정한 시점에 연구된 어휘목록은 일부는 규칙적이고 일부는 불규칙한 특성을 보인다. 이러한 현상은 라틴어 문법학자 바로(M. Varro)가 주목한 이후 지속적인 연구의 대상이 되어왔다.[1]

차용 및 약어화 과정에서는 불규칙성이 발생하는 경향이 있는 반면, 형태적 신조어의 사용은 언어가 그 어휘목록을 규칙화하는 수단이 된다. 필자는 어휘목록의 규칙성 요인에 대한 귈베르(L. Guilbert, 1975)의 견해에는 동의하지 않지만, 형태구문론적 창의성과 신조어 사용간의 관계에 대해서는 귈베르와 같은 의견이다. 귈베르의 표현을 빌리자면 다음과 같다. "신조어의 창조는 공동체에 통합되어 있으며 특정한 상황에서 자신을 표현하고자 담화에서 신조어를 사용하는 각각의 창조자로부터 분리될 수 없다." 이는 특히 그 규칙이 의미론적으로 안정되어 있는 접사 첨가에 적용된다.

사실 신조어라는 개념은 불가분의 관계이지만 서로 뚜렷하게 구분되는 두 개념, 즉 형태론과 어휘목록을 구분할 수 있는 유일한 특징이다. 언어의 단위와 대비되는 담화의 단위는 개인적 신조어 또는 방언에 기반한 신조어이며, 언어 전체 규모로 기능할 경우 어휘론과 사전편찬학의 영역에 속하게 된다. 이는 용법 영역에 대해 직관적 또는 통계적인 관심을 기울이지 않고 수집된 신조어에 대한 문헌이 가지는 혼합적 성격을 설명해준다. 렘스(M. Rheims)의 『Dictionnaire des mots sauvages』(원시단어사전, 1969) 등의 문헌에서는 언어 공동체 전체에서 채택하지 않은 창의성의 산물을 기록하고 있다. 필자의 경우 이들 어휘를 신조어로는 받아들이나 어휘목록의 항목으로는 수용하지 않는다. 이와 대조적으로, 주로 일회성으로 이루어진 문헌상의 언급을 배척하고 다수의 언론에서 입증된 단어를 채택한 길베르(P. Gilbert)의 『Dictionnaire des mots nouveaux』(신어사전, 1971)는 어휘목록의 항목을 다루기 때문에 훨씬 탄탄한 커뮤니케이션 모델을 제시하고 있다.

완전히 융합된 단위인 '단어' 이외에도 어휘목록을 구성하는 복잡한 단위들이 존재한다. 여기서도 기능적 통합, 의미적 일관성, 형식적 안정성을 기준으로 하여 특정한 단위의 위상과 어휘목록 포함 여부를 결정짓는 요소는 바로 사회적 규범이다. 이는 과학기술 분야의 신조어에 있어 근본적인 문제인데, 전문용어에 대한 수요 중 대부분이 '단어집단(groups of words)'을 통해 충족되기 때문이다. 이러한 단어집단은 일반사전의 단순한 표제어 하에 수록되기도 하지만, 어휘단위가 아닌 전문용어 단위를 목록화하는 기술사전에 항목으로 실리는 경우도 있다. 전문용어학적 관점을 채택하더라도 분명한 경계선을 그리기가 어렵다. 하나의 명칭단위를 구성하므로 분리가 불가능하다고 과학자들이 간주하는 단어집단에 대하여, 해당 집단이 안정적이라는 이유만으로 신조어로 인정하기가 꺼려지는 경우가 있다. 'Bacille de Koch(코호균)', 'Bacille de Calmette-Guérin(BCG, 비시지 백신)', 'unité d'angle(각 단위)', 'unité d'arc(호 단위)' 등은 안정된 개념이지만, 순수하게 형식적인 기준을 적용하면 다양한 아날로그 조합의 일부가 될 수 있으며 그 구성요소가 개별적으로 사용된 경우의 의미를 보전하고 있기 때문에 어휘학자들은 이들을 단위로 인정하지 않는다(팔(A. Phal), 1964 참조).

모든 전문용어집에는 다양한 단어집단이 포함되며, 전문용어학자처럼 신조어 사용을 전문으로 연구하는 어휘학자들은 전통적 사전편찬학의 관례를 벗어난다. 여기서도 신조어에 대한 연구가 어휘론의 협소한 인식에 대한 연구를 초월한다는 사실을 확인할 수 있다. 전문용어학에서의 개념적 세분화에서는 완벽한 규칙성을 띠는 형태구문을 활용한다. 불규칙성, 특히 의미상의 불규칙성에 대한 증거가 존재하지 않는 이상, 언어학자/어휘학자는 그러한 집단을 어휘목록에 속하는 요소로 간주하기를 거부할 것이다. 일례로 'paralysie générale(진신마비)'과 'recherche par graphe d'états(국가 그래프 검색)'는 개념상 동일한 수준에 있으나, 첫 번째 용어에서 'paralysie(마비)'는 독립된 형태로 사용될 때의 의미를 더 이상 가지지 않는 반면, 두 번째 용어의 'recherche(검색)'는 그 의미를 그대로 유지한다. 언어 모델을 구성하는 언어학자의 입장에서, 첫 번째 용어는 어휘목록에 포함되지만 두 번째 용어는 그렇지 않다. 하지만 전문용어학자의 입장에서는 이러한 관점이 만족스럽지 않다. 이미 어휘화가 이루어진 집단 이외에도 형식적·개념적 안정성을 유일한 기준으로 한 전문용어 집단을 인정하여야 하며, 이들 두 유형 모두 신조어에 해당한다.

동사구, 부사구 등 어휘목록의 복잡한 요소들도 신조어 사용에 대한 연구에 포함시켜야 한다. 비록 설명하기가 어렵기는 하나, 숙어로 불리는 새로운 명사구나 동사구는 이러한 관점에서 별다른 문제를 나타내지 않는다.

따라서 신조어는 단순한 형태(형태소 단어)가 될 수도, 복잡한 형태(명사구 또는 동사구)가 될 수도 있다. 후자의 경우 (가) 용례를 통해 받아들여지거나, 또는 (나) 문법적 규칙을 준수한다. 옐름슬레브(L. Hjelmslev)의 말대로 신조어는 언제나 음소가 아닌 기호 또는 도형의 형태를 띠며, 형태소나 문법적 단어는 신조어가 될 수 없다. 복잡성의 정도와 관계없이 구는 신조어가 될 수 있지만, 명제나 문장은 결코 신조어가 될 수 없다고 잠정적으로 인정할 수 있을 것이다.

2) 신조어의 신요소

(1) 신조어 사용의 유형

신조어에 포함된 신요소를 설명하기에 앞서 형식적 신조어 사용, 의미론적 신조어 사용, 화용론적 신조어 사용 등 다양한 유형의 신조어 사용을 구분할 필요가 있다.

① 형식적 신조어 사용

이는 언어의 형태소 모음에 문법적 규칙을 적용하면서 나타나는 결과일 수 있다. 규칙의 범위와 규칙성(접미사, 접두어, 복합어)이 드러나는 체계의 잠재적 신조어가 여기에 해당한다. 일례로 프랑스어에서는 enseigneur, essayeur, envisageable, endurcissement, euphorisation, eurocrate, eurovision, érotologie 등이 있다. 이용 가능한 기반 중 고유명사가 존재한다는 점으로 인해 체계의 범위가 애매해질 수 있다. 일례로 (anti)maoiste, (pro)giscardien 등은 예측이 불가능한 형태이다.

문법과는 더욱 거리가 있을지라도, 또 다른 흥미로운 과정을 형태론에 첨가하여야 한다. 먼저 프랑스식 프랑스어의 CNRS([se-enar'es]로 발음), CAPES([kap'es]로 발음), 영어의 WHO, EMU 등 약어를 구성하는 글자의 통합 또는 음절화가 있다. 한편 프랑스어의 OTAN(영어에서는 NATO), 프랑스어로 [ekü], 영어로는 [ikju]로 발음되는 ecu 등 두문자어의 음절 통합도 있다.

이러한 과정을 통해 형태론에서 사용하고 구축할 수 있는 새로운 기반이 제공된다. 프랑스어의 Smigrad, cégétiste, énarque, péquiste, 영어의 Labourite, Paisleyite, Freudian, Marxist가 대표적이다. 그러나 이 과정에는 글자, 글자의 명칭, 또는 훨씬 복잡한 약어에 의하여 형성된 음절(예: Unesco)에 대응되는 소리를 발음하는 작업이 포함된다. 논의는 자주 이루어지지만 이론적 탐구는 부족한 영역인 두문자어와 약어에서는 음소의 형식적 결합력을 활용한다. 두문자로 구성된 일련의 명칭들이 해당 언어에서 수용되는 규칙(예: 프랑스어의 자음-모음-자음)을 준수하는 경우, 신조어적 성격을 띠는 약어는 빠른 속도로 일반적 용례에 편입된다. 그렇지 않은 경우, 아주 우아하게는 아니더라도 발음에 따른 명칭 표기가 가능한 두문자(예: 프랑스어의 Hlm, 영어의 AUT), 또는 음질이 상호 연결된 두문자를 활용할 수 있다. 무엇보다 이들은 '논리적 고유명' 또는 과학기술 관련 신조어에 해당한다. 대표적인 사례로 프랑스어의

ADN, BCG, LSD, 영어의 DNA, BMW, VW, LSD 등이 있다.

형태적 신요소는 어떠한 면에서 형태론에서보다 더 친숙하지만, 이러한 요소는 담화와 능동언어로부터, 그리고 그 기저에 있는 복잡한 표현을 통해 발생한다.

절대적인 형식적 혁신을 통해 완전히 인위적인 조합을 만들어내는 경우를 상상해보는 것도 가능하며, 실제로 관련 사례도 일부 존재한다. 공동체에서 인정하는 정상적인 언어적 창의성 없이 일부 언어학자가 지지하는 이차적 수준의 분절에 도달하는 이 같은 직접적 움직임(소바거(A. Sauvageot), 1964)은 환상과 임의성의 영역에 속한다. '코닥(Kodak)'과 같은 조합이 성공을 거둘 수는 있지만, 전문용어에 대한 수요에 따라 컴퓨터를 사용하여 즉석에서 만들어낸 조합은 언어의 사회적 차원을 무시하고 있다. 이는 이러한 조합이 일반적으로 사용되지 않는 이유로 충분하다. 발음에 따른 조합을 이용한 형태적 혁신의 사례로 만화의 의성어를 들 수 있지만, 이들 의성어는 (담화의 일부분으로서) 지나치게 자유로워 어휘화가 어렵거나, 또는 차용어인 경우가 많다.

형태적 혁신은 언어체계 안에서, 그리고 언어체계와의 관계 속에서만 존재할 수 있다. 차용은 문법적(즉, 형태론적) 창의성과는 관계가 없으며, 완전히 형성된 요소의 어휘적 이전과 관련이 있다. 이러한 차용은 살아있는 외국어(외부적 차용)에서, 또는 동일한 언어체계의 변종(내부적 차용)에서 이루어질 수 있다. 형태의 동화 및 유사성으로 인하여 순수 차용어의 근원과 특성이 겉으로 드러나지 않을 수도 있다. 반면 외래어처럼 보이는 일부 형태(예: 프랑스어에서 사용되는 일부 영어 형태)는 실제로는 유사 차용어에 불과하다. 1900년 경 프랑스에서는 전차 운전수를 나타내는 명칭으로 'Wattman(와트맨)'이라는 신조어가 생겨났는데, 전기의 단위로 사용되는 고유명 'Watt(와트)'와 'man(사람)'이라는 요소를 결합하여 만든 표현이다.

② 의미론적 신조어 사용

모든 신조어에서 예외 없이 발견되는 특징이다. 새로운 형태를 가지는 신조어의 경우, 의미적 신요소는 체계 안에서 완전할 수도 있고(차용어의 경우), 부분적일 수도 있으며(접두사, 접미사, 교착을 통한 복합어 형성, 신태그마적 단어집단 형성), 매우 약할 수도 있다(두문자어와 약어의 경우. 축약한 형태의 의미만을 표현하지만 축약 과정에서 어감도 달라지기 때문이며, 영어의 AIDS, 프랑스어의 SIDA가 그 예임). 여기에 내부 파생어(기능적 이전)와 의미 신조어(내부의 의미적 내용이나 차용된 의미적 내용의 이전)의 경우를 추가하여야 할 것이다. (의미 신조어의 예로 영어 동사 'to realize(실현하다)'의 의미가 프랑스어 동사 'réaliser'에 추가된 경우를 들 수 있다.) 이러한 이전의 규칙에 대해서는 스턴(G. Stern, 1931), 율만(S. Ullman, 1957) 등이 주도한 어휘 의미론 연구에서 상세히 다룬 바 있다.

의미 신조어를 추가함으로써 제안된 정의를 한층 매끄럽게 다듬을 수 있다. '새로운 단위(new unit)'는 '지칭된 개념의 혁신성 여부, 즉 기존에 이미 명명된 개념을 가리키는 신조어인지 여부와 무관하게 새로운 명명관계를 표현하는 언어단위'로 이해되어야 한다.

③ 화용론적 신조어 사용

이러한 형태의 신조어는 커뮤니케이션과의 관계에서 확인할 수 있다. 신조어를 추상적으로, 즉 언어의 구체적 과정으로부터 독립된 체계 안의 새로운 요소로 간주하는 것은 불가능하다. 오래된 어휘적 기호이지만 방언, 사회어(sociolect), 용례, 객관적 규범 등의 하위체계에 국한되는 기능적 형태는 다른 하위체계로 이동할 수 있으며, 해당 하위체계에서 신조어로 인식된다. 심리언어학적 관점에서 볼 때, 어휘항목의 학습은 주관적 신조어에 대한 동화이 이루어지며 개인의 창의성이 일정한 역할을 하는 일련의 단계라 할 수 있다. 여기서 신조어의 병리학적 의미인 '비정상(abnormal)', 즉 아동들이 청각음성학을 기반으로 만든 단어, 또는 제약에 대한 무지와 규칙에 대한 지나치게 일반화된 적용을 통해 만든 단어라는 의미를 확인할 수 있다.

이러한 측면은 전문용어학과는 무관한 내용이지만 중요성이 무척 크다. 이 부분에 대한 연구를 통해 공동체 내 신조어의 수용 가능성에 대한 기준을 마련할 수 있기 때문이다. 새로운 형태나 의미가 만들어지려면 언제나 새로운 화용론적 요소가 전제가 되어야 한다.

위에서 소개한 세 가지 측면은 신조어의 '신요소'를 정의하는 데 반드시 필요하다.

(2) 어휘적 신조어 사용에 대한 정의를 향하여

① 객관적 신조어 사용

객관적 신요소는 그 특성상 시간적 순서에 따를 수밖에 없다. 이 점은 사전편찬학적 연대 표시, 그리고 최초 용례에 대한 문서화에 반영된다. 뒤부아(J. Dubois, 1971)는 사전에서의 '신조어' 표기가 객관적 사실의 관찰에 대한 내재적 판단을 덧붙이는 경우가 많다고 지적하였다. 최근에 간행된 사전에서 "1950~2000년"으로 연대를 표시하는 경우와 특정 항목을 '신조어'로 표기하는 경우 사이에는 근본적인 차이가 있다. 첫 번째 정보는 중립적이지만, 두 번째 정보는 어휘목록 내에 두 가지 하위집합이 존재함을 전제로 한다. 하나는 완전히 수용되어 인정받은 단위로 구성된 하위집합이고, 다른 하나는 일종의 어휘적 정화 작업인 수용 과정 중에 있는 단위로 구성된 하위집합이다. 이러한 이유로, 적어도 프랑스의 경우 최근 출판된 사전에서는 이러한 표기가 아예 사용되지 않고 있다. 어휘단위의 최초 사용 연대는 보통 주목할 만한 용례가 발견되었거나 사전에 항목으로 기입된 시점으로 표기된다. 그러나 과학적 발견이나 기술적 발명 이외에는 어휘단위가 최초로 사용된 시점을 정확하게 알 수 있는 경우가 거의 없다.

어휘목록의 역사가 지금보다 잘 알려지게 된다고 가정했을 때, 신조어라는 개념은 일반적인 의미의 어휘적 이동성과 동일시될 것으로 보인다. (실제로도 어휘목록의 역사가 서서히 알려지고 있는 추세이다.) 모든 어휘단위는 연대순으로 확인이 가능하다. 영어의 『Beowulf』(베오울프)나 프랑스어의 『La vie de Saint Alexis』(알렉시스 성자전)에 등장하는 단어의 연대를 추정함으로써 부분적 어휘목록을 인위적으로 구성할 수 있다. 이에 따라 우리는 비록 역사·문학 문헌을 재구성할 수는 없더라도, 체계의 역사적 단계마다 이들 문서를 뒷받침하는 완전한 기능적 집합이 존재한다는 점을 고려하지 않고 신조어 사용을 일반화하게 된다.[2)]

이렇게 일시적으로 추상성을 띠는 틀 안에서, 신조어의 개념은 각자가 염두에 두고 있는 기능적 집합에 따라 전적으로 달라진다. 길베르(1975)가 관찰한 바처럼 이러한 유형의 신조어는 공시적으로만 정의가 가능하다. 통시적 관점에서 보면 모든 단위가 어느 시점에는 신조어가 되므로 신조어라는 개념 자체가 무력화되기 때문이다. 그러나 '공시성(synchrony)'의 개념은 방법론적 추상개념이라 전적으로 인위적인 구성에 해당한다. 이러한 관점에서 볼 때, 어휘목록의 두 가지 변화 사이에 안정적인 것으로 간주되는 간략한 기능적 상태를 두는 방안을 언제든 고려해볼 수 있다. 이렇게 하면 신조어 사용이라는 개념을 완전히 배제하고 안정적인 체계를 임의로 정의할 수 있게 된다.

변화와 새로운 단위의 등장을 용인하는 상대적으로 광범위한 공시성을 용인할 경우 구조의 개념이 약화된다. 그러나 '현재'라는 철학적 개념처럼 순간적 공시성도 이론적인 개념이기에, 이러한 문제에 정면으로 대처할 필요가 있다. 구조주의에서는 체계에 새로운 단위를 도입하면 체계의 특성 자체가 변한다고 설명하지만, 어휘목록 문제와 관련된 상황은 (소쉬르(F. Saussure)가 이미 사용한 은유이기도 한) 체스 경기에서보다 복잡하다. 경기를 시작하면서 졸을 하나 추가해도 경기의 판도에는 큰 변화가 없지만, 경기가 진행되는 도중에 졸이나 비숍, 퀸을 추가하면 경기의 균형이 크게 깨지게 된다. 마찬가지로 문법단위나 널리 사용되는 용어를 도입하면 어휘목록 전반에 분명한 영향을 끼치는 반면, 특수 분야 전문용어를 수정하면 어휘목록 중 제한된 일부에만 영향을 미친다.

문법의 심층부를 변경하지 않고도 어휘목록이 상당 부분 수정될 수 있다. 중세시대 말 노르만 프랑스어의 침략을 받은 영어 역시 동일한 현상을 거쳤다. 언어체계의 핵심은 음운체계와 통사형태로 구성된다. 어휘목록이 외부적 경계를 설정하는 통사형태 및 음운체계, 특히 의미구조로 구성되는 한, 해당 어휘목록은 잠재적 가변성과 불규칙성을 나타낼 가능성이 있다. 이를 결정짓는 요소는 다음과 같다.

(가) 언어의 심층 도식/구조 외부에 위치하며 용례, 즉 객관적 규범을 통해 연구 가능한 언어내적 요인
(나) 접촉과 차용 등의 간언어적 요인
(다) 사회문화적, 경제적, 정치적 요인 등 언어외적 요인

형태론적 수단을 통해 만들어진 신조어는 언어체계의 일부이지만, 가장 넓은 의미의 '역사'가 표현하는 수많은 측면을 통해 언어체계로부터 이탈한다. 연대표는 편리한 참조사항에 불과하며, 어원 연구와 마찬가지로 단어의 사용과는 유리된 요소이다. 따라서 필자는 '신조어'가 기능적·화용적 신요소로 수용되어야 하며, 이러한 개념에는 집단적 판단만을 적용하여야 한다고 본다.

② 기능적 신요소와 신요소의 기준

기능적 신요소는 커뮤니케이션 모델과 관련하여 정의된다. 형태론적으로 가능한 단위나 차용어를 실현할 수 있으나, 고도로 제한된 모델 속에서 기능할 경우 언어에 어떠한 영향도 미치지 못하게 된다. 신

조어에 대한 환상이 다수 존재하는데, 이 중에는 체계적으로 만들어진 환상도 많다. 19세기 중반 프랑스어에서 발생한 가장 극단적인 사례로는 체계적으로 새로운 프랑스어 단어를 만들었던 라동빌리에(R. de Radonvilliers)의 경우가 있다.[3] 영어에서 있었던 가장 최근 사례는 버거(H. Burger)의 『Wordtree』(단어계보, 1984)로, 이 책에서 버거는 파생을 통해 형태적 신조어를 만들고 사전 전체를 '-ize'로 끝나는 동사로 채웠다. 여행에 대한 설명에도 생생한 차용어가 자주 들어가지만, 이들 차용어는 한 차례 사용으로 그친다. 만약 상황이 달랐다면 이들 신조어는 진정한 기능적 중요성을 획득하였을 것이다. 사전에서의 연대 표시가 단어의 사용 정도에 대한 추가적 정보(예: 특정 시기 또는 영역에서의 광범위한 사용)를 제공하지 않는 한, 이러한 신조어는 문헌학적 관심의 대상이 될 뿐 사회적으로는 관련성을 가지지 못한다.

따라서 신요소는 교환이나 변동을 등록하는 모델 안에 위치하여야 한다. 단일한 전문용어 체계나 사회·직업적 집단에 국한되는 단어의 기술적 용법과 관련된 사례는 이후 일반적 용법으로 확장될 때 특히 흥미롭다. 보다 규모가 큰 사용자 집단이 오래된 기술 분야 용어에 익숙해지게 되면, 해당 용어는 새로운 용례 수준에서 정당하게 신조어로 간주될 수 있다. 사용자 집단 내의 신요소를 커뮤니케이션 상황에서의 신요소와 혼동해서는 안 된다. 그러나 실제 상황에서, 특히 기술 분야 어휘의 경우 이러한 두 가지 유형이 일치하는 경우가 많다. 일례로 야금 기술자들이 사용하는 어휘에 속하는 단어가 특정한 유형의 전문적 커뮤니케이션에서 사용되는 경향이 있다.

요컨대, 신조어 사용에 대한 연대순적 관점은 단일한 문서 등 단일한 커뮤니케이션 행위, 또는 사전처럼 분석을 거치지 않은 커뮤니케이션 행동에 대한 기록을 추상적으로 상정하는데, 이러한 관점은 신조어의 존재를 선언하기 위한 기준으로는 불충분하다. 이에 대한 대안으로 다음의 두 가지 개념을 도입할 수 있다.

(가) 연대순 정보와 함께 화용론적·사회학적 영역의 정의를 전제로 하는 기능적 신요소
(나) 새로운 형태의 사회언어학적 관심사로서 언어학적 인지에 추가되는 신조어의 존재에 대한 인식

이러한 신조어적 인식이 고려의 대상이 되려면 반드시 대다수의 화자가 공유하는 집단적 반응이 되어야 한다. 그렇지 않을 경우, 각자의 어휘적 능력에 상당한 차이가 있기 때문에 새롭게 습득한 모든 어휘를 신조어로 판단하게 된다. 필자가 공장 견학 중 이전에 몰랐던 용어를 새로 습득했다면, 필자의 입장에서 해당 용어는 학습이 이루어진 시점 전까지 신조어에 해당한다. 이 사례는 신조어 사용이라는 개념이 통시언어학은 물론 심리언어학에서도 관련성이 적다는 점을 잘 보여준다.

이와 대조적으로 사회문화적 관점에서 보면, 집단적 인식을 통해서만 신조어 여부를 판단하고 신조어의 용법을 설명할 수 있다. 19세기의 주요 프랑스어 사전에서 신조어로 표시된 단어 중에는 오늘날 오래된 용어로 간주되는 표현들도 포함되어 있음을 어렵지 않게 확인할 수 있다. 언어순화주의자들의 언어학적 양심으로 인하여, 신조어의 정의는 상당히 주관적인 가치판단에 의해 불균형적으로 확장되었다.

이는 차용어, 영어식 표현 등의 경우와 동일한 문제이다. 필자는 프랑스어 사용자들이 14세기에 네덜란드어에서 차용한 '건어물(stockfish)'이라는 단어를 최근의 차용어인 '가축운송차(stockcar)'와 마찬가지로 영어식 신조어로 분류한다는 사실을 입증할 수 있었다. 새로운 단어처럼 느껴지지만 실제로는 오랫동안 어휘목록에 존재해온 이와 같은 단어들은 신조어에 포함할 수 없다. 신요소에 대한 집단적 인식은 실제로는 기능적 신요소만 존재하는 경우에 발생할 때가 많으나, 이를 신조어 사용에 대한 정의에 포함하지 않고 고려의 대상으로 삼아야 한다.

(3) 언어학적 현상으로서의 신조어의 분류

이제 신조어가 어떠한 체계 또는 언어부호에 나타나는지 검토하여야 한다. 이 문제는 앞서 제기한 문제와 밀접한 연관이 있는데, 그 이유는 (가) 부호와 커뮤니케이션 상황을 별개로 서술하는 것이 불가능하고, (나) 체계의 특성은 임의적인 공시적 단면을 통해서만 정의가 가능하기 때문이다.

그 체계가 언어인 경우, 이러한 추상적 개념은 '부호'의 개념을 초함하지 않는다. 18세기 오를레앙 지방에서 사용된 프랑스어와 오늘날 퀘벡에서 사용되는 프랑스어, 그리고 1830년 경 런던에서 사용된 영어와 현재 시드니에서 사용되는 영어는 동일한 체계(예: 영어와 프랑스어의 세계적 대립)에 속하는 것으로 간주되지만, 동일한 기능적 부호의 변종으로는 간주되지 않는다. 구조와 기능 사이의 이 같은 대조는 인문과학에서 보편적으로 나타나는 현상이다. 언어학에서 이러한 대조는 체계와 용법 사이의 긴장관계로 나타난다. 언어의 추상체계에서 제약 없이는 구조의 정의가 불가능하다. 18세기 프랑스어나 19세기 영어가 추상구조의 변종에 불과하다면, 이러한 구조는 더 이상 분명한 문법적 특징을 가지지 못할 정도로 쇠락하였다. 고대 영어와 현대 영어의 경우와 마찬가지로, 로망스어, 고대 프랑스어, 현대 프랑스어도 서로 다른 구조이다. 추상적 구조에서 커뮤니케이션 부호의 개념으로 옮겨가면 이러한 차이점이 더욱 분명해진다. 특정 언어의 신조어를 포함하여 어휘목록이나 전문용어 체계를 정의하려면, 해당 언어를 규범에 따라 확립된 변종을 보유한 기능적 부호로 보아야 한다. 따라서 연대순적, 공간적, 소통적, 사회적 차원에서 그 한계를 정해야 한다.

① 공시적 차원의 정의

공시적 차원은 어휘목록과 신조어 사이의 관계를 정립하는 작업과 일차적으로 관련이 있다. 이론적 집합이자 언어의 구성요소인 어휘목록은 담화에서 감지할 수 있는 어휘에 의하여 기능적으로 구체화된다. 어휘목록은 전문용어 체계, 그리고 부분적으로는 명칭목록의 재료가 된다. 통사형태 및 음운체계보다 구조화가 덜 되어있는 어휘목록은 세부사항에 대한 다수의 변화를 용인하는데, 그 중 가장 중요한 변화는 신조어의 사용으로 인해 발생한다. 형태적 신조어는 규범에 의해 체계에 가해진 제약에만 영향을 미치기 때문에, 구조를 변형시키는 대신 보다 완전하게 실현하는 것을 목표로 한다. 반면 차용을 통해 만들어진 신조어는 어휘목록을 기본적으로 교란시킨다. 두 가지 형태의 신조어 모두 상시적으로 작동하고 있으며, 통시적인 관점에서 보면 단어는 항상 변화한다. 어휘구조를 연구하고 그 변경사항을 포착하는 작업은 오로지 공시적 차원에서만 가능하다. 분석 목표의 차원에서 정의된 공시적 관점에서 신조어를 연구하는 것은 흥미로운 일이다. 프랑스어에 대한 역사적 연구의 경우, 17세기의 구속적 보수주의, 18세기 후반에 등장한 최초의 영어식 표현주의와 조직화된 신조어 등 중요한 흐름에 따라 커다란 단편을 정의할 수 있을 것이다. 신조어 사용과 관련된 정책을 정의하기 위해서는 동시성의 한계를 분석의 목표에 종속시키는 것이 좋다. 일례로 영어에서 차용한 프랑스어 표현을 연구하는 경우, 특정한 사용 기간 내에 더욱 흔하게 사용된 단어들이 이미 완전히 동화되어 있기 때문에 연구 시점 당시에 10~20년 된 단어들은 차용된 신조어로 간주할 수 없다. 이는 이론이 아닌 방법론과 전략의 문제이다.

② 지리적 측면

광범위한 지리적 영역에 걸쳐 사용되는 모든 언어에서는 지방마다 다른 용례가 발전된다. 일례로 영어, 프랑스어, 스페인어의 경우에 이러한 점이 분명히 나타난다. 프랑스와 퀘벡 지역에서 수행된 신조어 공동연구도 이러한 사실 및 연관된 문제를 잘 보여준다. 방대한 양의 공통

어휘목록이 존재하기 때문에 특정 하부집합의 전문용어적 차이점에 집중할 수 있다. 일부 사례에서는 다음과 같은 요소가 나타난다.

(가) 공통된 기능적 용어의 집합
(나) 두 가지 체계 중 하나에만 속하는 단위
(다) 공통된 신조어
(라) 특정한 신조어

여기서의 목적은 단순히 신조어를 조화시키는 것이 아니라, 불일치를 줄이고자 하는 관점에서 조화를 추진하려는 것이다. 그렇기에 퀘벡에서 'canceller un appel'(통화를 취소하다)이나 'disconnecter'(전화를 끊다) 같은 영어식 표현이 사용된다면, 해당 행동에 대한 프랑스식 용례('annuler' 및 'débrancher')로의 대체를 권하는 것이 편리할 것이다. 그러나 퀘벡식 프랑스어의 'appel à charges renversées'(수신자 부담 통화)에 대응되는 프랑스식 표현은 'appel en P.C.V.(payable contre vérification)'이다. 특히 (이 경우 각각의 통신당국에 의해) 제도화가 이루어진 경우, 이렇게 큰 차이가 나는 신조어 사용 습관을 바꾸기란 어려운 일이다. 첫 번째 사례는 구의 문제이고, 두 번째는 더 이상 동기 부여가 이루어지지 않는 약어이다. 동일한 언어의 변종간 비교에 대한 수요가 지속적으로 존재하며, 신조어 사용과 관련된 정책은 불일치를 줄이는 방향으로 상황에 맞게 조정되어야 한다.

③ 사회적·소통적 측면

어휘는 사회적 환경 속에서 구체적인 커뮤니케이션 상황에 따라 기능한다. 단일한 화자 집단에 속하는지 아니면 모든 화자에게 속하는지, 특정한 공장이나 사무실에서만 사용되는지 아니면 가정과 길거리에서도 널리 사용되는지에 따라 동일한 신조어라도 그 영향력과 무게가 달라진다. 프랑스어, 독일어, 스페인어의 경우, 영어식 표현이나 고대 그리스·라틴어 형태는 해당 표현이 생성된 영역에 국한되어 사용되는 경우가 많다. 가전제품, 항공기, 자동차의 사용 등 일반화된 기술적 활동의 영역에서 사용되는 차용어 및 새로운 형태의 경우 상황이 다르다. 이 경우에는 전적으로 경제, 기술 및 기타 언어외적 요인에 따라 배포 모델이 결정된다.

이러한 점에서 신조어는 어휘목록, 단어, 단어 요소 또는 구의 단위가 되며, 특정한 커뮤니케이션 모델에서 효과적으로 기능을 수행한다고 가정했을 때 신조어의 의미나 기표·기의 관계는 해당 언어의 어휘목록에서 바로 이전 단계의 언어적 형태로 사전에 구체화되지 않았다. 어휘목록에 대한 정밀하고 경험적인 정의와 관련하여 관찰되는 이 같은 신요소는 일반적으로 화자가 느끼는 특정한 느낌과 일치한다. 선택한 어휘목록 모델에 따라 신조어는 언어 전반에 속한다고 인식될 수도 있고, 아니면 그 특수한 용례 중 하나에 속하는 것으로 인식될 수도 있다. 또는 특수하거나 일반적인 주제별 용례에 속하는 것으로 인식될 가능성도 있다.

본질적 요소들은 이 개념의 상대적 특성을 잘 보여준다. 추상개념에는 신조어가 분명 존재하지 않으며, 임의적으로 정의된 용법의 집합과 관련해서만 존재한다.

2. 실용적 측면

'신조어'의 정의와 관련된 난제를 간략한 목록으로만 정리해보아도 신조어의 관찰과 평가, 그리고 신조어 생성에 대한 개입과 연관된 실질적 문제가 드러난다. 이 부분을 살펴보기에 앞서, 먼저 언어자원과 관계된 수요에 대한 일반적 문제를 논의해보고자 한다.

1) 어휘적 필요성과 언어 경향

명명, 지칭, 어휘적 구체화를 위한 언어의 필요성은 명의론의 문제이다. 의미론에서 항상 그렇듯이, 외연적 또는 지시적 측면(기호에 대하여 대상이 가지는 관계)과 내포적 측면(기호에 대하여 개념이 가지는 관계)을 구분하여야 한다. 담화에서 지칭의 과정은 외연과 관계가 있는데, 이는 우리가 다루는 요소가 유형적 대상인지, 과정인지, 개별적으로 실현된 추상개념인지 여부와는 무관하다. 즉각적으로 떠오르는 이처럼 본질적인 이론적 측면에 대해 언어학자는 물론 전문용어학자도 중요하게 생각하지 않는다. 이들의 관심사는 고유명을 이용하여 유일한 대상을 지칭하는 것(예: 국제기구의 약칭)뿐이다.

여기서의 본질은 어휘목록이 단어나 구 형태의 적절한 언어적 기호를 활용하여 공통된 특징을 가진 대상 또는 현상의 부류를 통합한다는 점이다. 이러한 특징은 직관적으로 인식이 가능하며, 이 경우 이들은 화용론적 부류에 해당한다.

우리는 새로운 대상 대신 대상의 부류에 이름을 붙이는데, 이들 부류는 개방된 집합에서 명칭을 통해 애매하게 통합된다. 유형적 대상과 일상적 현상의 경우가 이에 해당한다. 언어학적 관점에서 차이가 있기는 하나, 형용사, 동사 등의 경우도 유사한 논리를 적용할 수 있다. 'européaniser(유럽화하다)'와 같은 동사와 그 명사 형태인 'européanisation(유럽화)'가 야기하는 문제는 서로 다르지 않다. 대부분의 경우 언어의 변형 규칙에 따라 명의론적 문제를 명사의 문제로 축소할 수 있다.

실용적 수준에서 확립할 수 있는 중요한 구분은 화용론적 대상 부류, 그리고 명시적이고 적절한 특징으로 구성된 구조에서 호혜적으로 정의된 부류 사이의 구분이다. 첫 번째 집단은 일반 어휘와 그에 속한 기술 분야 어휘의 일부를 다루며, 두 번째 집단은 과학, 그리고 기술 분야의 과학적 부분을 다룬다. 이들 집단은 명확하게 전문용어학적인 특성을 가진다.

함축된 의미가 거의 없는 주제분야 어휘(과학 및 기술), 그리고 신조어가 특정한 언어 수준에 대응되는 일반어휘 사이에도 또 다른 구분이 존재한다.

특정한 시점 및 공간에서는 명칭에 대한 수요가 이용 가능한 어휘 항목과 (유형적 대상의 부류에 대응하는 개념을 포함한) 새로운 개념 사이의 관계를 중심으로 정의된다. 풍부한 어휘는 의미적 신조어를 통해 새로운 개념을 흡수할 수 있다. 견인차와 연소기관 관련 어휘를 단순히 이전하여 구축하였던 자동차 관련 어휘의 사례에서 이를 확인할 수 있다. 그러나 사회적 습관이나 기법, 지식구조의 빠른 진화는 전문용어학적 도전과제가 된다. 특히 지식과 기법이 해당 문화에서 자생적으로 생겨난 것이 아니라 다른 곳에서 이미 개발하여 다른 언어로 명명까지 이루어진 경우에 더욱 그러하다. 이 경우 기존에 연관된 언어적 형태의 압력에 더하여 경험적 압력까지 작용하게 된다.

이러한 수요의 파악은 기존의 형태에 대한 목록이 이미 정리되어 있음을 전제로 한다.

2) 신조어 관련 수요의 파악

(1) 계획

① 주제분야에 따른 수요 목록(주제별 명의론)

(가) 영향을 받는 주제분야(과학, 발전중인 기술, 새로운 기량, 진화하는 사회적 관행 및 광범위한 응용)에 대한 열거 및 분류(예: 핵물리학, 유전자학, 전자공학, 연산, 새로운 여가활동)

(나) 하나 또는 여러 언어로 표시된 출처에서 온 문화적·언어적 압력을 받는 영역에 대한 조사(예: 우주탐사 분야의 영국·미국 영어와 러시아어, 컴퓨터공학 분야의 영국·미국 영어, 원자력 분야의 영어)

일반적으로 해외로부터 수입된 과학기술, 해외 문화 및 기관에 대한 설명(외국어 단어에서 차용어 및 그에 상응하는 표현까지 다양함)이 이에 해당한다. 이와 관련하여 영국·미국 영어 단어가 타 언어에 대해 가지는 무게가 절대적이나, 법률, 철학, 일부 사회과학 및 요리 분야는 예외이다.

(다) 주제분야간 관계에 대한 목록(유사성에 따른 이전 유형, 예: 수렵에서 가축 사육으로, 열매 채취에서 농업으로, 어업에서 양식 및 기업형 어업으로의 이전)

② 의미론적 수요 목록(구성요소별 명의론)

(가) 기입(명명)이 필요한 의미의 분류(예: 물질, 속성, (자연)과정, 자연물, 요소 및 부품, 인간의 행동, 공산물 등), 추상개념, 이론개념(과학)

(나) 기능적 범주에 따른 관계 설정(명사, 형용사, 동사 등)

(다) 형태적 수단에 따른 관계 설정(접두사, 접두사의 의미 목록, 명명 요소의 고유한 의미)

③ 번역 수요 목록(제 IV장 1절 2)항 참조)

(가) 주제분야별 분류

(나) 출발어 연구: 영어를 제외한 모든 언어 - 어휘, 형태, 도착어와 유사한 특징, 영어(로망스어와의 관계 고려) - 의미의 변형이 있는 공통된 라틴어 어원, 동일한 그리스·라틴어 요소

(2) 현실화 및 기법

이러한 수요를 언어의 가능성에 맞게 조정하는 작업은 형태, 약어 및 두문자어, 차용어, 고정된 표현의 생성 등 다양한 과정의 분화를 통해서만 실현할 수 있다.

일부 언어의 경우 특정한 기법은 발전시켜왔지만 나머지 기법의 발전은 추진하지 않았다. 독일어나 영어와 비교했을 때 프랑스어 형태론의 발전이 미진하다는 점이 대표적인 사례이다. 프랑스어에는 '우주인(spaceman)'에 해당하는 형태적 등가가 존재하지 않는다. 그러나 일반적으로나 원칙적으로나 모든 언어체계는 필요한 전문용어학적·개념적 도구를 개발할 능력이 있다. 오로지 언어의 역사에서만 다양한 개념화 작업에 대한 설명을 제시한다.[4] 실용적 문제는 전략적인 특성을 가진다. 어떤 어휘체계에서든 그 구조 및 경향에 따른 수요에 맞추어나가는 것이 핵심이다. 수요가 내부적이고 해당 문화 내부에서 오는 경우에는 어려움이 적지만, (때로는 매우 강력할 수도 있는) 외부의 압력에 따라 수요가 발생할 경우 상당한 어려움을 겪게 된다. 지식의 대규모 이전에 따라 새로운 명칭을 생성하여야 하는 아프리카 언어군, 그리고 아랍어와 중국어의 경우를 예로 들 수 있다.

3) 신조어 사용에 대한 연구 및 발전

(1) 신조어의 확인

신조어에 대한 연구는 일반적으로 불충분하며 사회언어적 영향이 없다. 신조어에 대한 연구, 즉 문서 및 기록을 수집하고, 그 맥락으로부터 신조어를 추출하고, 이들 신조어를 분류하여 처리하는 작업은 '신조어란 무엇인가'에 대한 언제나 상대적인 정의에 따라 결정된다. 이러한 과제와 더불어, 오래된 차용어 단위를 제거하고 개선된 신조어를 도입하는 것이 바람직한지 여부와 같은 각종 문제에 대한 해법도 찾아야 한다.

이러한 잠재적 과제로 인하여 평가의 요소가 등장하는데, 이는 심지어 이론적인 서술 수준에서도 용법의 문제와 관련하여 피할 수 없고 필수불가결한 요소이다(레이, 1972). 신조어로 간주되는 어휘단위를 평가하기 위한 기준으로 다음의 다섯 가지가 있다.

① 체계 적합성

음운체계상, 그리고 도식적으로 언어구조에 적합한 형태가 있을 수 있다. 절대적 창조어(의성어), 약어 및 두문자어, 그리고 잘 알려지지 않은 과정에 의한 상이한 체계로의 동화를 거친 차용어의 형태에서 문제가 발생한다. 일례로 '분사(jet)'는 프랑스어와 이탈리아어 등에 동화될 수 있지만, '디자인(design)'은 프랑스어에서 사용하기가 어렵다.

형태적 혁신의 경우에는 새로운 요소의 형태를 연구하여야 한다. 즉, 이들 요소의 동화 여부는 통합, 일관적 구성(혼합 형태의 문제가 나타남), 형태적 결속력(공백), 음성적·도식적 구체화(복잡성, 길이, 수용 가능성)의 정도에 따라 결정된다.

② 의미적 가능성

신조어의 의미적 역량은 저마다 다양하며, 여기서는 임의성의 정도가 중요하다. 동기부여가 되지 않았거나 적게 된 단어는 완전히 동기부여를 받은 단어에 비해 유용성이 덜하다.

③ 생산성

신조어의 통합 범위를 시험해볼 수 있다. 패러다임적 수준에서, 용어는 특정 체계 안에서 일관성을 보일 수 있다. 논리학과 의미론에서 사용되는 영어의 '함축의-명시의(connotation-denotation)', '외연의-내포의(extension-intension)', 프랑스어의 '내포의-외연의(compréhension-extension)' 등이 대표적 사례이다.

신태그마적 수준에서 용어는 다양한 구조에 적용될 수 있으며, 변형 수준에서는 파생어나 복합어의 생성을 허용할 수 있다.

④ 특수성 및 경쟁의 부재

신조어는 명의론적 역할을 담당하는 유일한 존재일 수도 있지만, (역시 신조어인) 다른 용어들과 경쟁하는 경우도 있다. 대표적인 사례로 'hardware(하드웨어)'의 대안으로 무수히 많은 프랑스어 표현이 제안됨에 따라 영어에서 차용한 'hardware'가 프랑스어에서 그대로 살아남았던 상황을 들 수 있다. 그러나 프랑스어에서 'ordinateur(컴퓨터)'가 지배적 위치를 점하면서 경쟁관계에 있던 'calculateur', 'calculatrice', 'compteur' 등의 표현은 사라지게 되었다. 신조어의 생성에는 어휘적 측면과 신태그마적 측면이 모두 존재한다는 점을 상기할 필요가 있다. 일반적으로 어휘적 신조어만 어휘목록에 등재된다. 이미 차용되었거나 차용이 이루어질 예정인 외국어 용어를 번역하기 위하여 긴 구를 사용하자는 제안이 자주 이루어지지만, 이러한 제안은 환언에 불과하기에 성공할 수 없다. 하지만 이는 약어화를 통해 해결이 가능한 중간 단계가 될 수 있다. 영어 두문자어 'aids'가 많은 언어에서 그대로 채택된 반면, 프랑스어에서는 언어외적 상황(미국과 프랑스에서 동시에 발견한 질환임)으로 인해 'sida'라는 두문자어가 탄생하였다.

어휘단위는 다음과 같은 형태로 구성된다.

(가) 이미 존재하는 형태(의미 신조어)
(나) 새로운 형태(일반적 형태, 학술적 형태, 그리스·라틴어 요소)
(다) 차용어
(라) 구에서 유래한 약어 및 두문자어

⑤ 수용성

마지막으로 신조어의 사회언어학적 가치를 적절한 순간에 적절한 커뮤니케이션 모델 안에서 평가할 필요가 있으나, 이에 대해서는 완전한 이해가 이루어지지 않고 있다. 빈도, 단어의 이용 가능성, 화자 및 작가들의 긍정적·부정적 반응(유행어), 지리적·문화적 분포, 원래 주제분야 바깥에서의 활용도 등의 결과만 관찰이 가능하다.

이러한 사실을 앞의 ①~④항에서 열거한 특징과 종합해야 신조어의 예측 가능한 행태에 대한 모델을 구축할 수 있지만, 일단 모델 구축에 성공하더라도 수요의 시급성, 다양한 사회집단의 복잡한 반응 등 분석되지 않은 사회화용론적 요소로 인하여 오류가 발생할 위험이 매우 크다.

4) 개입과 계획

개입, 관리 또는 계획과 관련된 정책을 발전시키려면 언어학 관련 이론은 물론 사회, 정치, 기술, 과학 관련 이론에서 제시하는 내용도 다양하게 고려하여야 한다.

수요와 어휘 상황을 바탕으로 만들어지는 현실에 맞서는 것은 무익

한 일이다. 언어적 수단을 최대한 활용하고, 신조어의 성공 조건, 특히 화자들의 동기를 분석하여야 한다. 또한 사용자들에게 영향을 미치는 것도 분명 가능하다.

이와 더불어 이러한 동기부여가 사회문화적 현실을 바탕으로 하도록 할 필요가 있다. 에티엉블(R. Étiemble, 1964)은 미학적, 정치적, 이념적 주장을 통해 '프랑스식 영어(Franglais)'를 맹렬히 비난했으나, 과장이 심한데다 본인이 선호하는 주제(미국에 대한 언어의 빈약성 또는 문화적 독립성)를 놓고 상당한 모순을 보인 탓에 논지가 약화되었다.

속물근성의 배격과 같은 자발적 경향으로 시작하여 원래 희망하던 의미로 용어를 사용하는 것이 좋다. 최근 프랑스의 어느 TV 전문가는 필자에게 'cameraman(카메라맨)' 대신 사용하도록 권장되어온 표현인 'cadreur'가 자리를 잡고 있다고 전했다. 이는 『Journal Officiel』(관보)에서 해당 단어를 권장했기 때문이 아니라, 이 신조어가 진부한 영어식 표현 'cameraman'보다 현대적이고 '세련된' 표현으로 보였기 때문이다.[5] 프랑스어에서 찾은 또 다른 사례로 'baladeur(휴대용 카세트 라디오, 'walkman'의 직역으로 '걷기 좋아하는 사람' 의미 - 번역자 주)'가 있다. 일본에서 만든 유사 영어식 표현인 'walkman'이 등록상표인 관계로 소니 사에서 생산하지 않은 휴대용 카세트 라디오에는 사용할 수 없었기 때문에 받아들여진 신조어이다.

구체적으로 설명하자면 어휘의 혁신, 데이터베이스, 전문용어 업무 담당자를 위한 교육과정, 신조어의 수집·처리·배포를 위한 데이터 은행과 관계된 정부기관이 법적·행정적 조치보다 영향력이 크다. 이들 요소는 다음과 같은 사항이 전제가 되었을 때 중요한 역할을 수행할 수 있다.

(가) 언어학과 사전편찬학, 전문용어학, 사회학 또는 역사학이 만들어낸 과학적 기반을 보유한 경우

(나) 방대한 양의 신뢰할 수 있는 정보를 보유한 경우. 이러한 정보는 상당히

분산된 형태로 이미 존재하며, 다양한 방법으로 다양한 목표를 위해 수집·보관됨

지식을 배포하고 사회적 수요를 조사하려면 조정 작업이 필수적이다. 커뮤니케이션과 상호간 이해를 방해하는 감정적 반응, 정치적 의도, 분노에 찬 언어순화주의를 지속적으로 평가하여야 한다. "지옥으로 가는 길에는 선한 의도가 가득 깔려있다"는 격언을 교훈으로 삼아야 한다.

미주

1. 로마의 문법학자 바로(M. Varro)는 기원전 1세기에 『De lingua latina』(라틴어론)를 출간하여 후학에 큰 영향을 주었다. 바로의 연구에 대한 논의는 테일러(D. Taylor, 1975) 참조.

2. 『Beowulf』(베오울프)는 8세기 고대 영어(앵글로색슨어)로 쓰인 alliterative poem이다. 고대 영어로 작성된 가장 오래된 문서 중 하나이다. 『La vie de Saint Alexis』(알렉시스 성자전)는 11세기 초의 프랑스 시로, 따라서 고대 프랑스어로 된 가장 오래된 문서 중 하나이다.

3. 라동빌리에(R. de Radonvilliers)는 프랑스어 단어를 체계적으로 기록하는 과정에서 프랑스어 신조어를 만들어냈다.

   참조: 라동빌리에(1845).

4. 1930년대에 정립된 사피르(E. Sapir)와 워프(B. Whorf)의 가설에서는 언어가 그 사용자들을 위해 일련의 범주를 형성하며, 사용자들은 이러한 범주를 통해 세상을 바라보게 된다고 주장한다.

   참조: 워프(1956).

5. 프랑스 정부의 공식 매체인 『Journal Officiel』(관보)은 허용되는 단어의 목록을 정기적으로 발간하고 있다.

5장

전문용어: 어휘학자의 도전과제

<조지 마토레를 기리며>

1. 전문용어의 실용적 동기

다행히 인간과 언어 사이의 관계는 열의를 불러일으킨다. 언어의 가변적 특성, 용법의 불안정한 역동성, 문화적 불안, 그리고 바르트(R. Barthes)를 비롯한 일각에서는 '파시즘적'이라 칭했던 언어의 압도적인 영향력은 철학자와 작가, 대중과 정부, 일반인과 전문가 모두의 관심을 끌었다.[1] 그러나 전문용어학자와 일부 전문가가 포함된 마지막 범주에 속하는 이들 외에는 전문용어에 대해 관심이나 열의를 가지는 경우가 거의 없다. 전문용어는 수동적인 기능을 가지고 엄격한 법의 지배를 받으며 주요 사회·철학 문제의 변방에 밀려있는 중립적인 개체로 인식될 때가 많다.

전문용어는 언어의 관심 대상에서 벗어난 개념화 작업의 반영물 내지 엄격하게 통제된 분류로 인식되고 있으며, 따라서 언어의 가변적 특성을 초월하여 이와 관련된 갈등을 관망하는 입장이기 때문에 모호성을 극복할 수 있는 듯하다. 전문용어 사용자들은 용어를 투명한 존재로 간주하나, 실제로는 용어 역시 유형적 차원을 가진 언어적 형태 또는 기호라는 점을 망각하고 있다. 반대로 형태를 중시하는 어휘론에서는 용어가 언어로부터 벗어나려는 경향을 보이더라도 본래는 언어에 삽입된 실용적 장치 또는 도구라는 점을 간과하고 있다.

사회와 역사가 (마토레(G. Matoré, 1951)가 입증한 바처럼) 어휘론, 그리고 언어학의 상당한 부분을 규율하는 것과 마찬가지로, 전문용어학에서도 실용적 목적이 지배적인 영향력을 행사한다. 전문용어학의 목적은 사회적·철학적인 특성을 가진다. 전문용어학은 복잡한 기호론적 산물, 즉 담화와 지식의 산물을 내놓는 것을 목표로 하며, 효율성의 근원이 된다. 전문용어학은 의미단위의 숙달로 이어져야 한다. 이는 언어학의 경우처럼 특정 언어의 기호 및 용법을 분석의 대상으로 하는 해석학적 과정을 통해서가 아니라 '논리적' 분석, 즉 사고를 언어와 연결하는 '로고스(logos, 이성)'의 개입을 통해 이루어져야 한다.

언어학에서는 형태와 기능, 의미를 평가하지만, 전문용어학에서는 명명 방법에 관심을 둔다. 전문용어학은 명명 가능한 요소에서 시작하여 명칭의 형태로 관심을 넓혀나간다. 이 과정에서 전문용어학은 (말로 표현할 수 없는 요소와 숭고한 요소를 모두 포괄하는) 명명이 불가능한 요소의 한계를 표시한다.

전문용어학에서 '명의론(onomasiology)'을 언급할 때 기술적 특수용어가 의미하는 바가 바로 이것이다. (기술적 특수용어는 전문용어학의 주요 영역으로, 전문용어학의 명확성을 담보하기 위하여 반드시 옹호해야 하는 분야이다.) 사실 용어는 곧 명칭이다. 용어는 세계에 대한 세례, 즉 사고와 행동의 결합을 위한 대리자 역할을 한다. 이처럼 신성하고 엄숙한 측면은 우리가 직면한 가시적 혼돈의 세부적 분할과 밀접한 관련이 있다.

'분할(segmentation)'과 '단면(section)'이라는 단어는 전문용어학에 꼭 맞는 표현이다. 전문용어학은 한계에 대한 학문이다. 경계신 '테르미누스(Terminus)'의 초상이 전문용어학의 경계를 정하고 그 속성을 할당한다. 분류, 구별, 분할 등의 형태로 우리의 자연·문화 환경을 이론적으로 나눔으로써 해당 환경에 동화될 수 있도록 하는 것이다. 바로 이것이 밀접하게 관련된 두 가지 개념인 '결정(determination)'과 '정의(definition)'를 중심으로 한 전문용어학적 과정이 가진 기능이다.

이러한 관점에서 보면 마치 황무지에 선 듯한 느낌이 들게 된다. 애착도, 풍부한 표현도 없이, 말 그대로 가공할 만한 필수적 활동의 중심에 놓이게 된 탓이다. 이는 차별화와 분석에 대해 지배력을 행사하면서, 판단 및 행동을 구조화·약화시키는 동력의 기저를 이루는 활동이다.

2. 전문용어의 이론적 기반

앞에서 제시한 기본적 설명을 바탕으로, 이제 다양한 역설에 대해 고찰한 다음 모호한 전제들을 살펴보고자 한다. 이들 전제에 대해서는 전문용어학이라는 실용적 학문을 교육·연구 중심의 학술분야로 전환시킨 여러 교육기관이 이미 자세히 설명한 바 있다. 현재 전문용어학은 두 가지 접근법 및 학파를 중심으로 발전하고 있다. 첫 번째 학파는 오스트리아 및 소련 전문가들의 연구결과를 바탕으로 1930년대에 수립되었다. 언어와 역사적 상황으로부터 상대적으로 독립적인 순수 전문용어 체계에 대한 환상을 가지고 만들어진 학파로, 언어의 내용이 과학 및 그 응용분야에서 제공·보장한 개념적 구성에 이름을 붙이는 역할만을 수행하는 세계를 전제로 하였다. 처음에 학파가 만들어진 두 나라 외에도 독일과 스칸디나비아에서 이러한 경향이 지배적으로 나타났다. 캐나다, 특히 퀘벡의 영어-프랑스어 전문용어 활동으로 잘 알려진 두 번째 학파에서는 사회언어학사들이 주도적인 역할을 하고 있다. 첫 번째 학파를 주로 표준화에 관심을 둔 전문용어학자들이 주도하고 두 번째 학파는 언어학자 및 정치가들이 주도한다는 점은 그리 놀

랄만한 일이 아니다.[2]

하지만 18세기부터는 프랑스의 데카르트(R. Descartes) 학파 및 포르루아이얄(Port-Royal) 학파의 철학적 전통, 로크(J. Locke)를 위시한 영국 철학자들, 그리고 라이프니츠(G. Leibniz)의 메타 논리학이 결합되면서 전문용어학의 이론적 기반이 된 풍부한 창의적 사고를 형성하였다. 디드로(D. Diderot)와 알랑베르(J. d'Alembert)는 『Encyclopédie』(백과사전)에서 19~20세기의 수많은 과학자, 인식론자, 철학자들보다 한 발 앞서 두 가지 중요한 방향성을 확인하였다.[3] 하나는 과학적 발견, 그리고 사회적 커뮤니케이션과 역사적 행동을 목적으로 언어를 통하여 우리 사회의 지식구조에 이 같은 발견을 통합하는 행위에 대한 방향성이다. 다른 하나는 언어가 전파하는 자발성과 전래의 무질서를 극복하려는 방향성인데, 이는 교육적인 목적을 위하여 이들 언어로부터 질서 및 규범을 추출해내기 위한 것이다. 이러한 두 가지 방향성은 이미 명명이 이루어진 세계, 그리고 그러한 세계를 조직화된 형태로 대변하고자 하는 기호 사이에서 끝없이 이어지는 변증법을 나타내며, 따라서 소크라테스(Socrates) 이전부터 아리스토텔레스(Aristotle), 이슬람교, 중세의 명목론, 칸트(I. Kant), 헤겔(G. Hegel)을 거쳐 하이데거(M. Heidegger)에 이르는 중요한 철학적 전통을 인정하고 있다. (이상주의에서 물질주의까지, 일원론에서 다원론까지) 각자의 형식 및 접근법과는 무관하게, 이 모든 전통은 (때로는 별다른 이유 없이) 의미와 언어의 문제에 큰 비중을 두고 있지만 유럽의 전문용어학 학파들은 이러한 입장을 대체로 간과하고 있다고 필자는 생각한다.

3. 전문용어의 유형

이론을 통한 전문용어의 통일이 가능하다면, 이러한 통일은 전통적인 논리학과 부류학의 전제에 기반을 두는 대신 현상이 가지는 언어적, 심리적, 사회적 차원을 온전히 반영한 기호학적 틀 안에서 이루어질 것이다.

하지만 응용 전문용어학에서는 이 같은 통일을 어렵게 만드는 다양한 대상이 등장한다.

(1) 첫째로 순수과학에서 개념-정의 쌍을 만들어낸 전문용어, 그리고 자연과학에서 실체의 적절한 특징을 파악한 전문용어 및 명칭은 모두 보편적으로 사용되는 소수의 언어, 그리고 그리스어와 라틴어라는 두 가지 사어(死語)에서 기표를 취하여 이들 보편언어로 실현한 정신적 과정의 산물이다.

이들 전문용어는 국제화되어 여러 언어 및 문화에서 사용되는 경향이 있으나, 과학적 창의성에 대해서는 여전히 열려있다.

(2) 둘째로 응용분야와 연계된 특정한 기술 분야 전문용어는 원래 단일한 문화, 그리고 단일한 언어 또는 소수의 언어에 귀속되었다.

(2)항에 해당하는 사례(요리 및 의류와 관련된 다수의 미묘한 전문용어, 또는 동식물의 속명 어휘)를 (1)항과 관련된 사례(국제적 통일이 이미 이루어졌거나 진행 중인 전자 및 현대 외과의학 관련 전문용어)와 비교해보면 이러한 점을 간단히 입증할 수 있다.

(3) 마지막으로 용어가 종교, 법률, 제도를 주제로 한 사회적 규범 안

의 담화에 대한 어휘적 통합을 나타내는 다수의 부문, 그리고 언어 자체를 규율하는 역사상의 사회적 규제활동과 연계된 부문이 존재한다. 이들 부문에서 전문용어는 언어는 물론 집합적 용법별로도 다르게 나타나며, 같은 언어 안에서도 민족적 경계에 따라 다른 경우가 많다. 이에 따라 극복하기 어려운 번역 문제가 발생하는데, 한 언어에서 다른 언어로의 번역뿐만 아니라 동일한 언어를 여러 국가에서 서로 다른 형태로 사용하는 경우의 번역에서도 이 같은 문제가 나타난다. 일례로 미국 영어의 '대리인(attorney)'과 '보안관(sheriff)'에 상응하는 단순한 대역어가 영국 영어나 기타 언어에는 존재하지 않는다. 마찬가지로 프랑스어의 '변호인(avocat)' 역시 캐나다 프랑스어의 '변호사(avocat)'나 영국 영어의 '사무 변호사(solicitor)'와는 다른 표현이다. 또한 이들 용어는 권력의 병폐에 위협을 받아 '동결된 언어(frozen language)'로 화석화될 수 있다.

이 모든 내용은 프랑스어와 그 용법 및 규범에도 그대로 적용된다.

프랑스어 사용 국가 및 문화권에서 이 모든 수요와 어려움, 약점을 확인할 수 있으며, 이와 더불어 명명, 발견, 교육적 커뮤니케이션에서 가능한 모든 발전도 나타나고 있다. 이들 사회는 과학, 고등기술 분야, 문화적 영향으로 인한 영어권의 압력에 대응하여 다수의 주요 과학 분야에서 진정으로 개념적이며 유의미한 창의성을 발휘하고 있으며, 전통적인 분야에서도 뛰어난 역동성을 보인다. 언어간 접촉이 프랑스어에 불리해지는 상황에서 불안감이 증가하고 있으나, 언어간 교환이 상호적이고 조심스러운 방식으로 이루어질 때는 시너지를 유발하는 긍정적 언어발달로 이 같은 불안감을 상쇄할 수 있다.

4. 전문용어 제정의 경향

언어 자체의 모순적이고 불안정한 상태와 비교했을 때, 전문용어는 철저한 보호를 받는 것은 아니지만 그렇다고 무정형한 형태도 아니다. 수동적 차용으로 인하여 부분적으로는 실패로 돌아갔으나, 프랑스어의 형태론적 창의성에 대한 재인식은 여전히 제한적이고 상대적이지만 주목할 만하다. 이 과정에서 전문용어가 핵심적인 역할을 담당하였는데, 언어정책을 담당하는 주요 유관기관에서도 이러한 점을 제대로 인정하고 있다. 상호간에 접촉이 이루어지는 여러 언어 사이의 필수불가결한 관계를 평가함에 있어, 전문용어는 프랑스어의 역동적 평형, 그리고 프랑스어의 통일성과 변형이라는 두 가지 중요한 요소에 대한 조정은 물론 국제어로서 프랑스어가 가지는 위상의 기반이 되는 필수적 부문 중 하나이다. 마지막으로 언어와 문명, 세계에 대한 숙달 사이의 관계라는 기본적 구조에서, 전문용어의 생명력은 곧 사회집단의 생명력을 나타내며, 따라서 해당 사회집단의 정체성을 증명하는 진정한 잣대라고 할 수 있다.

바로 이 지점에서 심각한 난제가 발생하는데, 이는 국제화(여기서는 국가가 아닌 문명권과 언어를 논하고 있기에 잘못 선택된 개념 또는 용어이다)를 지지하는 세력, 그리고 창의적 특수성의 보호를 받는 내적 조화를 지지하는 세력 사이의 갈등에서 잘 드러난다. 전자는 한 언어에서 다른 언어로 쉽게 바꿀 수 있는 기호를 대량으로 채택하는 방안을 선호하며, 따라서 각종 명칭의 원래 창작자, 즉 과학 및 기술 분야의 경제적·정치적 권력이 전문용어와 어휘, 용법에 대하여 지배권을 가지도록 장려한다. 이러한 접근법은 보편성을 지향하는 현대 과학 및 기술 분야에 적용이 가능하기 때문에, 북미 및 서유럽에서 만든 용어를 대량으로 차용하는 움직임에 찬성하고 있다. (이러한 움직임에서는 그리스어, 라틴어, 게르만어에 어원을 둔 용어가 지배적인 위치를 차지하고 있다.) 중세 시대에 영어는 서부 지역 프랑스어의 일종으로부터 지대한 영향을 받았으며, 이와 동시에 라틴어에 어원을 둔 로망스어 어휘의 발전, 그리고 고대 그리스어와 중세 후기 및 르네상스 시대 라틴어에서 따온 차용어의 유럽 전역에 걸친 대규모 수용에 하나의 수단이 되었다는 점을 기억해두어야 할 것이다. 극동 지역 언어에는 해당사항이 없다는 점 등을 감안할 때 이러한 내용의 '국제적' 특성에는 논란의 여지가 있을뿐더러, 다양한 언어로부터의 차용을 통한 언어간 커뮤니케이션의 증진은 오직 문서 형태로만 가능하다. 일례로 '정신병'을 의미하는 영어 단어 'psychosis'와 프랑스어 단어 'psychose'는 발음에 큰 차이가 있다.

마찬가지로 각 언어의 형태의미론적 구조를 바탕으로 전문용어학적 창의성을 장려하는 정반대의 경향으로 인하여 상당한 형식상의 불균형이 발생한다. 이와 더불어 개념상의 불균형도 존재하는 경우, 이는 수용 가능한 현상일 뿐만 아니라 '거짓 유사어(faux amis)'의 오역과 모호성도 방지하는 역할을 한다. 일례로 이탈리아어 단어 'ragú'(스튜)는 프랑스어 사용자에게 오해를 사기 쉽다. 동일한 의미의 프랑스어 단어 'ragout'와 철자 표기가 다른 관계로 두 단어를 연결하여 생각하지 못하기 때문이다. 그러나 과학 및 기술 분야에서는 의미상의 다양성을 추구한다. '레이더(radar)'와 '회전(spin)'처럼 영어에서 유래된 표현, 또는 '전화(telephone)'와 '텔레비전(television)' 등 그리스·라틴어에서 파생된 표현이 다수의 언어에서 공통적으로 사용되거나 채택된 바 있다. 그러나 전문용어에서 보다 높고 중요한 비중을 차지하는 복합어와 구 형식에는 이와 같은 발전이 적합하지 않다. 실제로 명사구 구조에는 구문의 일부가 포함되며, 이에 따라 해당 언어만의 특수성이 반영된다. 어휘의 통일성을 증진하더라도 복합어와 구 형태로 된 용어의 구조를 다양한 언어에서 일치시키기란 결코 불가능할 것이다.

마지막으로 지적하고 싶은 중요한 사실이 하나 있다. 모든 어휘목록을 구성하는 체계 및 하위체계는 언어의 형태로 인해 부분적으로 동질성을 가지며, 형태와 의미를 차용·변형·혼합하는 역사의 결과로 부분적으로는 이질성을 띠게 된다. 전문용어는 필연적으로 이 같은 형태의 집합으로부터 생겨나며, 명명에 필요한 요건은 언어의 조화를 이루는 '유비(analogia)'를 보장하기 위한 규칙을 적용함으로써 충족할 수 있다. 이러한 조화를 방해하는 모든 차용어는 일종의 위험이 된다. 그러나 언어에 잘 들어맞는 차용어가 있는가 하면, 제대로 된 통제 없이 내부적으로 만들어낸 차용어는 조화를 무너뜨릴 수도 있다는 점을 인정할 필요가 있다. (길이와 리듬 또는 불협화음까지 포함한) 도식적·음성학적 기준, 형태론적 기준, 형태의미론적 기준, 의미론적 기준, 동기유발적 기준을 모두 고려하여야 하기 때문이다. 전문용어에 대한 수요는 그 특성에 따라 별도로 고려하여야 한다. 프랑스어 담화에서는 새로운 개념을 담은 표현에 비하여 새로운 형태로 된 표현(예: 새로운 개념을 지칭하는 단어 및 구를 다른 언어에서 차용)이 더욱 흔하기 때문이다. 차용, 어의 차용, 등가 표현 제공 등이 자발적으로 이루어지든 언어정책의 결과로 수행되든 간에, 이는 정상적이고 반드시 필요한 활동이다. 언어의 내적 안정성을 확보할 수 있도록 이들 활동을 감시하고 관리하기만 하면 되지만, 이 과정에서 언어간 커뮤니케이션에 대해 열린 자세를 유지하는 까다로운 과제를 소홀히 해서는 안 된다. 일례로 프랑스어 단어 쌍 'calculer-calculateur'(계산하다, 계산기)를 영어의 'to compute-computer'(연산하다, 컴퓨터)와 매치했다면 형태상 차이가 있는 'ordinateur'(컴퓨터)보다 훨씬 잘 맞았을 것이다. (단, 'ordinateur'의 경우 널리 수용된 표현이라는 점이 주된 장점이다.) 영어의 'computer'를 'computeur'로 변형하여 동사형인 'computer'를 유추할 수 있도록 하였다면 이미 'computer'가 확립된 용어로 사용되고 있는 여러 유럽 언어 사이의 동질성을 높일 수 있었을 것이나. 그 외에도 다양한 해결책이 존재하였다. 오늘날 'ordinatcur'라는 용어는 프랑스어권 국가에서 더 이상 널리 사용되지 않는다. 이 용어는 부분적으로는 'micro'(해당 표현의 주된 의미가 변하면서 다의어가 되었음)나 'mini' 같이 축약된 형태로 대체되었으며, 이 중에는 영어에서 차용한 표현(예: 영어의 'PC'를 차용하였으나 프랑스어 알파벳으로 발음함)도 일부 있었다. 또한 고도의 전문성과 모호성을 띠는 순수 프랑스어 어휘 형태(예: 'machine'이나 'bécane')로 'ordinateur'를 대체한 경우도 있었다. 이들 명칭에 상표나 서체 이름(예: '매킨토시(un macintosh)'보다 '맥(un mac)'으로 표기하는 경우가 잦으며, '애플(un apple)'이라고도 표기함)을 추가하는 경우, 'ordinateur'가 문어 담화의 특수한 형태로 격하되었음이 잘 드러난다. 한때 보편적인 표현으로 자리 잡았던 'ordinateur'의 위상이 이제는 예전 같지 않다는 것이다.

5. 어휘론 및 사전편찬학에 대한 전문용어학의 유용성

이 같은 공통적 사례로부터 알 수 있는 사실이 하나 있다. 주제분야 전문가 사이의 전문적 담화를 제외하면, 모든 용어는 언어와 언어의 역사, 용법, 사회적 상황에 큰 영향을 받는다는 점이다. 개념적 일관성 및 절대적 일의성의 유지, 그리고 동의성 및 모호성의 부재는 칭찬할 만한 목표이지만 현실과는 거리가 있다.

어휘학자가 역사적·사회적 성격을 띠는 연구를 진행하는 경우, (사용빈도가 높고 다의적이며 모호한 기본적 어휘목록의 입증 및 확립 등) 가장 단순한 형태의 담화부터 가장 정교한 형태의 담화에 이르는 사회적 다양성과 더불어 고도로 개념화된 이들 담화 형태에 숙달하여야 한다. 여기에는 수사와 문체가 방대한 분량의 기초자료에 미치는 영향이 반영된다. 마토레(1953)의 저작을 살펴보면, 사회적 측면에 부여된 인식론적 중요성의 관점에서 볼 때 전문용어가 매우 중요한 역할을 담당하고 있음을 알 수 있다. 이와 관련된 대표적인 사례로 마토레(1951)에 수록된 루

이필리프 1세 시대(1830~1848년) 프랑스 어휘에 등장하는 미학, 문학, 패션 관련 전문용어, 또는 중세 시대 경험 및 사상의 주요 측면이 당시의 어휘목록 발전에 미친 영향을 들 수 있다. 전문용어는 그 의미가 엄격하게 규정되어 있어 언어 내적으로는 일반적으로 사용되는 일부 단어 및 표현을 강화할 수 있으며, 언어 외적으로는 신조어나 차용어를 통하여 전체 어휘목록을 확장할 수 있다.

문헌학에 대한 관심이나 기호의 역사로부터 동기를 부여받은 어휘론적 연구, 체계의 변화에 대한 검토, 그리고 (필자가 개인적으로 진정한 의미의 어휘론이라고 생각하는) 인류학에서 오늘날의 용법까지 아우르는 사회적 측면 이외에도, 사전은 시대, 문화, 목표에 따라 저마다 다른 방식으로 어휘목록을 부분적으로 또는 전체적으로 보여준다. 사전에서는 선택과 해설을 통하여 사전에 기록된 각양각색의 용법을 규율하는 규범을 제시한다. 이러한 규범은 대체로 자유로운 편이며, 언어의 발전과 혁신에 어느 정도 적극적인 반응을 보인다.

이렇게 분절된 메타 언어학 텍스트의 내용은 기술적이면서도 규범적인 의도를 바탕으로 통합되어야 한다. 이러한 의도는 현존하는 세 가지 실체를 대변하는 것인데, 첫째는 지리적·사회적 공간 안에서 나타나는 언어와 그 변형, 둘째는 특히 전문용어를 통한 실체의 지칭, 셋째는 텍스트, 특히 문학 텍스트를 통해 본 문화이다.

사전의 부차적인 목표는 과거가 오늘날까지 명맥을 유지하고 현재의 근원이 되며 오늘날의 용법에 대한 설명을 제공하는 범위까지 과거를 기록하는 것이다. 몰리에르(L. Molière)의 희곡과 발자크(H. de Balzac)의 소설에 나오는 어휘를 20세기 말의 독자들에게 설명하는 경우를 예로 들 수 있겠다. 역사학과 어원학에서는 분명한 특이사항을 설명하는 방식으로 현내 언어의 특징을 명확하게 제시한다.

이를 통해 우리는 사전에서 언어의 초상을 만나게 된다. 실제에 충실한 동시에 선택적이며, 어떤 면에서는 특정한 유형의 용법에 편향된 이

초상은 사진이 아닌 지도에 가깝다. 동시에 사전은 교육적 도구이고, 문헌학적 보고('관련어집(thesaurus)'은 어휘의 보물창고라는 의미를 담고 있음)이며, 문화를 부분적으로 그려낸 초상이다. 사전에서는 현재의 지배적 이데올로기에 따른 선택과 판단의 흔적을 엿볼 수 있으며, 이와 관련된 다양한 뉘앙스가 섬세하게 반영되어 있다.

(개별 주제분야를 다루는 것으로 그 범위가 보통 한정되며 다언어가 사용되는 경우가 많은) 전문용어집 편찬 작업에서뿐만 아니라, 사전을 비롯한 어휘론적 연구에서도 일반적 개념 영역과 고도로 전문화된 개념 영역 모두에 대한 명명 방법론을 다루고 있다. 전자가 진지하게 진행되는 경우, '실물(realia)'에 대한 체계적 서술에서 기초자료를 확보하는 후자에게 많은 빚을 지는 셈이다. 프랑스에서 전문용어학의 태동에 큰 업적을 남긴 디드로와 라부아지에(A. Lavoisier)는 언어와 어휘의 역사를 연구하는 학자들을 위한 기초자료를 제공하였으며, 이를 바탕으로 역사학자들은 사전에 활용할 수 있는 데이터를 제공한다.[4] 그러나 이렇게 편찬된 사전이 일단 출간되면, 이들 사전은 어휘학자에게 중요한 기초자료가 된다.

마지막으로 전문용어학은 용어의 제정 및 명명은 물론 용어의 분석과 서술에 대해서도 어휘학자와 사전편찬자에게 도움이 되어야 하며, 이를 통해 변증법적 주기가 완성된다. 사회적 실체와 문화화된 실체부터 기호의 세계까지 아우르는 그 중심부에서, 상호보완적인 두 분야인 전문용어학과 어휘론은 명칭과 그 논리로 의미와 표현을 향상시킬 수 있다는 사실, 지식과 사회적 실체가 언어를 통해 전달된다는 사실을 입증함으로써 서로의 지평을 더욱 넓혀가야 한다.

미주

1. 바르트(R. Barthes, 1976). *Mythologies*. London: Cape.

   바르트(1977). *Writing degree zero*. London: Hill & Wang.

   바르트(1977). *Elements of Semiology*. London: Hill & Wang.

2. 두 가지 전문용어 학파에 대한 설명은 롱도(G. Rondeau, 1983) 및 사게르(J. Sager, 1990) 참조.

3. 본 주제에 대한 상세한 설명은 본서 제 1장 참조.

4. 참조: 홀(A. Hall, 1962) 및 싱어(C. Singer, 1962).

   『Encyclopédie』(백과사전) 관련 내용은 디드로(D. Diderot, 1969), 몰리(J. Morley, 1923), 그림슬리(R. Grimsley, 1963) 참조.

   화학 관련 명칭목록은 크로슬랜드(M. Crosland, 1962), 플러드(W. Flood, 1960), 칸(R. Cahn, 1979) 참조.

John Benjamins Series

02 Essays on Terminology

6장

응용 전문용어학

전문용어학적 관행은 고유한 이론에 기반을 두고 있다. 우리의 일상 경험에서 이 같은 고유성은 연구의 대상, 즉 어휘소의 특성에서 잘 드러난다. 전문용어학의 어휘소를 언어사용 환경에서 고려하더라도, 이들 어휘소는 사전편찬학 및 일반 백과사전에서 다루는 어휘소와는 차이가 있다. 이러한 차이점은 조직화되거나 조직화가 가능한 것으로 간주되며, 사회적으로 또는 주제별로 정의가 이루어지는 구체적 주제분야에 어휘가 연계된다는 점에 기인한다. 이와 더불어 각각의 주제분야는 내용(의미론적 기준)과 조직화된 응용(사회문화적 기준)에 대응된다.

이러한 상황으로 인해 전문용어학은 주로 기술 및 과학과 관련된 주제분야를 다루는 전문화된 형태의 사전편찬학에 불과하다는 오해를 받게 되었다. 전문용어학에 대한 이 같은 관념은 특정한 역사적 상황에 기반한 것으로 일반적 사실과는 거리가 멀다.

그러나 전문용어학의 방법론 및 절차는 나름의 구체적 특성을 가지고 있으며, 이는 언어학적 사전편찬학과 비교했을 때 가장 잘 드러난다. 정의의 기준, 예시 또는 맥락정보의 위상, 용례와 의미의 분석을 통한 다의성의 감소는 일반사전과 기술사전 사이의 큰 차이점이다.

백과사전적 사전편찬학의 경우에는 주제분야에 대한 주제별 분석과 개념의 정의 측면에서 유사점이 더욱 커진다. 그러나 백과사전적 텍스트의 기능상 상당히 광범위한 정보를 수집하여 연속적인 교육적 담화로 구성해야 하는데, 이 과정에서 전문용어학과 관련성이 있는 요소들이 체계화되지 않은 부차적이고 기술적인 요소들과 섞이게 된다. 무엇보다도 이러한 정보는 다소 임의적인 항목의 형태로 제시되며, 문서 작성용 유의어사전(documentation thesaurus)의 서술자에 비견되는 메타언어로 표현된다. 전문용어집 편찬은 언어기호(실제 사용의 대상)의 형태를 차용한 용어를 중심으로 조직화되어야 하는 반면, 백과사전 항목을 편찬하는 사람은 상대적으로 자유롭게 모델을 구축할 수 있다. 다양한 백과사전의 명칭목록을 간단히 비교만 해보아도 상당한 차이를 확인할 수 있으며, 여기에는 다양한 기술적 메타언어가 선택된 점이 반영되어 있다.

마지막으로 전문용어학적 분석은 일반 사전편찬학의 이중언어·다언어 설명과 분명한 대조를 보인다. 일반적인 이중언어 사전은 사용자가 잘 알 것으로 추정되는 다른 언어체계와의 대조를 통한 언어체계의 학습 또는 습득을 목적으로 설계되었다. 이들 이중언어 사전에서는 체계 간의 대비를 강조하는데, 음운론과 음성학의 대비, 구문론과 형태론의 대비, 그리고 전체 어휘와 관련된 어휘론과 의미론의 대비가 대표적이다. 특히 활용 빈도가 높은 어휘의 경우 이러한 대비가 더욱 두드러지며, 이들 어휘는 문법적 기능어와 다의어, 모호한 단어 등 가장 복잡성이 높은 항목으로 이어지기도 한다.

사전편찬학적 전통과 비교했을 때 전문용어집 편찬은 상이한 수요에 의해 정의된다. 이 같은 사회적 수요의 확립, 그리고 이러한 수요의 충족에 적합한 언어적, 제도적, 정치적, 경제적, 금전적 수단은 이 분야에서의 응용에 근본적인 중요성을 부여한다. 의학과 생물학의 경우도 이와 마찬가지이다. 전문용어집 편찬 없이는 전문용어학에 대한 진지한 이론도 존재할 수 없다. 이론적 언어학이 번역, 사전편찬학, 언어교육 등 언어와 관계된 사회적 활동에 역사적으로 의존해온 것과 같은 맥락이다.

1. 수요와 목적

사회에서 인식하는 모든 활동은 수요의 존재에 좌우된다. 일례로 언어와 관련하여 이러한 수요는 용례를 지시·규제하고, 상존하는 오해의 영향을 완화하고, 언어를 통한 커뮤니케이션을 개선하고, 교육을 제공하고, 체계의 다원성으로 인한 갈등을 줄이려는 시도로 표현된다.

사물을 명명하는 책무의 경우, 이러한 수요는 사물 자체가 가지는 기능에 해당한다. 널리 알려진 사회학적 관찰을 뒤집어 말하자면, '사물은 사회적 사실'이다. 실제로 명명의 대상이 되는 세계는 사회집단의 세계로, 경험에서 추출되어 개념화를 거친 자연의 객체, 생산품 및 인공객체(인간의 직접적 의도의 산물), 실제 경험 또는 상상을 통해 만들어진 추상적 개념으로 구성된다. 이들은 역사적으로 진화한 인류학적 구조에 크게 좌우된다. 사회의 이 같은 현 상황은 이 세계가 가지는 차이점을 설명해준다. 브라질 삼림지대나 태평양 연안에 거주하는 미국 원주민들의 소규모 유목집단은 규모가 크고 확산 일로에 있으며 영향력이 큰 지배적·억압적 사회와 동일한 개념구조를 가질 수 없으며, 이들은 유사한 세력에 급격한 제한을 가하는 전지구적 세력의 먹잇감이 된다. 하지만 이 같은 소규모 사회 역시 풍부하고 복잡한 집단이 될 수 있고 실제로도 그러한데, 다만 그 방법은 대규모 사회와 다르다.

우리는 사물을 알고, 인식하고, 조작하기 위해 일련의 이름을 습득해야 하는 경우에 전문용어에 대한 수요를 인지하게 된다. 이러한 조건은 모든 사회에 적용되며, 민속적 분류체계와 관련해서도 마찬가지이다. 그러나 이러한 수요가 특히 두드러지는 곳은 복잡성이 높은 사회이다. 소위 '선진국' 또는 '개발도상국'을 구성하는 이들 사회에서는 언어 사용, 분업, 지식의 형식화, 일관성을 가지는 일반적 가설(즉, '이론')의 증식, 그리고 보다 일반적으로는 지식의 분화와 역량 보유 영역(area of competence)과 연관된 난제와 관련하여 이 같은 수요가 분명하게 나타나고 있다. 이와 더불어 이들 수요는 충족이 이루어지기 전에 인식이 가능한데, 이는 정교한 제도적 구조, 대규모 경제·금융 세력, 개선된 연구 방법론, 정보 제시·유통 수단의 존재 덕분이다.

1) 3대 수요 유형: 서술, 전달, 표준화

전문용어의 처리는 다음의 세 가지 수요를 충족시키는 방식으로 이루어져야 한다.

(1) 용어, 즉 사회적으로 구별되는 집단의 하위언어 형성에 필요한 전문용어의 집합을 체계적으로 설명할 필요가 있다. 이론적 측면을 포함한 이들 집단의 활동이 효과적으로 수행되는지 여부는 이들 전문용어에 대한 지식에 좌우된다. 이러한 수요는 용어가 나타내야 하는 개념체계에 대한 서술과도 밀접하게 연계된다. 개념에 대한 사전지식을 요구하는 것은 순진한 일이다. 발견자와 발명가, 가설을 구성하는 이론가의 독점적 특권이라 할 수 있는 개념의 초기 구성 단계를 제외하면, 개념에 대한 접근은 이름을 통해서만 가능하기 때문이다.

(2) 전문용어를 통해 주제분야 지식을 전파하고 알릴 필요가 있다. 교육과 학습, 대중의 일반정보, 하나 이상의 언어를 사용한 전문가간의 커뮤니케이션 모두 이러한 수요에 좌우된다.

그러나 올바른 전파를 위해서는 일관성 있고 널리 수용되는 전문용어를 사용하여야 하며, 이는 가장 충족이 어려운 세 번째 수요의 근간이 된다.

(3) 표준에 대한 수요는 특히 기술을 비롯한 모든 형태의 기술 이전과 관련한 모든 언어 사용, 모든 이론의 형성, 모든 복잡한 역량에서 찾아볼 수 있다. 단일어의 모든 전문용어는 내부적인 일관성을 요한다. 수학부터 철학까지 망라하는 이론적 학문의 경우, 각 주제분야의 개념화 양상은 학파, 경향, 개인 성향에 따라 달라진다.

고도로 특화된 지식을 갖춘 전문가들도 자신이 속한 분야의 전문용어 중 일부만을 구사할 수 있다. 이는 일관성이 가장 높은 전문용어가 가장 잘 알려진 전문용어와 반드시 일치하지는 않는 인문학 분야에서 가장 두드러지는 현상이다. 일례로 용어의 이름에 대한 개념화를 정밀하게 나타내고자 프랑스의 문법학자 다무레트와 피숑(J. Damourette & E. Pichon)은 매우 구체적인 전문용어를 만들었는데, 프랑스의 다른 언어학파들은 이를 무시하거나 아예 알지 못했고 프랑스 바깥의 언어학파에서는 이를 채택하려는 시도가 없었다.[1] 반대로 미국의 촘스키(N. Chomsky)가 만든 영어 전문용어의 경우 왜곡과 비유, 전이의미를 가지고 미국 및 유럽 전역으로 퍼져나갔다. 사회학과 심리학 등에서 이와 만만치 않은 문제가 발생했으며, 수학의 경우에도 완전한 일관성은 단일 개념화 작업 내에서만 존재한다. 산술과 위상기하학, 집합론에 대한 전문용어를 서로 연결시키려면 비범한 지적 능력이 필요하다.

응용과학 또는 공학이라는 이름이 붙는 응용 주제의 복잡성은 내부적인 특성을 띤다. 이들 주제에서는 여러 과학 분야와 각 분야의 다양한 이론이 가지는 개념, 실제 관찰에 대한 추상개념, 개념적 차용어를 나란히 놓고 취합하거나 서로 대비시키게 된다. 생물학과 수학, 언어학에서 '형태학/형태론(morphology)'이라는 용어를 각각 다르게 사용한다는 사실이 이를 잘 보여준다. 의학 내 모든 분야, 그리고 (화학과 관계된) 약학 내 다수 분야에서 추가적인 사례를 찾아볼 수 있다. 기술적 전문용어는 전적으로 예측이 불가능한 발전요인에 따라 좌우된다. 일례로 석유기술의 경우 지질학 등 관련 학문에 영향을 받는 탐사기술, 천공, 채취, 운송, 정련, 유통, 제련제품의 사용에 따라 다양한 전문용어가 존재한다. 채취기법의 발달은 에너지에 대한 수요, 그리고 석유 지분의 시장가치 변동에 따라 좌우된다. 해저천공 작업에는 수문학, 수로학 등에서 전문용어를 차용한 새로운 기법과 공정, 기구가 필요하다.

서술의 필요성에 따라 전문용어학은 모든 주제분야의 교육적 측면에 연결되며, 이에 따라 매뉴얼, 백과사전, 교과서 등의 형태로 과학 및 기술과 연계된다. 지식의 전달에 대한 수요 역시 동일한 연결관계를 가지며, 나아가 번역학과도 연결된다. 표준화에 대한 수요는 지식이론 및 사회언어학은 물론 번역학 및 사전편찬학과도 연계된다.

이러한 수요에 추가로 영향을 미치는 요인이 세 가지 있다. 다양한 실제 또는 잠재고객 집단, 전문용어 생산자, 그리고 이와 관련된 다양한 제품이 이러한 활동에 실용적인 지침을 제공한다.

(1) 과학자건 연구원이건 간에, 모든 이론가는 자신이 속한 주제분야의 진화에 대한 최신정보를 확보하여야 하며, 용어보다 빠르게 진화하는 개념에 용어를 귀속시킨 상황에서 기존 용어의 변동과 더불어 새롭게 등장한 개념 및 용어를 숙지하여야 한다. 이들은 출처가 서로 다른 명칭목록과 전문용어집을 서로 비교할 수 있는 작업도구를 확보하고자 한다. 단일한 과학적 관찰 또는 서로 다른 개념화에 대한 경쟁이론, 그리고 서로 다른 역사적 기간에 대한 경쟁이론이 좋은 예이다.[2] 하지만 안타까운 점은 그러한 도구가 흔하지 않다는 사실이다. 또한 이론가들은 본인의 분야와 연계된 분야에 대한 종합적 설명도 필요로 하는

데, 이러한 측면에서 인문과학 분야 학자를 위한 수학 매뉴얼 등 백과사전적 어휘 및 매뉴얼의 형태로 이용 가능한 도구가 일부 존재한다.

이론과 응용이 모두 필요하기에 응용과학에서의 수요는 더욱 복잡성이 높다. 의사들이 의학 내 하위분야의 모든 전문용어를 숙지하기란 불가능하며, (분자생물학을 통해 물리학에 연결되어 있는) 생물학및 태생학부터 방사선 촬영 및 수술도구 관련 전문용어를 모두 알 수도 없다. 이처럼 광범위한 학제간 활동에서는 인간의 모든 활동이 가장 실용적인 요소부터 가장 이론적인 요소까지 아우르고 있다는 인상을 받게 된다.

(2) 엔지니어, 개업의, 자동차 정비공 등 협의의 실무자들도 마찬가지로 어려운 입장에 있다. 일상업무에 필요한 극히 다양한 기술 이외에도 주로 전문용어를 통해 해당 기술의 개념이 유래한 이론(해부학, 생리학, 병리학, 기계학, 재료의 저항성, 전기 등)을 습득하여야 하기 때문이다.

(3) 행정가와 기업인, 은행가, 상점 주인도 실무자에 해당한다. 존재와 사물을 다루는 대신, 이들은 이론가들과는 매우 다른 상징을 다룬다. 즉, 개념 대신 돈이나 담화 같은 상징을 다루는 것이다. 이들 중 일부의 기능은 권력층(행정가, 치안판사, 정치가)의 이익을 위해 사람 사이의 관계를 조직화하는 것이고, 나머지의 기능은 스스로의 이익을 위해 행동을 촉발하는 것이다. 경영, 판매, 홍보 기법에도 개념 및 관련 전문용어에 대한 수요가 존재하는데, 다만 도덕적·사회적 모호성으로 인해 이들 개념은 혼란스럽거나, 애매하거나 또는 모순된 형태가 될 수 있다.

이러한 활동 및 전문용어 도구의 특성은 현실세계를 지배하는 사회경제적 구조, 그리고 이들 구조를 표현하는 언어와 밀접하게 연결되어 있다. 일례로 오늘날의 자본주의 사회에서는 영어에서 차용한 전문용어를 사용하지 않고 '최신' 기법에 따라 사업을 영위하기란 사실상 불가능하다.

실무자들의 수요에 차이가 있는 것은 이들의 활동분야, 그리고 이들이 의존하는 지식분야가 상이하기 때문이다. 명칭 및 용어에 영향을 미치는 기타 수요는 활동의 정밀성, 그리고 전문화된 정보의 조직화 및 이전과 밀접하게 연계되어 있다. 이러한 점이 가장 두드러지는 사례로 번역사가 있다. 번역사의 활동은 번역 대상 텍스트가 소설과 시 등의 문학작품인지, 아니면 과학, 기술, 행정 등의 실용 텍스트인지에 따라 크게 달라진다. 첫 번째 경우에는 출발 텍스트의 역사적 시대, 저자 특유의 표현, 출발 텍스트와 일치하는 도착어 표현 선택 등에 중점을 두고 언어와 용례에 역량을 집중해야 한다. 이들이 직면하는 어의적 문제는 전문용어와는 거리가 멀다. 한편 전문분야 번역사는 이와 다른 난제에 대처해야 한다. 이들이 다루는 텍스트는 구문 및 스타일 측면에서 질이 매우 고르지 않다. 전문용어가 어휘목록의 핵심에 있으며, 나머지는 상당히 초보적인 수준의 일반어휘에 해당한다. 따라서 전문분야 번역사는 원문 저자만큼 개념체계와 전문용어 체계를 잘 숙지하는 것이 바람직하다. 역설적이지만 이들 번역사가 저자보다 해당 체계를 잘 파악해야 하는 경우도 종종 있다. 번역사들이 하나의 좁은 주제분야를 전문으로 하는 경우는 거의 없다. 이들은 광범위한 기술 및 과학을 다루어야 하기 때문에 좋은 전문용어 도구에 대한 의존도가 높다. 사전이나 어휘집의 형태로 된 서적만으로는 결코 충분하지 않으며, 용어은행은 대부분 이들의 특수한 수요에 맞게 설계되어 있다.

문서관리 담당자들도 이와 유사한 입장이지만 이들의 구체적 수요는 원칙적으로 보다 특화되어 있다. 이들은 일반적으로 다루는 주제에 필요한 전문지식은 얻을 수 있으나, 소용어집이나 문서 작성용 유의어사전, 위계적 주제구조를 만들려면 주제분야를 총체적이고 상세하게 파악하는 한편 이와 관련된 전문용어를 종합할 능력을 갖추어야 한다.

반면 특정 지식분야를 불완전하지만 정밀하게 실체화한 텍스트를 다루는 번역사들의 경우에는 그럴 필요가 없다. 또한 문서관리 담당자들은 자연어에 포함된 용어를 다루지만 메타언어의 서술자를 사용할 때도 있다. 이러한 측면에서 이들의 작업은 번역사에 비해 전문용어학적인 특성이 덜하다. 출발어에서 도착어로 텍스트를 옮기는 번역사들은 각 주제분야의 개념이 도착어에서 제대로 명명되지 않은 경우에도 해당 주제분야에 대한 전문용어 등가표현을 확보하여야 한다. 문학 번역사는 신조어나 원문과 약간 다른 등가표현을 종종 사용할 수 있지만, 전문분야 번역사의 경우 그렇지 않다. 등가표현이 존재하지 않거나 도착어에서 수용되지 않는 용어를 번역함에 따라 발생하는 문제에는 선험적으로 해법이 존재하지 않는다. 하지만 번역사에게 항상 표준화된 해법을 제공할 수 있어야 하며, 이것이 바로 전문용어학의 과제이다.

개념으로 대표되는 사물의 부류 속에서 일관성을 보다 높이는 작업에 관여하는 협의의 표준화 전문가들은 이와 상당히 다른 과제를 안고 있다. 이들은 정량적 기준이나 척도에 의지하여 현재 전문용어학에 제대로 반영되지 않고 있는 구체적 특성을 파악할 수 있다. 그렇기 때문에 이들 표준화 전문가는 (보통 이용 가능한 이름들을 결합하는 방식으로) 용어를 제안하거나 몇 가지 용어 후보군 중에서 선택하는 경향이 있다. 이는 경제학, 산업 및 상업 분야에 가장 빈번하게 적용되며, 기관 및 정밀과학 관련 전문용어는 자체적인 표준화 과정을 거친다. 이러한 전문용어를 통제하기 위해 표준화 작업에서는 실제로 사용되고 있는 전문용어에 대해 최대한 완전한 정보를 확보하여야 한다.

항상 고유한 표준을 선택·확립하는 것이 의무는 아니지만, (전문용어학자가 아닌) 사전편찬학자와 백과사전 편집자, 특정 주제분야의 교사들은 용어와 개념을 숙지하고 있어야 한다. 표준화 전문가와 마찬가지로 정의를 사용하지만, 이들은 관찰 대상 언어의 구조를 표현할 때 표준화 전문가와는 다른 방식을 취한다. 모호성과 모순에 직접 대처해야 하기 때문이다. 이들은 법칙의 힘으로 개념구조를 구축해야 할 필요가 없다. 이전에 확립된 자연어 정보를 전달한다는 의미에서 이들의 수요는 교수적이고 전달적인 성격을 띤다.

일반사전 편찬자의 경우 문제가 더욱 심각하다. 구체적 기호(학습된 어휘)의 형태로, 그리고 다의적인 표제어 아래의 개별 하위항목에서, 그리고 다양한 주제분야에서 언어를 구성하는 총체적 어휘를 주어진 수준에서 서술하는 전문용어적 요소에 대한 표현을 반영하여야 하기 때문이다. 번역사보다 좀더 시간적 거리를 두고 정보의 선택 및 생략을 통해 암시적인 방식으로만 표준화를 추진함으로써 기존의 전문용어 작업 성과를 일반적으로 고려할 수 있다. 그러나 사전에 수록되는 전문용어를 전문용어학자가 통제해야 한다는 인식이 점차 확산되고 있다(본서 11장 참조).

마지막으로 개념체계를 습득하는 과정에 있는 학생 및 기타 학습자들, 그리고 매체의 선택에 의해 다양한 개념체계의 파편을 접하는 일반 대중은 전문용어에 대한 지속적 결핍을 겪고 있다. 그러나 이는 개별적 지식을 형성하는 개념적·어휘적 역량과 관련한 일반적·교수적 문제의 한 가지 측면에 불과하다.

또한 전문용어에 대한 수요는 주제분야와 그 발전 수준에 따라 달라지는데, 여기서는 근본적인 차이점만을 살펴보는 것으로 충분하리라고 본다. 특성(철학, 신학, 인문과학, 문학이론 등)과 무관하게 일관성 있는 이론, 그리고 제도적·규범적 주제분야는 구성적 담론에 의해 개발되는데, 이러한 구성적 담론에서는 개념의 이름이 명시적인 가치체계에 따라 상대적 지위를 가진다. 법률, 지식이론을 주창하는 철학 텍스트, 해석과학적 구조도 이러한 관점과 유사하다. 용어의 정의와 그 전형적 용례에는 원칙적으로 개념체계의 외삽이 허용되어야 한다. 또한 이러한 텍스트에서는 체계적인 전문용어학적 처리, 즉 객관적 전문용어를 구성하는 요소들의 추출이 가능하다. 엥글러(R. Engler)가 정리한 소쉬르(F. de Saussure) 전문용어 용어집, 그리고 프랑스어로 번역된 프로이트(S. Freud)의 저서를 바탕으로 라플랑쉬와 퐁탈리스(J. Laplanche & J. Pontalis)가 정리한 『Le vocabulaire de la psychanalyse』(정신분석학 어휘집)이 이러한 분석의 좋은 예이다. 이러한 개념적·전문용어학적 구조에는 공통의 추론적 특성이 존재하는데, 아리스토텔레스(Aristotle)나 데카르트(R. Descartes), 칸트(I. Kant), 헤겔(F. Hegel)의 전문용어도 이 같은 유형에 해당되지만 전문용어학에서 지금까지 이에 대한 관심을 전혀 보이지 않았다는 사실에 주목할 만하다. 이와 대조적으로 법전과 법규, 판결과 함께 규범적·법률적 텍스트의 또 다른 사례인 프랑스 형법의 전문용어는 전문용어집 편찬자들이 처리를 담당하고 있다. 캐나다에서는 영미계 관습법의 전문용어와 대조가 필요한데, 물론 이러한 텍스트는 서로 다른 역사적 시기에 유래했기 때문에 분석하기가 더욱 복잡하다. 이 같은 텍스트에 등장하는 전문용어에 대한 해석은 모호하고 때로 모순되는 판결로 인해 문제를 야기하지만, 한 사람의 철학자가 작성한 일련의 텍스트에도 적용이 가능하다.

이 영역에서 서술적 수요는 거의 전적으로 이론가들의 관심사이며, 또 다른 교육적 수준에서는 일반대중이 관심을 가지는 대상이다. 또한 이러한 서술은 번역사에게도 유용할 듯하다. (전문용어학 이외 분야에서 유사한 예를 찾자면, 저자사전에 제공되는 작가의 어휘에 대한 의미론적 설명은 독자들이 읽고 있는 텍스트의 뜻을 명확하게 밝힌다는 점에서 독자들에게도 유용하게 느껴질 것이다.) 이들 전문용어의 해당 분야 내 사용 이외에도, (아무리 부정확하고 불완전하며 순서가 뒤바뀌었다고 하더라도) 다른 텍스트에서 이러한 전문용어가 사용되는 양상이 상당히 중요할 수 있다. 프로이트학파 또는 마르크스·레닌주의 전문용어의 일반적 용례가 그 대표적인 예이다.

기존에 활용중인 거의 모든 과학은 그 형성 또는 발전 과정에서 문제를 야기하며 저마다 필요로 하는 바도 다르다. 생물학, 화학 등의 개념 형태는 지속적으로 발전하고 있다. 자연과학은 스스로의 발현 방식을 설명하고자 가설을 수정함으로써 실체에 대한 우리의 인식을 지속적으로 바꿔나간다. 이러한 과학 분야의 전문용어는 지속적으로 진화하고 있지만, 지식의 이전 단계에서 남은 흔적도 반드시 유지하게 된다. 따라서 과학 분야의 전문용어는 부분적으로 오래된 용어와 새로운 개념 사이의 관계 변화를 반영하여야 하며, 여기에는 실제로 정의에 대한 거의 지속적인 업데이트 작업이 포함된다.

공학의 발전은 다양한 법칙에 따라 좌우된다. 과학적 지식을 적용하고, 공정 또는 메커니즘의 개선을 통해 공학응용을 실현할 때마다 인공객체의 세계에는 커다란 변화가 발생한다. 19세기 이전까지만 해도 (디드로(D. Diderot)의 저작에서 확인할 수 있듯이) 명명의 대상을 줄임으로써 비교적 소수의 공정 및 도구의 이름을 표준화하는 것이 관건이었다면, 오늘날에는 기술의 발달에 따라 인공객체가 지속적으로 증식되고 있다. 이 분야에서 관련 수요가 가장 큰데, 첫 번째 이유는 동질성 및 일관성과는 무관한 강력한 실용적·경제적 진화이고, 두 번째 이유는 기술언어와 일반언어 사이의 접촉이다. 일례로 자동차는 보편적으로 사용되는 제품이기 때문에 기술 발달에 대해 보수적인 전문용어를 가지고 있다.

마지막으로 전문용어에 대한 수요는 각 사회에서 언어가 가지는 위상에 따라 달라지며, 이러한 위상은 언어 사용의 정도를 나타낸다. 영어와 프랑스어, 독일어, 러시아어, 스페인어 등 일부 언어는 기술·과학 분야 전문용어의 구성에 직접적이고 적극적인 역할을 한다. 이들의 수요는 최소한 부분적으로는 내부적인 성격을 가진다. 언어학적 구조에 따라 형태론, 철자법, 구문론 또는 어휘론이 이에 연계된다. 그러나 이 같은 확장에 영향을 받는 모든 활동이 단일한 언어로 수행되는 것은 아니며, 이러한 사실로 인해 이들 언어 모두 등가표현, 어의 차용어, 차용어, 은유화 등을 활용할 수밖에 없다. 기술 및 관련 전문용어를 수입하는 언어의 경우에는 이러한 과정이 필수적이다.

완전히 새로운 전문용어를 만들거나, 수입된 전문용어에 맞춰 기존 어휘를 변경해야 할 필요성은 모든 언어에서 발생한다. 영어에서는 상대적으로 필요성이 적고, 프랑스어와 독일어, 이탈리아어에서는 필요성이 보다 많으며, 아랍어와 일본어의 경우 필요성이 훨씬 많다. 일부 언어에서는 필요성이 너무나 커서 극복하기 힘든 문제로 느껴지기도 한다. 이 경우 해당 문화의 지배언어에 개념구조와 더불어 전문용어 구조를 도입하는 이중의 과정을 진행해야 한다.

각 주제분야에서 관련 전문용어에 대한 설명, 표준화, 교육의 필요성은 이제 분명해졌다. 조지아어나 우즈벡어, 힌두어, 아랍어, 말레이어로 유전학 또는 전자공학 관련 전문용어를 구성하는 과제는 보다 종합적으로 이루어질 가능성이 높으며, 따라서 해당 분야에 전문용어가 부분적으로 확립된 언어보다 더 나은 결과를 얻을 가능성도 있다. 그러나 여기서도 특정한 문화적·인식론적·언어학적 모델에 대한 의존성으로 인해 과제의 방향이 미리 결정되곤 하는데, 일례로 그루지아어와 우즈벡어의 경우 러시아어, 위에 나열한 기타 언어의 경우 영어에 대한 의존성을 보인다.

이러한 관점에서 볼 때, 문화·교육·과학·기술의 변화에 따른 전문용어 관련 수요에 대한 분석은 구체적인 사회언어학적 요인에 따라 달라진다. 때로는 이러한 수요 자체가 인정받지 못하는 경우도 있다. 이에 해당하는 언어들은 역사적 상황으로 인해 다른 기능에 구속되며, 이들 언어를 사용하는 사람들은 각 주제분야의 지배언어 중 하나를 배우도록 강요당한다. 각각의 언어는 모든 사물에 이름을 붙일 능력을 가진다. 사람들이 모국어 또는 '전국적으로 통용되는(national)' 언어로 전문용어를 개발하도록 허용되는지, 또는 특정 주제분야에 대해서는 이를 포기하고 매개어를 차용해야 하는지의 문제는 정치적인 결정이다. 일부 언어의 경우 개념구조의 수요를 충족시킬 수 없다는 인상은 순전히 이념적인 것이다. 단, 명사를 구성하는 수단이 언어별로 다르다는 점은 사실이다. 일례로 아랍어의 경우, 차용어를 거부하는 대신 은유를 가장 창조적으로 활용하는 언어이다.

2. 언어와 문화의 수단

언어와 그 문화에 내재된 수단에 따라 달라지는 구조화된 명칭 형성의 필요성은 다양한 전문용어학적 절차 및 방법으로 다루어진다. 언어적 수단, 그리고 사회규범의 판단, 결정 및 적용에 대한 이 같은 의존성은 특정 공동체에 존재하는 언어적 선택사항을 전문용어학자들이 반드시 파악해야 한다는 사실을 입증한다.

1) 언어적·개념적 수단: 용어의 생성 및 조정

협의의 개념체계 또는 개념화 작업 속에서 이루어지는 개념의 등장과 수정에 대해 일반인은 알기가 어려우며, 연구를 진행하는 이론 과학자, 존재의 부류를 구성하는 분류학자, 그리고 기술을 발명하는 발명가들에 의해서만 인식된다. 그 외의 전문용어 사용자들은 자신의 모국어 또는 다른 언어로 학습해야 하는 용어를 통해서만 이 같은 개념화 과정을 파악할 수 있다. (모국어의 경우, 이는 필요한 용어의 부재를 제대로 파악하지 못해서가 아니라 신조어의 도입을 망설이기 때문이다.) 두 가지 경우 중 후자가 좀 더 전형적이고 명확하다. 과학이나 공학 분야에서는 연구나 창조가 수행된 언어로 새로운 용어를 제시한다. 이러한 용어를 수용하는 언어에서는 용어 뒤에 숨은 개념 또는 존재의 부류를 즉시 인식하며, 해당 용어의 기능을 담당하는 동시에 그 언어체계, 즉 해당 언어의 어휘목록이나 특수어휘에도 부합하는 적절한 기호를 탐색한다.

차용은 가장 확실하면서 게으른 해결책이지만, 국제적으로 가장 높은 효율을 나타내는 해결책이기도 하다. 쉽게 실행할 수 있고 언어간의 차이점을 부분적으로 중화시킴으로써 원래의 개념을 존중하기 때문이다. 차용된 용어는 개념을 명명하고 그 기원을 내포한다고 할 수 있으며, 그렇기 때문에 여러 가지 단점에도 불구하고 이 같은 방식의 용어 제정 방법은 성공을 거두고 있다. 인도유럽어족에 속하는 여러 언어에서는 특정한 형태론적 구성, 즉 그리스어와 라틴어에 바탕을 둔 복합어 형태를 차용어에 활용하고 있다. 그러나 '국제적'으로, 또는 보다 엄밀하게 말해 '여러 언어 사이에' 나타나는 특성이 없는 다른 용어들도 이와 동일한 기회를 가진다. 물리학의 경우, 영어에서 '스핀(spin)'이나 '쿼크(quark)' 같은 신조어로 표기되는 존재의 부류는 여러 언어에서 'spin'과 'quark'라는 기호로 정확하게 지시된다. 이들 기호는 '-on'으로 끝나는 학술적 형태(예: '전자(electron)', '중성자(neutron)', '양전자(positron)' 순열, '뮤입자(muon)', '파이중간자(pion)' 등)처럼 효과적으로 기능하지만, 'spin'은 일반적인 영어 단어에서 따온 것이고 'quark'는 문학작품에 나온 표현이다. 'quark'는 소설가 조이스(J. Joyce)가 만든 단어로, '아무 것도 의미하지 않는 단어'라 어의가 최대한 모호하기 때문에 선택되었다.

그러나 출발어가 곧 수용어인 경우도 많으며, 이 경우 새로운 언어적 형태로 새로운 개념을 지칭하기 위하여 신조어에 의존하게 된다. 이 용어는 한 언어 안에서 새로운 어휘적 형태를 만들어내는 과정을 지칭할 때만 사용된다. 기존의 어휘군을 사용하는 구(句)의 경우 언제나 새로운 언어적 형태로 인정받는 것은 아니지만, 이와 같은 비어휘적 형태도 전문용어에 포함하여야 한다. 이러한 관점에서 볼 때, 번역단위와 전문용어 단위는 유사한 '초어휘적' 지위를 가진다. 이들은 언어의 부호가 아닌 중간언어, 그리고 전문용어의 부호에 속한다.

신조어학(neology)은 상대적이고 실용적인 어휘론적 개념이며, 따라서 언어학적 개념에도 해당된다. 개념의 새로움 여부가 중요한 전문용어학에 이를 적용하면 또 다른 개념이 되며, 이 경우 신조어학과 구분하여 '신용어학(neotermy)'과 '신용어(neoterminism)'라는 개념을 사용하여야 한다. 신용어 중에는 새로운 어휘로 만든 신조어도 있고 그렇지 않은 용어도 있다.

신조어학은 어간 또는 어근을 체계화한 학문인 형태론에서 연구된다.[3] 접두사와 접미사의 첨가 및 복합어와의 조합은 각 언어별로 경험적 서술에 따라 달라지며, 일부 경우에는 관련 메커니즘에 대한 가설에 따라 달라지기도 한다. 경험적 서술의 경우, 체계를 통시적 또는 공시적으로 관찰하는 한편 다수의 불규칙 사례를 관찰함으로써 규칙을 추출하여야 한다. 이는 귈베르(L. Guilbert)의 『La Créativité Lexicale』(어휘적 창조성, 1975)에 예증되어 있는데, 이 책에서는 생성문법 패러다임 안의 특정 가설을 활용하여 관련 과정에 대한 규칙 기반의 구문론적 서술을 제공하고자 시도한다.

전문용어학자들에게 이 저작이 가지는 유용성은 명확하다. 언어적 형태뿐만 아니라 해당 형태에서 가정하는 어휘의 규칙성(예: '결정자-한정사' 관계)과 관련해서도 그러하다. 이 단계에서는 특정한 분석만이 가능하다. 여기서 심각하게 결여되어 있는 것은 전문용어 작업이 가장 활발하게 전개되고 있는 언어군에서 나타나는 단어 형성의 형태어휘론적 과정과 대조되는 대규모의 비교 형태론이다. 그러나 그 차이는 그리 많지 않을 가능성이 높다.

수많은 전문용어 단위를 만들어내는 약어화 절차에 대해서는 언어학자들이 진행한 연구가 드물다. 일례로 '레이더(radar)'는 영어에서 형성된 어휘로, 이후 국제적 용어로서의 지위를 확보하였다. 이와 같은 어휘는 새로운 의미론적 작용 없이 형식적으로 새로운 기호를 만들어내는 독창성을 입증한다. 약어화 과정은 복수의 단어로 구성된 전문용어적 기능을 가지는 명칭을 차용한 다음 머리글자나 첫 음절, 또는 이들의 조합을 추출하여 새로운 용어로 만드는 작업으로 이루어진다. 구체적인 사례는 다음과 같다.

BCG = 바실루스 칼메트-게링(Bacillus Calmette-Guérin)
radar = 무선파 검출 및 거리 측정(radio detecting and ranging)
maser = 유도방출에 의한 마이크로파 증폭(microwave amplification by stimulated emission of radiation)

관련 경험이 없는 이들에게 이러한 형태는 특정한 동기를 가진 것이 아니라, 추상성을 위해 전문용어 단위의 극대화된 명료성을 희생하는 것으로 보인다. 이러한 기법은 기업, 기관, 조직, 학회 등의 고유명을 만들 때 자주 사용되며, 그 결과물로 탄생한 약어는 해당 약어를 이해하는 데 상당한 어려움을 겪는 사용자들로부터 자주 비판을 받는다. 그렇기 때문에 약어만을 다루는 사전도 존재한다.

과학 분야, 그리고 특히 기술 분야에서는 (영어, 프랑스어, 이탈리아어, 스페인어 등) 여러 언어의 전문용어 단위는 명사구의 형태를 취한다. 하나의 요소, 명사 또는 명사구, 그리고 하나 이상의 형용사나 전치사 보어로 구성된 결정자로 언제나 구조가 일정하다. 프랑스어에서는 de, à, avec 등의 전치사로 시작되는 경우가 많다.

구나 복합명사의 경우에도 구조는 동일하다. 언어의 형태적 자유에 따라 복합어의 형태를 띠기도 하고, 글자나 음소, 음절을 보다 길게 사용한 구의 형태를 취하기도 한다. 이러한 의미에서 형태적 자유가 제한된 현대 프랑스어는 독일어와 극명한 대조를 이루지만 영어와는 그 정도가 덜하다.

이와 관련된 구체적 사례는 다음과 같다.

facteur de transmission = Transmissionsgrad = transmission factor [투과율]

filtre de contraste = Kontrastfilter = contrasting filter [명도대비 강조 필터]

filtre neutre = Neutralfilter = neutral filter [중립 필터]

flèche de vent = Windschaft = wind shaft [풍축]

foudre globulaire = Kugelblitz = ball lightning [구상번개]

front anabolique = Anafront = anafront [활승전선]

front catabolique = Katafront = catafront [활강전선]

이들은 어휘구조와 형식구조가 모두 유사하다. 단, 영어와 독일어에서는 결정자가 먼저 나오고 프랑스어에서는 중심어가 먼저 나온다는 차이점이 있다. 여기서 흥미로운 사실은 독일어의 경우 중심어가 결정자와 직접 연결되어 복잡한 어휘단위를 구성한다는 점이다. 독일어 용어는 응집력과 경제성이 높지만 동기부여가 적다. 독일어의 'Anafront'는 'ana'의 뜻이 모호한데다 'front'도 다의성으로 인해 마찬가지로 뜻이 모호한 관계로 명확하고 고유하게 설명이 이루어지지 않는다. 반면 프랑스어의 'front anabolique'에서는 형용사 'anabolique'가 'front'의 모호성을 제거하여 용어의 의미를 명확하게 해준다.

경제성의 원칙과 상대적 동기부여의 원칙 사이의 균형이 (비록 언어별로 차이는 있지만) 어휘화된 전문용어 단위의 비율을 결정한다.

이 모든 언어 내부적 절차는 특정 언어의 어휘체계에 이질적인 어휘를 비교적 쉽고 완전하게 통합하는 '차용'과 대비된다. 언어 외부에서 차용하거나 해당 언어의 통사형태 체계를 통해 만들어낼 수 있는 새로운 형태를 사용하는 대신, 기존의 형태를 사용하여 전문용어적 수요를 충족시킬 수 있다. 단순하거나 복잡한 어휘형태를 특정한 개념에 귀속시키는 작업은 내부적 전문용어 차용의 변형이다. 이러한 기법은 형태상 경제적이지만, 각 용어의 단의성이라는 (종종 간과되지만 중요성이 높은) 규칙을 위반한다. 각 주제분야의 맥락에 의해 모호성이 제거된다는 측면에서만 효과가 있는 기법이다.

일례로 '하드웨어(hardware)'와 '소프트웨어(software)'라는 기발한 명칭이 붙은 개념을 프랑스어로 지칭하는 과정에서, 처음에는 영어의 'hardware'와 'software'를 직접 차용하였다. 이들 용어만큼이나 기발한 동류어인 'quincaille'과 'mentaille'을 제안하는 등 여러 차례의 시도가 이루어진 후, 프랑스의 전문가들은 최종적으로 'matériel'과 'logiciel'을 택했다. 'matériel'은 여러 맥락에서 이미 사용되는 다의어이지만, 이러한 맥락은 이 분야에서 전문가들이 사용할 개념의 명칭에는 영향을 미치지 않는다. 비전문가들은 이러한 신조어를 이해하지 못했지만, 'matériel'의 내부적 차용에 따라 거짓된 이해가 이루어졌다. 천문학의 'étoile'(별), 전자공학의 여러 단어, 그리고 보다 분명하게는 부르바키(N. Bourbaki)의 수학 전문용어 'treillis'(격자), 'anneau'(고리), 'pavé'(조약돌) 등 일반어휘에서 파생된 관계로 비전문가의 상상력을 엉뚱한 직관적 방향으로 돌리는 용어들의 경우와 마찬가지이다.[4]

용어의 기능을 하도록 선택된 단어가 다의성을 가지는 경우, 그 의미(sense)의 선택은 암시적으로 이루어진다. 반면 단의적이거나 다의성이 적은 단어는 의미가 변하는 경우가 많지만, 이러한 변화는 반드시 필요하지 않다. 의미론적인 관점에서 전산 분야 용어인 'matériel'은 'matériel'의 여러 의미에 포함되어 "...을(를) 목적으로 사용되는 일련의 물체, 도구, 기계" 등으로 정의될 수 있다. 다른 기술 분야 전문용어체계의 경우, 대상의 정밀한 부류를 나타내는 용어는 'matériel'에 결정자를 더한 형태로 구성된다(예: matériel roulant, matériel d'exploitation agricole). 전산 분야에서 'matériel'을 결정자 없이 사용하는 경우도 이와 유사한 전문용어적 지위를 가진다.

표준화된 용어 또는 표준화되지 않은 용어가 중요한 용례 영역에 위치한 개념과 일단 연결되면, 이후 개념이 진화하거나 개념체계가 변화하더라도 해당 개념의 명칭으로서 존속 가능하다. 과학기술의 역사를 살펴보면 개념 자체는 상당한 변화를 겪어도 해당 개념을 지칭하는 용어는 안정적인 지위를 누리는 사례가 많다. 이 경우 갱신의 책무를 담당하는 것은 바로 정의이다. 정의로 구성된 일관성 있는 코퍼스는 일련의 개념 또는 특정한 실제 사회영역을 지칭하는 순간 전문용어학적 대상이 된다.

개념과의 관계에서 용어가 가지는 상대적 안정성은 상당한 부조화를 초래한다. 따라서 기능적·서술적 기준을 포함한 복잡한 기술적 개념을 대표하는 기구는 다른 특징이 모두 변하더라도 그 기능적 특징은 그대로 간직할 수 있다. 일례로 프랑스어의 어느 자동차 관련 용어의 경우, 그 연관관계는 더 이상 이해되지 않지만 해당 표현 자체는 그대로 사용된다. 'vis platinée'(끝부분)는 원래 'vis de cuivre à bout platiné'(끝부분이 백금으로 된 구리 나사못)으로 정의된 대상의 축약된 형태인데, 그 기능을 제외하고 개념 전체가 변했지만 지금도 해당 개념을 지칭하는 용어로 사용된다. 과학 분야에서는 개념이 모델에 크게 의존하며, 모델은 이론에 따라 변화한다. 단어의 의미는 변하지 않더라도, 그러한 단어가 지칭하는 과학기술 개념은 더 이상 같지 않다.

2) 판단과 태도

화자는 발화행위 과정에서 언어의 형태론적 체계가 가지는 내부적 수단을 사용한다. 언어의 다른 요소와 마찬가지로, 신조어의 어려움, 변칙성, 불규칙성으로 인하여 사회적·문화적 태도에 영향을 받은 판단이 이루어진다. 이러한 판단은 용어체계의 생산성을 개선하거나 저해할 수 있다. 명명 과정에서 체계성이 떨어지는 경우가 많은 차용어 및 고유명 자체가 전문용어 수요를 충족하는 과정에서 주요 요인으로 작용하지만, 이들에 대해서는 알려진 바가 훨씬 적다. 이렇게 암시적이거나 명시적인 가치판단은 표준의 구성에 있어 객관적, 규범적, 역동적 요소가 되며, 전문용어학, 특히 표준화 문제와 관련하여 이를 간과하여서는 안 된다.

이러한 판단은 용어의 외적 형태, 도식적·음성적 구조, 음절의 수, 쾌음 또는 불쾌음을 지칭한다. 이 같은 판단의 이유는 미학적인 이유에서 기능적인 이유까지 다양하다. 일례로 프랑스어에서는 '디자인(design)'을 발음하기가 어렵다. 이러한 판단은 어휘적·어법적 행태의 규칙성에 대한 낙관적 가설에 따른 '일관성'을 바탕으로 한다. 일례로 그리스어와 라틴어의 혼성어인 'hydrofuge'와 'hydrosoluble'이 프랑스어에서 점차 받아들여지고 있는데, 이는 'hydro-'가 그 기원에 있어서 중립적인 요소가 되었기 때문이다. (식자층에서는 경악스럽다는 반응을 보이지만) 'acqua-'와 'hydro-'는 동일한 기능을 수행하는 경향을 보인다. 'télé-ensignement'(원거리 학습)과 같은 복합어에도 동일한 원리가 적용되는데, 'télé'가 가지는 이중의 의미를 대다수의 사용자가 수용하고 있다. 고전학 전공자에 비해 공학자의 수가 압도적으로 많기에 이러한 의견차는 해소가 가능할 것으로 보인다.

개념에 대한 용어의 적합성, 그리고 형태의미론적 규칙에 대한 순응성을 바탕으로 한 기준은 더욱 강력하다. 많은 차용어가 비판을 받지만 그 형식구조는 수용되고 있다. 일례로 영어에서 차용된 언어학 용어 'génératif'는 어의 차용어이다. 프랑스어에는 이미 'générateur/-trice'라는 표현이 존재하며, 이들 표현을 대신 사용할 수도 있었을 것이다. 그러나 해당 분야에서 미국의 텍스트가 가지는 무게로 인해 프랑스어 용어의 형성이 좌절되었다. 영어의 'falsify'는 '불순물을 섞다', '위조하다', '조작하다'라는 뜻 이외에도 '무언가가 잘못되었음을 증명하다'라는 의미도 가진다. (프랑스어 동사 'falsifier'의 의미는 전자에 해당한다.) 그러나 포퍼(K. Popper, 1950)의 연구로 인해 인식론에서 'falsification'(허위 여부 입증)이라는 개념이 가지는 중요성이 커지게 되었다. 이후 'falsification'은 그 취약성이 지적되었던 'verification'을 대체하는 개념으로 자주 사용되었다. 프랑스어에서 포퍼(K. Popper)의 개념을 표현하기에 최적은 아닐지 몰라도 가장 쉬운 방법은 영어 단어를 차용하는 것이었다.

공식 표준화 기관에서는 규범적 판단을 제도적 결정으로 전환할 수 있다. 그러나 이러한 판단이 이루어진 후 전문직 및 전문가 집단에서 제안된 용례를 실제로 수용하기까지의 과정에는 오랜 시간이 소요된다. 하지만 긍정적이건 부정적이건 간에, 일부 판단 및 결정은 실질적인 효과가 있다. 프랑스어의 'ordinateur'는 무수한 논쟁에도 불구하고 'computer'나 'computeur'를 누르고 '컴퓨터'를 의미하는 용어로 자리 잡았지만, 전자공학 분야에서 이미 특정한 기능을 가지고 있는 'calculateur'나 'calculatrice'가 더욱 적합했을 것이다. 한편 광물질의 화학적 성질을 지칭할 때도 사용되어 모호성을 가지는 용어인 'pétrochimie'는 'pétrolochimie'에 자리를 내주지 않고 있으며, 'bulldozer'(프랑스어 구어체에서는 'le bull'로 지칭)는 별다른 타격 없이 프랑스어 고어 표현인 'bouter'(밀어내다)에서 파생된 공식 명칭 'bouteur'에 저항하고 있다.

사회언어학자들은 여전히 용어의 수용 또는 거부를 결정하는 법칙을 확립하지 못하고 있다. 이들은 언어학·심리학적 요인 및 특수 요인뿐만 아니라 담화 통계에서 도출한 보고서를 바탕으로 한 연구결과를 제시하고 있다. 주제분야 내 담화를 형성하는 기술자 및 공학자는 그 수가 10명이건, 10만 명이건 간에 수십 명의 전문용어학자 및 언어순화주의자보다 큰 비중을 차지한다. 특히 전문용어학자 및 언어순화주의자들이 효과적인 개입 수단을 가지고 있지 않은 경우에는 더욱 그러하다.

미주

1. 21세기 초에 다무레트와 피숑(J. Damourette & E. Pichon)은 용어집에서 직접 수집한 전문용어로 7권 분량의 프랑스어 문법서를 발간하였다.

   참조: 다무레트와 피숑(1983).

2. 엥글러(R. Engler)는 소쉬르(F. de Saussure)가 사용한 전문용어에 대한 상세 연구를 수행하였다.

   참조: 엥글러(1969); 라플랑쉬와 퐁탈리스(J. Laplanche & J. Pontalis, 1967). *Le vocabulaire de la psychanalyse*. Paris: PUF.

3. 프랑스어의 형태론적 조어 과정은 하츠펠트(A. Hatzfeld), 토마스(A. Thomas)와 함께 집필한 사전의 서문에서 다르메트터(A. Darmesteter)에 의해, 그리고 『Grand Larousse de la langue française』(라루스 프랑스어 대사전)의 서문에서 귈베르(L. Guilbert)에 의해 제시되었다.

   추가 참조: 미테랑(H. Mitterand, 1972).

   영어 조어 과정에 대해서는 마샨트(H. Marchand, 1969) 참조. 니다(E. Nida, 1970)는 인도유럽어족 및 아메리카인디언어족에 속하는 여러 언어의 형태를 비교하였다.

4. 부르바키(N. Bourbaki)는 다양한 공리적 개념을 명명한 프랑스 수학자 집단이 함께 사용한 필명이다.

John Benjamins Series

02 Essays on Terminology

7장

전문용어학과 사전편찬학

사전편찬학과 전문용어학을 정의하기 위해서는 두 학문의 실용적·교훈적 목적은 물론 각각의 영역을 구분할 필요가 있다. 이 글에서 필자는 먼저 사전편찬학의 특성을 간략하게 살펴보고 이 주제에 대한 몇 가지 고찰을 제시하고자 한다. 다음으로는 '전문용어학'이라는 단일 명칭 하에 혼동되는 경우가 많은 전문용어학(terminology)과 전문용어집 편찬(terminography)의 특성을 논의하며, 마지막으로 두 분야를 비교하고자 한다. 이들간의 차이점과 유사점을 짚어봄으로써 두 분야를 보다 명확하게 구분할 수 있으리라고 본다.

1. 사전편찬학의 특성

사전편찬학은 일단 응용과학에 속한다. 모든 응용분야와 마찬가지로 사전편찬학도 (인류학에 대하여 레비스트로스(C. Lévi-Strauss)가 표현했던 것처럼) '수공기술(handicraft)'에 가까운 학문이며, 이는 부정적인 의미가 아니다. 수공기술은 이론·응용에 대한 요구를 모두 만족시켜 유용한 결과물을 만들어낼 수 있는 가장 경제적이고 효과적인 방법이다. 다른 수공기술과 마찬가지로 사전편찬학에서도 '나사와 볼트'에 비유할 수 있는 기본적 도구로 작업한다. 그렇다고 하여 이러한 기본적 도구가 다는 아니며, 훌륭한 이론도 일부 존재한다. 하지만 이들 이론은 상호간에 조화가 필요하며, 따라서 수행해야 할 작업에 맞게 이용 가능한 수단을 조정하여야 한다. 이들 이론을 실무적 요구사항, 즉 사용자의 요구에 맞춰 조화시켜야 하는 것이다. 출판사에서 근무하는 사전편찬학자의 경우, 여기에 수입을 올려야 할 필요성도 더해야 한다. 돈이 되지 않는 사전은 가치를 인정받지 못할 것이며, 가치를 인정받지 못한다면 중요한 사회적 필요에 대응하지 못할 것이다. 사전의 사회적 유용성을 확립하려면 이러한 과정을 거쳐야 한다. 필자가 수공기술을 언급한 것은 바로 이러한 이유에서이다. 수공기술이라고 하여 이론적 발전이 아예 배제되는 것은 아니다. 레비스트로스가 훌륭하게 입증한 것처럼 수공기술을 다루는 이론도 따로 존재하기 때문이다.

1) 사전 - 사전편찬학

이들 두 용어 뒤에는 다양한 실체가 숨어있다. 이 중 첫 번째는 모두가 명확하게 이해할 수 있는 대조이다. 단일어 사전과 2개 국어·다언어 사전은 별개의 목표를 이루기 위해 상이한 생산방법이 사용됨을 암시하는, 서로 상당히 다른 두 가지 실체를 대표하고 반영한다. 전문용어학은 두 가지 실체 모두에서 입지를 확보하고 있으나, 각각의 실체에서 직면한 상황은 매우 다르다. 여기서는 2개 국어 또는 다언어 사전의 존재를 언급하는 것만으로 종종 연구되는 두 가지 관계, 즉 번역학과 사전편찬학, 그리고 번역학과 전문용어학의 관계를 환기시킬 수 있을 것이다.

또 하나의 중요한 대조로 일부 사전에서는 언어의 기능적 총체를 다루거나 다루고자 한다는 점을 들 수 있다. 즉, 촘스키(N. Chomsky) 이론에서 설명한 바처럼 해당 언어로 된 문장을 무제한으로 만드는 데 필요한 것을 사용자에게 제공한다는 것이다. 이는 '일반사전' 또는 '언어사전'으로 분류되는 사전이 존재함을 의미한다. 이와 반대되는 유형으로는 문법적 단어, 핵심적 기능동사, 일상적 단어 체계가 결여되어 있어 사전의 내용으로부터 담화를 생성하기가 불가능한 사전이 있다. '전문사전'에 해당하는 이들 사전은 그 자체로 매우 다양한 특성을 가지고 있으나 전문용어학에 대해 가지는 중요성이 무척 크다. 정신분석학, 사회학, 콘크리트 생산, 민물낚시, 나폴리식 요리법 등에 대한 사전을 찾아볼 때면 언제나 사전, 용어집, 어휘집에서 특정한 주제분야를 확인할 수 있다. 이들 사전에 등재된 전문용어를 사용하여 해당 언어의 문장을 구사하기란 불가능하며, 대신 주제별로 통합된 일련의 명칭을 습득할 수 있을 뿐이다. 이러한 전문화에 따라 정의 방식, 예시 방식, 더 나아가 사전 본문의 일반적 효율성 자체가 완전히 달라진다. 마지막으로 한 언어에 대해 해당 언어나 다른 언어로 해설하는 사전이 있다. 첫 번째 경우는 대다수의 단일어 사전에 해당하는데, 여기서는 메타언어가 대상언어와 동일한 언어적 내용을 가지게 되어 여러 가지 난점과 간섭이 초래된다. 두 번째 경우에는 메타언어가 대상언어와 다른데, 2개 국어 사전이 여기에 해당한다. 인지도가 비교적 낮은 사전 유형인 민속학 사전도 마찬가지이다. 문자를 아예 사용하지 않아 사전편찬학적 설명이 없는 언어를 사용하는 민족에 대해 영어나 프랑스어처럼 일반적으로 널리 알려진 언어로 서술하며, 그 내용이 상당히 전문용어학적이라는 점에서 흥미로운 사전 유형이다.

프랑스 국립과학연구소(CNRS)는 카메룬 북부 아카 족의 피그미 문화에 대한 훌륭한 사전을 후원해왔다.[1] 이 사전의 내용은 첫째로 해당 민족이 사용하는 언어를 서술한다는 점에서 사전편찬학적이고, 둘째로 뷔스터(E. Wüster)의 『Dictionary of Machine Tools』(기계도구사전, 1968)와 동일한 방식으로 명명 대상에서 시작하여 언어의 실체를 설명한다는 점에서 전문용어학적이며, 마지막으로는 문화를 설명하는 사전이라는 특징을 가진다. 그러므로 이 사전은 사전편찬학적 기능, 전문용어·백과사전적 기능, 문화적 기능이라는 세 가지 기능을 가진다.

그렇기 때문에 사전편찬학적 실체는 여러 가지 모습을 가지고 있다. 다양한 지식분야에 의존하며, 전문용어학과 밀접한 관계가 있다. 어휘론을 넘어 언어학 전반에 대해서도 분명한 의존성을 가진다. 이러한 점이 중요한 까닭은 사전편찬학만으로는 다룰 수 없는 영역인 음성학, 음운론, 구문론, 어법론에 해당하는 요소들을 고려에 넣지 않으면 (제한적인 사전이나 전문사전을 포함한) 그 어떤 사전도 편찬이 불가능하기 때문이다. 또한 내용(즉, 기의)에, 이를 통해 개념에, 그리고 마지막으로 개념을 통해 대상의 부류와 대상 그 자체에 관심을 가짐(어의론적 접근법)으로써, 사전편찬학은 소쉬르(F. de Saussure)가 주창하여 널리 알려진, '기호'로 하나가 되는 '기표-기의' 쌍에서 멈추는 어휘론보다 한 발 더 나아간다. 따라서 사전편찬학은 어휘론보다 이 방향으로 더 나아가기에 단순히 어휘론의 응용분야로 볼 수 없다. 사전편찬학은 그 자체로 언어학을 초월하는 응용언어학의 한 분야이며, 바로 이 점에서 전문용어학 실무와 공통점을 가진다.

사전편찬학의 특성에 대한 세 번째 관찰은 그 방법론의 발전과 관련이 있다. 여기서도 사전편찬학과 전문용어학의 관계는 명확하다. 이 분야에서는 두 차례의 혁명적 발전이 있었는데, 첫째는 르네상스 시대에 이루어진 인쇄술의 발명이고, 두 번째는 최근 30~40년 사이에 일어난 컴퓨터 기술의 발달이다. 인쇄술이 발명되기 전까지 사전의 편찬이 불가능했음은 분명하며, 언어와 전문용어 및 그 개념적 내용에 대해서도 인쇄술 발명 이후처럼 설명할 수 없었다. 이는 인쇄술 발명 이후 인간의 뇌가 이전과는 다른 방식으로 기능하기 시작했기 때문이 아니다.

마찬가지로 컴퓨터 기술의 도입이 인간의 정신작용에 영향을 미친 것이 아니라, 그 반대로 인간의 뇌 기능을 모방하고자 신경생리학에서 차용한 절차를 활용한 것이다. 컴퓨터 기술이 이러한 목표를 달성하기까지는 아직 갈 길이 멀지만, 서서히 부분적으로나마 성공을 거두고 있다. 컴퓨터 기술로 인한 이 같은 변혁은 사전편찬학과 전문용어학에 동일하게 영향을 미치고 있으며, 인쇄술이 가져온 변혁과 동등하거나 그보다 더 큰 중요성을 가진다.

사전편찬학적 산물의 내용을 열거하자면 지나치게 길어질 것이다. 사전의 유형 분류체계는 너무나도 복잡하며, 세계사를 통틀어 편찬된 사전의 수는 그야말로 엄청나다. 사전편찬학은 오랜 역사를 가진 세속적 활동이며, 내용의 복잡성, 사회언어학적 변형, 이론적 접근법, 다뤄지는 대상이 너무나 다양하기 때문에 발생적인 특성을 가지는, 즉 스스로 대상을 만들어낼 능력이 있는 극히 개방적인 유형 분류체계로만 나타낼 수 있다는 점을 기억해야 한다. 여기서는 전문사전, 그리고 어휘목록을 주제로 한 졸저에서 제시했던 필자의 발생적 유형 분류체계만을 소개하고자 한다.[2]

2. 전문용어학의 특성

사전편찬학과 마찬가지로 전문용어학도 응용과학이며, 서로 다르지만 상호 연결된 세 가지 개념적 특징을 가지는 학문이라고 본다. 전문용어학은 인지적 응용과학으로, 이러한 특징을 가장 먼저 언급한 것은 다른 모든 특징을 연결하는 역할을 하기 때문이다. 또한 전문용어학은 언어적 응용분야인 동시에 사회적 응용분야이다.

뷔스터(1968)가 체계화한 인지적 측면은 전문용어학이 가지는 과학적 차원의 근간이다. 필자는 진정한 의미에서의 뷔스터 학파는 아니지만, 보기 드문 선견지명을 가지고 명료하게 전문용어학의 내용을 확인, 명명, 설명한 뷔스터에게 기꺼이 경의를 표하고자 한다. 물론 뷔스터의 기본적 신조 중 일부에 대해 의문을 제기할 수는 있겠지만 말이다. 주제분야에 따라 달라지는 이러한 인지적 측면은 언어적 측면을 사회적 측면과 연결시키기에 무척이나 중요하다. 이처럼 지배적 특성을 나타내는 인지적 측면에 대한 지향성이 없었다면 전문용어학은 사전편찬학의 하위 분야에 불과했을 것이다. 반대로 인지적 측면의 이 같은 우세로 인해 전문용어학은 독자적 입지와 명칭, 그리고 자체적인 방법론 및 교수법을 가질 권리가 있다고 본다. 전문용어학은 다른 이론이나 활동인지적 측면이 이렇게 우세하지 않다면 전문용어학은 사전편찬학의 한 장에 불과할 것이다. 그러나 이러한 우세함으로 인해 전문용어학은 자체의 교육 방법과 기술은 물론 독자적 지위와 명칭을 가질 권리가 있다고 믿는다. 전문용어학을 다른 이론이나 활동의 일부로 포함시켜서는 안 된다. 필자는 한 분야가 다른 분야에 일방적으로 영향을 미치는 경우는 없으며, (논리학에서 '이행성 대칭관계'라고 부르는) 상호적인 영향만 존재한다고 본다.

전문용어학의 사회적 측면은 다른 두 측면과 분리할 수 없다. 인간사회에서 지식의 발전은 해당 지식의 전달을 목적으로 한다. 지식은 철학자, 논리학자, 수학자와 같은 개념의 창조자, 과학의 실체를 관찰하여 추상화하는 창조자(즉, 생물학, 지질학 등 자연사를 만들어가는 연구자), 마지막으로 예술 및 공예 분야의 실용적 창조자에 의해 만들어진다.

일반의 믿음과 달리 기술은 하나 또는 여러 과학 분야의 응용에서 발생하는 것이 아니다. 기술의 한 형태인 사전편찬학의 경우에서 이 같은 점을 확인할 수 있다. 반면 과학은 기술에서 만들어진 추상개념으로부터 발달하는 경우가 많은데, 이는 사회, 즉 인류가 자연의 한계를 극복하기 위해 내놓는 첫 번째 대응이 바로 기술이기 때문이다. 인간이 생존하려면 기술을 개발해야 한다. (물론 고도로 발달된 몇몇 기술은 오히려 인간의 생존을 방해하기도 한다.) 이러한 첫 번째 단계를 거친 다음에야 이타적인 지식, 즉 과학에 대해 생각할 여유가 생긴다. 일찍이 신석기 및 구석기 인류는 일련의 기술적 활동을 학습하여 숙달한 다음에야 각 활동에 대한 이론을 개발할 수 있었다. 이론과 응용 사이의 관계에 대한 글은 무척이나 많지만, 응용이 이론을 앞서 이루어진 중요한 예로 위의 사례를 꼽을 수 있을 것이다. 그러나 필자는 모든 응용 뒤에는 이론이 숨겨져 있다고 믿는다. 또한 고대 인류의 뇌가 유인원의 뇌를 능가할 수 있었던 이유는 기술에 대한 지향성으로 인해 개념화가 가능한 요소들이 실제로 개념화되기 전에 해당 요소들을 미리 전제로 했기 때문이리라고 본다. 개념화 과정은 행동에서 기술로, 기술에서 과학으로 이행할 수 있게 해주는 원동력이다. 개념화 과정은 이 방향으로 진행되며, 역사상 다른 방향으로 간 사례가 없다. 이러한 첫 번째 움직임 이후 과학에 자체적인 응용분야가 생기는 것도 사실이다. 그러나 일반화된 상대성 이론과 핵물리학 이론이 원자폭탄보다 먼저 등장했기에, 기술이 과학의 응용분야라는 착시현상이 생긴다. 이는 매우 상이한 사물들을 결합하고 관계를 부여하기 위하여 과학이 가끔씩 예외적인 힘을 발휘하는 몇몇 경우에만 해당된다. 그러나 개념화 과정이 원래는 이러한 방향으로 진행되지 않는다는 점은 확실하다. 전문용어집 편찬, 과학 이론 관련 교육 등 전문용어학의 응용분야에서 이러한 순서를 확인할 수 있다.

인지적, 언어적, 사회적 과정이 연계된 학문인 전문용어학은 명명, 언어, 개념화 활동이 나타나는 순간 활성화된다. 전문용어학은 20세기의 발명이 아니라 선사시대에도 존재했던 분야라고 필자는 믿는다. 실제로 전문용어학의 역사는 사전편찬학만큼이나 길다. 오늘날 전문용어학이 가지는 의미와는 아마도 다른 점이 있을 것이나, 그 기능의 기본적 토대는 동일하다. 하지만 이상하게도 전문용어학은 19세기에 와서야 인정을 받고 별도의 명칭을 획득할 수 있었다. 프랑스에서 전문용어학을 의미하는 단어 'terminologie'는 1830년대와 1840년대에 처음으로 발생하였다. 당시 영어 단어 'terminology'는 'technology'와 거의 완벽한 동의어로 사용되었다. 이전부터 존재하는 단어였지만 의미는 달랐다. 아무도 이해하지 못하는 단어의 사용, 즉 '특수용어(jargon)'와 동의어로 통했다. 퀘벡, 벨기에, 스위스, 프랑스 등 프랑스어가 통용되는 국가에서 수십 년간 사용된 끝에, 'terminology'라는 단어에 원래 있었던 부정적 의미는 사라졌다. 전문용어학이라는 명칭 자체는 19세기에 생겨났지만, 학교 및 대학에서 인정받는 과목이자 확인 가능한 연구 분야로 조직화된 것은 최근의 일이다. 이러한 점에서 전문용어학은 무척이나 젊은 학문이지만, 이미 구시대의 유물이 된 사상구조, 즉 17~18세기에 발전된 개념체계에 의존해야 하는 모순적인 상황에 처해 있다.

전문용어학 이론 및 방법론에 대해서는 앞에서 이미 언급한 바 있다. 이 주제에 대해 자세히 논의하지는 않을 것이나, (자동화된 것을 포함한) 전문용어학의 목표 및 방법이 다뤄지는 대상의 특성에 대한 이론적 기반과 의견을 흡수하거나 무효화해서는 안 된다는 점은 지적해둘 필요가 있다. 반면 이론을 통해 교육과 응용을 촉진하는 '공식'을 찾을 수 있다는 환상에 빠져서도 안 될 것이다. 실제 응용은 단순히 몇 가지 공식만으로 이루어지지 않는다. 만약 몇 가지 공식만으로 응용이 가능하다면, 이는 전문용어학이 레시피에 적힌 공식을 따르는 요리법보다 덜 발달되었다는 의미가 될 것이다. 정교한 수공기술인 요리법은 하나의 기술(art)이기도 한 반면 전문용어학이 요리법 같은 기술로 발전할 가능성은 희박하기에, 이러한 견해도 어떤 관점에서는 정당화가 가능하다. 요리 '공식'이라는 표현을 들으면 다소 부정적인 몇 가지 특징을 떠올리게 된다. 요리에서의 공식은 언제나 결과물을 만들어내는 즉석의 과정이므로 순수한 형태의 수공기술에 해당한다. 그러나 특정한 상황에서, 그리고 구체적인 활동을 위하여 요리 비법을 제공하는 능력은 그 자체로 해를 끼치지 않는다. 또한 필자는 원칙을 수립할 필요가 있다고 본다. 때로 이러한 원칙에서 공식이 생겨나는 경우도 있지만, 그 자체로는 문제가 없다. 하지만 불행하게도, 전문용어학에서의 '공식'은 (엄격하게 미리 정해진 사전편찬학에서의 공식과 마찬가지로) 요리로 치면 '소화가 안 되는 음식'과도 같은 형편없는 사전을 초래한다는 점을 필자는 경험을 통해 알게 되었다.

3. 전문용어학과 사전편찬학의 관계

전문용어학·전문용어집 편찬과 사전편찬학의 관계는 분명히 복잡하고 상호적이다.

첫째로 전문용어학적 사전편찬학은 전문언어(LSP)와 일반언어(LGP)의 개념을 바탕으로 한 특수 사전편찬학이다. LSP와 LGP 모두 상당 기간 동안 사용되어온 개념인데, 다음의 몇 가지 사례를 살펴보면 충분히 이해할 수 있을 것이다. 1694년에 유명한 이름을 가진 코르네이유(Th. Corneille)[3]가 프랑스어로 된 수공예 사전을 출간했는데, 이 사전은 같은 해에 처음으로 출간된 프랑스 학술원의 사전을 보완하였다. 당시 평민의 언어와 궁중의 언어를 포괄하는 '일반언어', 그리고 기술·과학 지식의 형성, 전파, 확산에 필요한 '전문언어'의 존재가 이미 명확하게 인식되고 있었다. 이후 19세기에 코르네이유보다 지명도는 훨씬 낮지만 그와 마찬가지로 기품 있는 신사였던 바레(M. Barré)가 대형 사전을 출간했는데, 이 사전 역시 1835년에 나온 프랑스 학술원 사전을 보완하는 역할을 하였다. 이 사전의 여러 부분은 1838년에서 1842년 사이에 편찬되었다.[4] 이 사전에 실린 많은 단어들이 이전까지는 프랑스어에서 확인된 바가 없었기에, 각 부분의 정확한 진행 일지에 대해서는 논란이 있다. 프랑스 학술원이 여전히 흥미로운 사전을 편찬하는 동안, 학술원 사전을 보완하는 또 다른 사전이 있었다. 안타깝게도 이 사전의 경우 널리 알려지지는 못했지만, 1878년판과 1932년판보다 나은 최신판이 나오는 등 개선이 이루어졌다. 프랑스 학술원의 1835년판 사전은 당시의 공예 및 과학에 대하여 엄격한 동질성을 유지하면서 작성된 자발적인 전문용어학적 서술로 보충되었다. 지식에서 명명 및 명칭 부여로 이행하는 데 관심을 두는 대신 일반언어 사전편찬학에 대한 전통적 관점을 고수했기 때문에, 이러한 접근법은 곧 이 사전의 약점이기도 했다. 그러나 이보다 훨씬 전에 다른 사전편찬자들도 이러한 접근법을 채택한 바 있었다. 1690년에 발간된 퀴르티에르(A. Furetiére)의 사전이 대표적인 사례로 떠오른다. 퀴르티에르는 분명 사전편찬자이자 소설가였지만, 동시에 전문용어학자이기도 하였다. 그는 자신에게 해를 끼치려 했던 프랑스 학술원과 맞서 싸우는 과정에서 작성한 논평에서 이 점을 분명히 밝히고 있다. 거대 조직인 학술원을 상대하면서 정직하지 않은 면모를 보였던 그는, 약간의 자기합리화를 추가하여 자신의 주장을 성공적으로 전달하였다. 일반언어 사전 중 최고의 반열에 오른 과학공예사전에서, 퀴르티에르는 프랑스 학술원 사전의 편찬을 담당하던 보글라(C. de Vaugelas)가 무심코 놓아둔 사전 항목 중 일부를 도용하였다.[6]

전문용어학과 사전편찬학의 관계는 이처럼 분명하며 오랜 역사를 가지고 있다. 서술의 대상이 대체로 유사하거나 동일하기 때문이다. 그러나 특정한 지식분야 또는 활동에 대한 지시체계(즉, 해당 지시체계가 암시하는 개념영역)는 전문용어학의 구체적 연구대상인 반면, 사전편찬학은 사회 안에서 단어가 하는 기능과 행동이라는 완전히 다른 문제에 관심을 가진다. 그렇기 때문에 두 분야 사이에 분업이 이루어지는데, 다양한 각도에서 대상을 바라보기는 하지만 대상 자체는 공통적이다. 사전편찬학에서는 어의론적인 방식을 취한다. 즉, 기호를 취하여 그 의미를 연구하고 궁극적으로는 이들이 나타내는 개념을 연구하는 것이다. 반면 전문용어학의 경우 개념에서 시작하여 기호에 도달한다고 주장하므로 명의론적인 입장을 나타낸다.

그렇다면 언어적 단위로 지시할 수 없는 개념이 과연 존재할 것인가? 이는 전문용어학적이라기보다는 철학적인 질문이다. 그러나 언어적 도구 없이 그러한 개념에 대해 논의하기란 불가능할 것이다. 여기서 던질 수 있는, 그리고 과학자들이 전문용어 체계를 구성할 때 스스로에게 하는 질문은 "여기서 이것에 어떤 명칭을 붙일 것인가?"이다. 어떠한 대상의 명칭은 아직 모르지만 이 대상이 이미 마음속에 있다면 개념이 형성된 것이다. 필자는 어느 물리학자에게 이러한 과정에 대해 설명하면서 다음과 같이 말했다.

> 선생께서는 지난 10여 년 동안 한 달에 세 번 꼴로 새로운 미립자를 발견해왔습니다. 명칭이 붙은 미립자의 수는 20년 전 10~15개에 불과했지만, 지금은 수백 개로 늘었지요.

이 물리학자는 필자에게 아래와 같은 답변을 보냈는데, 전문용어학 이론과도 상당한 관련이 있어 여기에 소개하고자 한다.

> 우리에게 미립자는 연속적인 통계 속에서 나타나는 변칙입니다. 핵물리학에서 통계적 관찰을 수행하는 경우, 계산결과 상에는 기본적인 변화로만 나타나는 변이가 발현되는 순간이 옵니다. 이러한 변이가 나타나며 다른 변이와 유사한 특성을 보이는 경우에는 반중성자 등에 원인을 돌리게 됩니다. 이렇게 하여 대상, 개념, 용어가 등장합니다. 이렇게 해사 대상, 개념 및 용어가 등장합니다. 이미 명명된 사실이 관찰된 변이의 원인이 될 수 없다고 보는 경우, 본인이 원하는 어떠한 방식으로든 개념을 명명할 수 있습니다.

언어에 이미 존재하는 단어를 이러한 현상에 귀속시킬 수 있기 때문에, 위와 같은 관찰은 전문용어학에서 그 중요성이 매우 크다. 물리학자 공동체 전체가 동의한다면 '어거스틴'이나 '아더'처럼 아무 이름이나 붙여도 무방하다. 이것이 바로 소쉬르가 말한 '기호의 자의성(arbitraire du signe)'이 가지는 진정한 의미이다. 그러나 새롭게 발견한 미립자를 상위어와 하위어로 구성된 특정한 명칭체계에 편입시키는 것이 커뮤니케이션에 보다 편리하다는 것은 주지의 사실이다. 화학에서 새로운 물질을 발견한 경우에도 동일한 문제가 나타난다. 복잡한 형태론적 구성이 고안되며, 커뮤니케이션을 위한 사회언어적 고려사항이 개입되면 복합어의 길이가 줄어들어 겉보기엔 단순해 보이지만 분석하기 어려운 단어로 변하는 경우가 많다. 안타깝게도 일반에게도 널리 알려진 단어가 된 '다이옥신(dioxine)'이 대표적인 사례이다.

또 다른 기본적인 차이점을 제시하면 이해가 더욱 쉬워질 것이다. 사전편찬학에서는 일반적으로 단일어만을 다루지만, 다언어를 함께 논의하기도 용이하다. 이 경우 비교연구의 형태로 작업하면 된다. 특수한 주제의 경우, 일련의 용어를 하나의 출발어에서 다수의 도착어로 번역함에 따라 다언어 작업이 이루어질 때가 많다. 이는 전문용어 작업물을 서로 비교할 때 주의 깊은 조사를 필요로 하는 과정이다. 단일어 전문용어집이 존재하기에, 사전편찬학에서는 흔하지 않은 이 같은 특수한 다언어 사용이 전문용어학에서 불가피한 일이 아님은 명백하다. 그러나 명의론적 접근법을 취하는 특성상, 전문용어학에서는 전 세계 모든 언어로 사상의 대상이나 대상의 부류를 지시할 수 있다.

언어 외적인 이유로 전문용어의 기원이 어느 시점에 특정한 언어에 유리하게 나타날 수 있다. 특정한 발명 또는 발견이 이루어진 국가나 지역에서 새로운 개념의 명칭이 최초로 만들어지기 때문이다. 20세기 후반에는 영어가 우위를 점하고 있는데, 이는 특히 미국이 상당한 수준의 연구개발과 개념 창안을 지원할 수 있는 경제력을 보유하고 있기 때문이다. 그러나 각각의 언어는 모든 대상을 명명할 수 있는 능력을 갖추고 있다.

4. 사전편찬학과 전문용어학 교육

이 같은 내용이 전문용어학 교육에 주는 시사점은 무엇인가? 사전편찬학과 전문용어학 사이의 대립과 상호적 함의로부터 어떠한 교훈을 얻을 수 있는가? 필자는 학습할 준비가 된 활동의 유형에 따라 다양한 형태의 훈련이 가능하다고 본다.

교육 방법에 따라 별도의 교육 프로그램을 도입하는 방안도 생각해 볼 수 있겠다. 그러나 자동화의 정도는 문제를 인식하고 전파하는 방식에만 영향을 미칠 것이다. 일례로 교육에 활용할 컴퓨터가 없는 환경에서 컴퓨터 기술에 기반한 교육을 제공하는 것은 터무니없는 일이 될 것이다. 컴퓨터를 이용할 수 없는 경우 전통적인 색인 방식이 여전히 유용하다. 전기 없이 컴퓨터를 사용하려 시도하기보다는 잘 관리된 컴퓨터를 이용할 수 없는 경우에는 잘 관리된 카드 색인을 활용하는 편이 낫다.

사회의 필요에 따라 교육도 변해야 하며, 이는 전문용어학뿐만 아니라 사전편찬학에도 해당되는 내용이다. 일례로 퀘벡, 카탈로니아, 바스크의 경우처럼 언어의 규칙화가 가장 중요한 요소가 될 수 있다. 또한 국내 및 국제, 기관 및 개인 등 환경에 따라 교육을 조정해야 한다. 그러나 전문용어학에 대한 모든 교육에서는 응용이 이루어지는 영역, 그리고 주제분야별로 다른 관련 지식이 공통적 핵심이 되어야 한다는 점도 마찬가지로 분명하다. 언어학적·어휘론적 특성을 가지는 이 같은 공통적 핵심은 변형이 불가능하며, 인지과학과 그 컴퓨터 응용이 공통적 핵심을 지원하는 역할을 한다. 미국에서는 '인지적 과정으로서의 언어(Language as a Cognitive Process)'를 주제로 한 체계적 과정이 개설되기 시작했으며, 이는 위노그라드(T. Winograd, 1983)의 책 제목이 되기도 했다. 언어에 대한 이 같은 접근방식은 전문용어학의 요건과 상당히 유사해 놀라웠다. 인지과학에 대한 이 같은 교육을 언어학 교육과 결합시킬 수 있을지, 그리고 가장 효과적으로 결합시키는 방법은 무엇일지 알아볼 필요가 있다. 이 두 가지 요소는 뗄레야 뗄 수 없는 관계이기 때문이다. 이 같은 관찰의 시사점은 번역학, 문서분류학, 사전편찬학에도 마찬가지로 유효하다. 그렇기에 일반적·추상적 전문용어학이란 존재하지 않으며, 응용 영역에 따라 다양한 과정을 채택하여야 한다.

사전편찬학은 전문용어학을 돋보이게 하는 역할을 하는 동시에 전문용어학의 본보기가 될 수 있다. 전통에 얼마나 매몰되어 있느냐에 따라 사전편찬학은 들러리가 될 수도, 도전과제가 될 수도 있다. 전통이 있다는 점은 장점이자 장애물이다. 사전편찬학은 백과사전의 고유한 과제인 지식의 숙달보다는 언어에 대한 사회규범을 생산하는 역할에 보다 잘 맞추어져 있다. 그러나 백과사전은 광범위한 일반 대중에게 지식을 전달하며 전문화되는 경우는 거의 없기에, 전문용어학적 관점에는 결코 적합하지 않다. 반면 사전편찬학이 가지는 특징, 특히 취약성에도 불구하고 (또는 그 덕분에) 전문용어학의 본보기가 될 수 있다. 오랜 역사를 가진 학문인 사전편찬학은 전 세계 모든 언어, 또는 적어도 문자를 사용하는 모든 언어를 다루면서 이들 언어의 발전에 기여해왔다. 사전편찬학은 정기적으로 관련 기법을 혁신하고 있으며, 이미 문서화, 인쇄물 생산(예: 자동화된 사진 식자 활용), 선택한 데이터의 분석을 통한 CD-ROM 데이터베이스 구축(예: TERMIUM)[7] 등 세 가지 수준에서 컴퓨터 기술을 활용하고 있다.

전문용어학은 사전편찬학을 한층 발전시킬 기회를 제공하여야 한다. 전문용어학은 사전 편찬의 두 가지 측면, 즉 '언어에 대한 서술'과 '문화적·백과사전적 기준에 따른 정리' 사이의 가교 역할을 한다. 그렇기에 전문용어학은 자연과학에 대한 접근 수단 역할을 한다.

사전편찬학과 전문용어학은 서로 상호작용을 주고받는다. 그러나 이들 두 학문은 서로를 초월하며, 서로를 더욱 풍요롭게 하는 방법론과 이론적 기반을 제공한다. 두 학문 모두 지식 이론, 그리고 언어를 수단으로 한 사회적 상호작용 이론에 기여함으로써 인문과학의 발전에 한 획을 그은 바 있다. 이들 이론은 인식론 및 기호학에 속하며, 의미론·언어학적 측면을 가지고 있다. 사전편찬학과 전문용어학의 이론적 기반은 다를지 몰라도, 두 학문의 응용은 이들이 가지는 사회적 기능의 수준에서 반드시 연결되어야 한다. 지식의 집합이자 통제된 활동인 전문용어학은 다양한 접근법을 최대한 활용하며, 따라서 전문용어학을 사전편찬학에 응용하면 도움이 된다. 전통적인 활동이라 제대로 통일이 되지 않은 사전편찬학의 전문용어학적 차원에 대해서는 현재 연구가 진행되고 있다. 그러나 한 언어에 존재하는 모든 명칭을 체계적으로 표시하는 실용학문으로서의 사전편찬학은 전문용어학이 절실하게 필요로 하는 지식 기법에 대하여 오랜 역사를 가진 고유한 경험을 제공한다. 이외에도 두 학문 사이에는 다양한 관계가 존재한다. 사전편찬학과 전문용어학 사이의 상호적 강화 및 통제는 언어계획, (뷔스터 학파가 주창하는) 개념학, 문서 분석, 번역학과 연계되어야 한다. 그러나 이 모든 요소는 순수하게 사전편찬학적인 성격을 가지는 사전의 편찬에도 마찬가지로 중요하다는 점을 유념할 필요가 있다. 따라서 이들 요소 중 어느 하나에 대해 진지한 우려사항이 존재하는 경우, 다른 요소를 우회하여 넘어가는 것은 불가능하다.

미주

1. 카메룬 북부 아카 족(族)의 피그미 문화에 대한 사전을 편찬하기 위한 CNRS 프로젝트의 결과물은 토마스 외(J. Thomas *et al.*, 1981)에 정리되어 있다.

2. 학술지 『Language française』(프랑스어)에 최초로 게재되었던 이 글은 추가사항 반영 후 레이(A. Rey, 1977b)의 한 장으로 재출간되었다.

3. 고전비극 작가 피에르 코르네이유(P. Corneille)의 동생인 토마스 코르네이유(Th. Corneille, 1625-1709)는 1694년 『Dictionnaire des arts et des sciences』(기술과학사전)를 출간하였다.

4. 바레(P. Barré, 1838-1842). *Complément du Dictionnaire de l'Académie.* Paris.

5. 퓌르티에르(A. Furetière, 1690). *Dictionnaire universel...* (3 vols.) The Hague: Leers.

6. *Dictionnaire de l'Académie française* (1694). (2 vols.) Paris.

7. TERMIUM은 오타와 소재 캐나다 연방정부의 영어·프랑스어 이중언어 용어은행이다.

8장

전문용어와 전문용어 작업

'전문용어학(terminologie)'이라는 표현이 프랑스어에 처음 등장하기 시작한 19세기 초반부터 지금까지 지식에 대한 수요와 지식의 응용 양상 모두 근본적인 변화를 거쳤다. 이에 따라 어휘에 대한 연구 역시 언어학과 유사한 학문이자 부분적으로는 언어학으로부터 독립적인 학문으로 자리매김하였다.

1. 어휘론과 사전편찬학

다양한 언어간의 관계를 설명할 필요성이 대두된 르네상스 시대에 사회적인 중요성을 획득한 사전편찬이라는 숭엄한 노고는 특히 17세기 스페인, 이탈리아, 프랑스, 영국에서 언어에 대한 자기 규제적 설명으로 정의되있다. 칠힉자의 세기기 지니고 특히 19세기 초반의 과학혁명 이후로, 사전편찬 작업은 처음에는 분산된 형태로 이루어지다가 서서히 '사전편찬학'이라는 개별 학문을 확립하는 방향으로 나아갔다. 단어의 역사는 이러한 진화 과정을 잘 보여주고 있다. 사전 편집자를 의미하는 '사전편찬학자(lexicographer)'라는 표현이 16세기부터 기록에 남은 반면, '사전편찬학(lexicography)'과 '어휘론(lexicology)'이라는 용어는 1751년부터 1765년 사이에 디드로(D. Diderot)와 알랑베르(J. d'Alembert)가 『Encyclopédie』(백과사전)에서 개념 및 방법에 대한 대규모 정리 작업을 수행하면서야 비로소 등장했다. 어휘에 대한 설명에 상당한 개선이 이루어졌으며, 소쉬르(F. de Saussure)의 시대에 언어학이 발전하고 큰 변화를 거쳤다. (존슨(S. Johnson)의 『Dictionary of the English Language』(영어사전, 1755) 이외에도 여기서는 그림 형제(J. Grimm & W. Grimm)의 『Deutsches Wöorterbuch』(독일어사전, 1854), 그리고 19세기 리트레(E. Littré)의 『Dictionnaire de la langue française』(프랑스어사전, 1863)과 머레이(J. Murray)의 『Oxford English Dictionary』(옥스퍼드 영어사전, 1884~1933)에 초점을 맞추고자 한다.) 사전편찬학이 비로소 과학적 연구의 대상이 된 것은 그로부터 몇 십 년 후의 일이었는데, 당시 이론 언어학자와 논리학자, 그리고 극소수의 사전편찬학자들이 의기투합하여 명시적으로 이론에 기반한 연구 수행에 대한 관심을 표명한 바 있다. 사회문화적 객체, 정돈된 메타언어적 담론 또는 과학적 선택사항의 응용(변형)으로서 사전이 가지는 특성에 대한 연구는 1960년대에 와서야 시작되었다.

퓌르티에르(A. Furetière)는 『Dictionnaire Universel』(보편사전)에서 백과사전적이며 언어외적인 요소에 초점을 맞추었다는 점에서 이미 단순한 사전 편찬을 넘어 전문용어를 다룬 인물이었다. 전문용어에 대한 이 같은 인식은 18세기 과학자 사이에서 더욱 심화되어 디드로와 알랑베르의 방대한 저작 『Encyclopédie』에도 반영된 바 있다. 영국에서도 챔버스(E. Chambers)의 『Cyclopaedia or Universal Dictionary of Arts and Science』(기술과 과학에 대한 백과사전 또는 보편사전, 1728)과 존슨의 『Dictionary of the English Language』(1755) 등 이와 유사한 노력이 같은 시기에 진행되었다.

한편 사전편집자의 구체적 관심사로부터 해방된 어휘론은 새로운 생명을 얻게 되었다. 스스로를 언어의 체계적 특성에 대한 설명으로 간주하고 음운론(phonology)과 형태통사론(morpho-syntax)을 적절히 강조하는 구조주의적 경향에 대한 '순수(pure)' 언어학에서는 사실상 어휘론을 배제하고 있다. 그러나 어휘론은 지속적으로 언어연구에 동기를 부여하는 역할을 담당해왔다. 특히 언어의 사회적, 역사적 또는 심리적 측면이 관련되어 있고, 그 일부가 제한된 규칙성만을 보여주는 경우에도 전체 체계를 설명하고자 하는 의지를 언어학자가 보이는 경우에는 더욱 그러했다. 이는 논법가와 민족학자, 그리고 의미론을 염두에 둔 탈(脫) 소쉬르주의 유럽 학자들의 연구에서 입증된 것처럼 어휘의 경우에도 마찬가지였다. 마지막으로 언어논리학 및 언어철학은 명칭과 명명, '참조'(reference, 언어의 기호와 대상의 세계 사이의 관계)와 관련된 문제점을 지속적으로 강조해왔으며, 이들의 핵심을 구성하는 것이 바로 어휘론이다. 현재 소위 생성언어학(generative linguistics), 담화언어학(discourse linguistics), 언어기호학을 주창하는 다양한 학파에서 단어 및 어휘에 적절히 중요성을 부여하고 있다. 그러나 협의의 언어학에서 어휘와 관련된 사실을 다루는 학문에 대한 관심이 부족한 것도 사실이다. 현재 가장 중요한 연구가 진행 중인 영어권에서는 '사전편찬학(lexicography)'이라는 표현만을 일반적으로 사용하고 있다.

'사전(dictionary)'에 대한 언급을 통하여 이론적 개념이라기보다는 실용적인 개념으로 사전편찬학을 정의하기는 쉽지만, '어휘론(lexicology)'에 대한 정의는 이와 차이가 있다. 여기서는 어휘론을 언어학과 연계되어 있지만 언어학을 초월하는 학제적 성격의 활동으로 간주한다.[1]

2. 전문용어의 의미와 기능

전문용어를 일컫는 'terminology'의 경우 단어의 역사가 훨씬 짧고 그 정의는 정확성이 훨씬 부족하며, 그 용례가 워낙 다양하여 일정한 규제가 필요한 실정이다.

프랑스어 'terminologie'는 메르시에(S. Mercier, 1801)의 『La Neologie』(신어 생성)에서 처음 등장했으며, 이후 오랜 기간 동안 일관성이 높은 것으로 가정되는 명칭단위 집단, 또는 특정한 기술·과학 활동에 필요하고 이와 관련하여 사용되는 '용어(term)'를 지칭할 때만 사용되었다. 따라서 의학, 철강, 항해 또는 치즈 생산과 관련된 전문용어는 그 응용에 암시된 현실(이론 및 실천)을 표현·숙달하고자 이들 활동에 참여한 전문가들이 사용하는 명사, 동사, 형용사 및 기타 표현, 즉 '용어' 집단을 구성하게 된다. '전문용어' 표현의 이 같은 사용은 개념에 다음과 같은 요소를 부여함으로써 '어휘(vocabulary)'를 보완하고 구체적으로 명시하는 역할을 한다.

(가) 응용과 연계된 특수성

(나) 용어는 개념체계의 구성과 연계되어 있으므로, 용어가 과학활동을 나타내는 경우 최소한 원칙상으로나마 높은 일관성

(다) 언어의 수준과 관련하여 보다 제한된 사용 범위, 그리고 보다 좁게 정의된 커뮤니케이션 상황

그러나 'terminology'에는 이밖에도 또 다른 의미가 있는데, 이러한 의미는 아직까지 많은 현대사전에 기록되어 있지 않다. 바로 최근에 정의된, "전문용어에 대한 체계적 연구"라는 의미이다. 이러한 첫 번째 모호성만으로도 이미 혼란스럽다.

'어휘론'이 그 대상인 '어휘(lexicon)', '단어(vocabulary)', '낱말(words)' 일

체 등과 대비된다면, '전문용어학(terminology)' 역시 이와 유사하게 '전문용어집(terminologies)'과 대비된다고 할 수 있다. 후자의 경우 '용어군(group of terms)' 또는 '명칭목록(nomenclature)'만을 사용하는 것이 낫다. '명칭목록'의 경우 '용어군'과 의미가 동일하지만 명사로 표현된 모든 이름(라틴어 'nomen calare')[2]을 나타낸다는 잘못된 반구조적 함축으로 인해 신뢰를 잃은 바 있다. 이에 따라 '전문용어학'이라는 표현은 명칭목록, 명명 영역, 명칭 등 다양한 의미론적 과정과 관련하여 수행되는 활동을 지칭하는 데 사용된다. 이러한 의미론적 과정은 코드의 기호에 일치하도록 하는 추상화 과정을 거쳐 관찰 또는 인식된 '실물(realia)'을 언어학적 기호, 그리고 어휘소에 부여하는 수단이 된다. 전문용어학에 대한 첫 번째 관점은 (원래 독일에서 시작된) 일부 의미론 학자들의 말을 빌리면 '명의론적(onomasiological)'이다. 즉, 명의론적 관점에서는 총체적인 입장에서 명명 문제를 다루고, 개념에서 기호로 이동하며, 이와 반대로 기호에서 개념으로의 이동을 논하는 '어의론적(semasiological)' 관점과 달리 해석적·분석적인 성격을 띠지 않는다. 이 같은 관점은 안정적이고 인식 가능한 음성·그래픽 배열에 이름의 가치를 부여하자는 화자 간의 일반적 합의를 가정한다. 이러한 합의가 이루어지기 전에도 사전적인 분리 및 식별을 거친 후 명명의 대상이 될 객체, 그리고 이러한 이름을 확장하여 부여할 수 있는 모든 객체에 대하여 이와 동일한 합의가 분명 존재했을 것이다.

완전한 의미의 전문용어학에서는 세상에서 인간이 구별해야 할 모든 사물에 이름을 부여하는 방법을 연구 대상으로 삼아야 한다. 이러한 문제의 중대성과 일반성은 한 눈에 보아도 알 수 있지만, 여기에서는 일반적으로 익명이거나 고유명이라는 수단을 통해 명칭이 부여되는 개별 수체(사물 또는 현상)에 대한 명명을 배제하고 있다. (이들은 명명학의 연구 대상이 된다.) 어휘론과 마찬가지로 전문용어학 역시 추상화 과정을 통해 구성되고 중세 논리학의 '보편소(universal)'에 대응되는 명칭과 분류의 단위, 사물과 현상의 단위간의 관계를 다룬다. 한편 어휘론과 달리 전문용어학에서는 명명, 명명 가능한 분류의 조직화, 그리고 어휘 및 신태그마 구조에 따른 이들 분류의 표현 사이의 관계를 논의한다. 전문용어학은 의미론과 관계가 있는데, 특히 언어에 의해 '형성된(formed)' 내용을 분석하는 내포적 의미론과 앞에서 살펴본 명의론적 의미론과 관계가 있다. 기호에 대응하는 객체의 분류에 대한 연구(외연적 의미론 및 분류법·분류이론학), 그리고 명칭에 대한 연구(어의학)는 이전의 접근법을 보완하는 역할을 하며 전문용어학에서 등한시해서는 안 될 부분이지만, 그렇다고 해서 가장 중요한 요소는 아니다. 그러나 이들 연구는 동일한 연구 대상을 보완적 각도에서 바라보고 있다. 언어와 그 표현수단에서 시작된 어휘론과 달리, 전문용어학은 언어적 수단을 통해 충족하여야 할 수요에서 시작된 학문이다.

전문용어학에서는 명명이 필요한 대상에 이름이 아직 부여되지 않았거나 적절하지 않은 이름이 부여된 경우, 또는 단일어적 접근법에서 상대적으로 늦은 발달로 인해 외국어로 명명이 이루어진 경우 등 잠정적인 상황에 대처해야 할 때가 많다. 전문용어학의 이 같은 언어외적·역동적 상황은 전문용어학이 언어학으로부터의 독립성을 가지는 이유를 설명해준다. '사물(things)'의 기능과 관련된 부분에 한하여 단어 및 언어에 관심을 가지는 학문적 특성상 전문용어학은 언어학과 거의 반대되는 입장에서 진화하여야 하며, 단어와 명칭목록이 끝없는 문제의 원천이라고 보는 과학자 및 기술자들의 무관심에 맞서야 한다. 베이컨(F. Bacon)과 홉스(Th. Hobbes), 로크(J. Locke), 그리고 나름의 기여를 남긴 라이프니츠(G. Leibniz)의 주도로 현대과학이 태동한 이래로 나타난, 단어가 곧 난제의 원천이라는 인식은 오늘날에도 여전하다.[3]

3. 전문용어학과 전문용어집 편찬

잘 구성된 언어(여기서 '언어'란 명칭목록, 그리고 그 용어의 사용을 허가하는 원칙만을 의미함)로서의 과학의 탄생은 전문용어의 체계적 생성을 위해 근대에 이루어진 최초의 진정한 시도에 근간을 두고 있다. 이러한 노력을 가장 두드러지게 보여주는 사례로 분류법적 관점을 견지한 린네(C. Linnaeus), 그리고 이후의 모든 전문용어집에 영감을 준 라부아지에(A. Lavoisier)가 있다.[4] 그러나 이는 순전히 인식론적인 관점이다. 전문용어학은 명칭목록, 명칭목록의 발달 및 구조, 명칭목록과 경험간의 관계, 명칭목록의 어휘 삽입 등에 대한 체계적 사고에 초점을 맞춘 학문이지만, 이는 비교적 최근에 나타난 현상이다. 사전편찬학과 마찬가지로 전문용어학도 지금으로부터 약 5세기 전 다양한 언어간의 교류가 발생하는 상황에서 유래되었다. 한편 실용 전문용어학의 사회적 맥락은 보다 최근에 연구가 이루어진 부분으로, 다언어 환경에서의 언어 정책 발전, 컴퓨터 지원을 통한 용어은행의 구축, 용어집을 활용한 과학·기술 어휘의 설명 등 다양한 요소가 활발하게 전개되었다. 유럽연합 산하기관과 캐나다 퀘벡의 사례는 이러한 발전상의 대표적인 사례이다. 그 결과 발생한 정보의 저장 및 배포를 통해 전문용어학은 정보과학과 연계되었으며, 이에 따라 전문용어 단위의 처리는 사전편찬학과, 국제언어학적 측면은 번역과의 접점을 가지게 되었다. 이러한 활동의 특성, 그리고 사회문화적으로 유사한 직업인 사전편찬학자, 정보과학자, 번역사와 비슷한 직업의 부상을 감안하여, 필자는 '전문용어집 편찬(terminography)', '전문용어 편찬자(terminographer)', '전문용어 편찬의(terminographic)' 등의 신어를 제안하고자 한다. 이는 '전문용어집 편찬'을 개념화와 명명(denomination) 과정에 대한 이론적 분석을 나타내는 '전문용어학'과 분명하게 구분하기 위한 것이다.

이러한 새 용어를 '사전편찬학(lexicography)'과 대조함으로써, 유사성이 높은 두 가지 활동을 중심으로 '전문용어집 편찬'에 대한 정의를 내릴 수 있다. 첫째는 데이터의 취합 및 정리이고, 둘째는 의미 분석이다. 이러한 대조적 정의를 확장하면 다음과 같다.

(가) 대상이 되는 주제분야: 전문용어집 편찬의 경우 주제분야가 더욱 구체적이다. 전문용어집 편찬에서는 과학 및 기술 관련 명칭목록을 다루며, 보다 일반적인 어휘와의 접점이 다수 존재한다.

(나) 방법론: 특히 다음 지점에 의존하는 정도에 따라 방법론의 중요성이 더욱 높아진다.

(다) 이론적 추정: 사전편찬학에서는 일반언어의 기능에 필요한 어휘소를 수집·기술하지만, 전문용어집 편찬에서는 명명할 대상(지시대상)과 관련된 기호에 관심을 둔다.

이러한 관점에서 보았을 때, 19세기 중반에 작성된 로제(P. Roget)의 『Thesaurus』(유의어사전)나 부아시에르(P. Boissiere)의 『Dictionnaire analogique』(유추사전)과 같은 명의론적 사전이 전문용어집 편찬의 관점과 매우 유사하다. 한 가지 차이점이 있다면 명의론적 사전에서는 하나의 언어를 구성하는 전체 어휘에 대응하는 용어의 총합을 구성한다고 주장한다는 것인데, 이러한 주장은 허구적이고 이론의 여지가 있다.[5] 마지막으로 전문용어집 편찬의 가장 고유한 측면, 즉 명명에 대한 수요의 충족을 허용하는 수단에 대한 연구는 사전편찬학에서는 보통 찾아볼 수 없는 부분이다. 르 로베르(Le Robert)에서 간행한 프랑스어 사전들은 명의론적 차원을 강조한다는 점에서 특이하다.

구체적 필요에 따라 동기가 부여되는 기술적 측면과 관련하여 전문용어학은 이론적 활동으로 정의될 수 있으며, 이에 따라 어휘론과 비교가 가능하다. 전문용어집 편찬 관행에 대한 정의, 비판 및 개선 기능을 전문용어학에 부당하게 부여하는 역할을 하게 될 이 같은 수준의 변경 이외에, 목적의 동질성에 대한 관찰은 적절한 것으로 보인다. 전문용어집 편찬은 통일된 방법을 보유하고 있다고 마땅히 주장할 수 있는 반면, 전문용어학은 이중의 목표를 직면하고 있다. 명칭 부여에 대한 수요, 그리고 이러한 수요를 충족하는 수단에 대한 연구에서는 과학을 다루는 경우와 기술을 다루는 경우에 매우 다른 원칙을 적용하여야 한다. 동일한 유형의 문제에 대해 과학 및 기술을 아우르는 공통의 어휘라는 환상은 언어학자와 사전편찬학자들이 만들어낸 단순화라 할 수 있다. 이들의 관점에서 보면 모든 명칭목록은 공통된 특성을 가지고 있으며, 이러한 명칭목록 전체를 일반 또는 공통 어휘와 대비시킬 수 있다. 두 가지 명칭 모두 개념적 관점과 화용론적 관점에서 각각 상당한 모호성을 드러낸다. 명칭목록의 항목들은 비교적 사용 빈도가 낮으며, 의미론적인 관점에서 다의성이 적고 지시적 측면에서 보다 안정적이며, 주제 면에서는 비교적 일관적인 특성을 가진다. 그러나 여기에서 강조되는 전문용어학적 관점에서 보면 기술은 순수과학과 차이가 있다. 인간활동과 환경에 대한 지배에 동기를 부여하는 사회적 행동이 언어에 동기를 부여하는 지식의 추구라는 또 다른 사회적 행동과 다른 것과 마찬가지이다. 여기서 언어는 검증가능성(또는 보다 최근의 인식론을 적용하자면 '허위 여부 입증 가능성(falsifiability)')을 위한 수단과 결합된 일정한 범위의 담화 활동과 이론적 사고를 의미한다.[6] 실제로 이념적인 것이든 과학적인 것이든 간에 언어가 없는 사회적 지식은 존재하지 않는다. 과학 활동에서는 담화의 가능성, 즉 언어를 상정한다. 반면 기술 관행에서는 구체적인 실현 과정에서, 그리고 실현이 이루어지는 시점에 언어를 필요로 하지 않는다. 그러나 기술 관행을 구성·변경하고 공유·전파(즉, '설명')하고자 하는 경우에는 다른 사회적 활동과 마찬가지로 언어를 필요로 한다는 점을 분명하게 알 수 있다.

따라서 전문용어학은 최소한 두 가지 종류의 구조를 고려해야 하는 책무를 가진다. 첫째는 추상적이고 체계적인 일관성을 지향하는 과학의 구조이고, 둘째는 순서에 따라 활동을 변화시키는 과정에 대응되고 추상화 과정이 특히 구체적인 대상과 우리가 인식하는 현상에 적용되는 기술의 구조이다. 수학, 화학 또는 심지어 사회학의 명칭목록으로 인해 제기되는 문제는 금속공학이나 가전제품 제조와 관련하여 제기되는 문제와는 사뭇 다르다. 그러나 두 가지 구조를 급격하게 분리해내는 것은 불가능하다. 응용과학이나 과학 지향적 기술도 존재하기 때문이다. 또한 모든 주제단위는 그 자체로 전문용어학적 추상개념이라 할 수 있다. '심리학'은 그 기저에 과학적 개념화(실제로 각 이론별로, 때로는 저자별로 개념화가 이루어지는 경우도 있어 다양한 개념화가 존재함), 그리고 현상의 명칭과 실용적 활동(응용심리학)이라는 두 가지 측면을 모두 가지고 있다. 한편 '낚시(angling)'의 경우 기술적 명칭목록(장비의 생산 등)과 응용 관련 명칭목록을 모두 가지고 있으며, 사회적 행동의 형태로 연결된 다양한 주제분야를 다루고 있다.

더욱이 전문용어학에서는 사회언어학적으로 가변적인 특성을 가지는 단위(용어, 명사)를 다루고 있다. 작은 지식분야나 직업집단에 속한 몇 안 되는 사용자들에게만 알려진 용어부터 일반대중도 알고 있는 용어에 이르기까지 그 범위는 다양한데, 이러한 이유에서 후자를 배제해서는 안 된다.

이론적 전문용어학은 부분적으로 인식론 및 (푸코(M. Foucault, 1970)의 말을 빌리자면 "지식의 고고학"이라 할 수 있는) 지식의 역사와 관련이 있으며, 사회적 활동의 기호학과도 부분적인 관련성을 가진다. 두 가지 경우 모두 어휘론과 추가적인 관련이 있는데, 여기서 어휘론은 사회언어학, 민족언어학, 심리언어학, 철학적 논리학 등 다양한 형태의 언어학을 수용하는 넓은 의미로 이해된다. 전문용어학에서는 기호를 다룬 논리학자 중 가장 중요한 학자만을 언급하려는 목적으로 프레게(G. Frege), 카르납(R. Carnap), 러셀(B. Russell), 콰인(W. van O. Quine)이 예증한 개념이론과 "이름의 논리학"(길(F. Gil), 1971)을 간과해서는 안 된다.[7)]

일반적으로 '전문용어학'이라 불리며 본서에서는 '전문용어집 편찬'이라는 이름을 붙일 것을 제안한 응용학문은 즉각적인 관련 수요에 대응하며, 사전편찬학의 기존 방법론에 기반을 두고 있다. 전문용어집 편찬은 이들 방법론에서 대부분의 과정을 차용하고 있는데, 설명할 단위가 기록된 맥락의 수집, 정의의 준비, 초언어적 등가의 탐색, 주제분야의 분류, 사용 수준 등과 관련된 과정이 대표적이다.[8] 그러나 앞에서 살펴본 바처럼 전문용어집 편찬은 (언어학적) 사전편찬학과 동일한 문제점에 다른 방식으로 대처한다. 주제분야는 상당히 동일하지만 형식면에서는 차이점이 있다. 명칭목록에 수록된 용어는 언어체계, 즉 언어학적 코드의 구성요소로 간주하지 않고, 언어 바깥에서 기술되는 구조에 대응하는 기호의 뭉치로 본다. 전문용어학자, 또는 전문용어집 편찬자의 작업은 언어학적 사전편찬학자의 작업과 차이가 있다. 백과사전적 사전편찬학자의 작업과는 보다 공통점이 많지만 작업과정의 모든 단계에서 차이점이 존재한다. 정보에 대한 수집 및 조직화가 보다 까다롭고, 표준화에 대한 수요, 그리고 활성화된 일부 사용자 집단에 대한 배포가 특징이다. 또한 언어계획(코르베이유(J. Corbeil), 1973)과도 연계될 가능성이 있다. 캐나다 퀘벡에서 1972년 10월에 개최된 '국제 전문용어학 심포지엄(Colloque International de Terminologie)' 회의록을 살펴보면 언어학과 전문용어집 편찬간의 구체적 관계를 잘 알 수 있다.

이제는 이처럼 상이한 개념들을 서로 연관시키고 기존 관행을 정의해야 할 때가 온 것으로 보인다. 비록 기존 관행을 모두 아우르는 이론은 아직 수립되지 않았지만, 이들 관행은 강력한 사회적 수요를 충족하면서 완전한 진화를 이루고 있다. 기존에 전문용어집 편찬에 대한 교육이 시작되지 않은 국가의 경우 정보 및 문서화에 대한 교육과 유사하게 이와 같은 교육이 반드시 필요한 것으로 인식되고 있으며, 그렇기 때문에 이러한 조정이 더욱 시급할 것으로 보인다.

이러한 사고가 문제와 관련한 종합적 접근법에 대한 수요를 표현하는 데 대한 관심을 촉발했다면, 필자가 제시한 구체적인 '전문용어학적' 제안에 대한 반응이 무엇이건 간에 이들은 그 목적을 충분히 달성했다고 할 수 있다.

마지막 자기비판은 '전문용어/전문용어학(terminology)'이 기존에 가지는 다의적 특성이 인식론자 및 학자들의 사상을 바탕으로 한 이론의 부재보다는 덜 심각한 문제라는 점을 깨닫게 한다. 접미사 '-logy'와 '-graphy' 사이의 대비는 다른 여러 분야로 확장이 가능하다. '인류지학(anthropography)'과 '사회지학(sociography)'이라는 개념은 '민족지학(ethnography)'만큼이나 적절한 느낌이 들지만, 언어에는 일관성이 없다. '지리학(geography)'과 '지질학(geology)', '전기(biography)'와 '생물학(biology)'은 이와는 다른, 체계성이 결여된 대비관계를 나타낸다. '의학(medicine)'이 생물학보다 열등한 학문이 아닌 것처럼, 일반적인 직업생활과 정보교류 규제에서 중요한 역할을 차지하는 전문용어집 편찬은 어떠한 측면에서도 이론적 전문용어학보다 열등하지 않다. 결국 이론적 전문용어학도 실천에 대한 고찰을 바탕으로 해야 발전할 수 있는 존재이기 때문이다. 이와 마찬가지로 실천을 지탱할 수 있는 이론이 없으면 실천에 대한 조화 및 효율화도 불가능하다. 이러한 변증법적 상황을 필연적인 것으로 받아들여야만 한다.

미주

1. 보다 상세한 관점은 레이(A. Rey, 1970a)에서 확인할 수 있다.

2. 프랑스의 전통적 추론 기법을 따르면 'feuille - feuillage' 모델의 경우처럼 'term - termage'라는 조합을 사용할 수 있겠으나, 일반적 용례를 거스르는 것은 적절하지 않다.

3. 저자는 잘 알려진 프랑스어 동음이의어 쌍을 활용하여 이러한 감정을 표현하였다.

   mots = maux : [단어 = 약점, 악행, 불완전성]

4. 화학 전문용어의 변혁이 가지는 중요성은 본서의 다른 장에서 보다 상세하게 논의하고 있다.

5. 로제(P. Roget, 1852). *A Thesaurus of English Words and Phrases, classified and arranged so as to facilitate the expression of ideas and assist in literary composition.* London.

   부아시에르(P. Boissiere, 1862). *Dictionnaire analogique de la langue française.* Paris.

6. 허위 여부를 입증할 수 있는 명제만이 '과학적'인 명제라 할 수 있으며, 논리적 검증은 실행이 불가능한 경우가 많다.

7. 서지참조 및 정의에 대한 내용은 레이(1976a) 참조.

8. 이들 주제는 사전편찬학 관련 서적에서 주로 다루고 있는데, 특히 뒤부아(J. & Cl. Dubois, 1971), 레이-드보브(J. Rey-Debove, 1971), 케마다(B. Quemada, 1969), 즈구스타(L. Zgusta, 1971), 잉스(P. Imbs, 1971)가 대표적이다.

John Benjamins Series

02 Essays on Terminology

9장

전문용어의 서술과 관리

응용 전문용어학을 구성하는 활동의 범위는 명명에 대한 수요, 응용 과학에 대한 언어적 수요, 그리고 타 언어와 접촉하는 언어의 기본적인 창조적 수요에 대한 응답을 통하여 발전한다. 이처럼 다양한 수요는 언어에 대한 우리의 태도와 사회적 반응을 조정하며, 이에 따라 대체로 일관적인 편인 용어의 집합을 지속적으로 진화하는 개념구조와 연계할 필요성이 발생한다.

1. 전문용어 기술학

실용 전문용어학(전문용어집 편찬학)의 역할은 이 같은 용어의 집합을 수집, 서술, 관리하는 것이다. 이 과정에서 사용되는 방법 및 절차 중 일부는 독자적으로 개발한 것이고, 일부는 사전편찬학, 문서관리학, 번역학에서 차용한 것이다.

1) 전문용어집 편찬학의 특성: 전문용어 항목에 대한 서술

전문용어집 편찬학의 첫 번째 목표는 대상을 서술하는 것이다. 이 대상은 전문용어집(즉, 용어의 집합)이 될 수도 있고, 명칭목록이 될 수도 있으며, 또는 특정 주제분야의 용어 및 개념에 대한 체계 및 하부체계로 구성된 복잡한 구조가 될 수도 있다.

배경정보나 서술형식이 무엇인지와 관계없이, 여기서의 목표는 일관성 있는 항목 또는 표제어의 집합을 제공하는 것이다. 이들 항목 및 표제어는 수집된 전문용어가 지칭하는 개념의 집합에 역점을 두면서 가변적인 요건에 따라 체계적으로 정보를 제공하여 참조할 수 있도록 정리된다.

이렇게 구상한 수집물의 구조는 서술 과정의 체계적인 조직화에 반영되어야 하며, 해당 주제분야에 대한 코퍼스를 기존에 생성해둔 경우에만 이러한 구조를 이해할 수 있다. 개념체계의 비언어적 특성, 즉 개별 자연어에 대한 독립성을 보장하려면 이러한 과제에 대해 간언어적 접근법을 취하여야 한다. 단일어로 된 전문용어의 서술을 위한 전제는 기존의 간언어적 절차를 없애는 것이다. 그렇지 않을 경우 전문용어집이 아닌 단일어 사전 편찬이 되기 때문이다. 이러한 요건을 충족할 구체적 방법을 굳이 상세하게 설명하지 않아도, 다언어로 구성된 어휘체계야말로 전문용어집 편찬을 위한 사전편찬학적 정리 작업에 가장 적합한 형태임을 이미 확인할 수 있다.

서술의 대상이 되는 단위는 선험적으로 '용어'로 정의된다. 여기서 용어는 집합 내에서 상대적인 가치를 가지며, 명명 과정을 통하여 '개념', 즉 논리적이고 주로 기능적인 성격을 띠는 지식 대상의 부류와의 양의적(bi-univocal) 관계를 확립하는 것을 목적으로 한다. 이들 대상의 논리적 특성은 '명칭'의 특성으로, 여기에는 속성(형용사), 행동(동사), 심지어는 관계의 명칭도 포함된다. 일례로 논리학 분야의 전문용어에는 '그리고(and)'와 '또는(or)' 등의 요소가 용어로 포함되며, 자연어에서 이들 단어가 가지는 모호성을 제거하여야 한다. 전문용어 단위의 언어적 특성은 다양하다. 용어는 자유로운 형태소, 즉 그보다 작은 단위로 분해할 수 없는 단어의 형태를 띨 수도 있고, 언어의 형태의미론적 규칙에 따라 다수의 요소를 결합하여 형성된 단어가 될 수도 있으며, 명사구 또는 (드물게) 동사구의 형태를 취할 수도 있다.

전문용어 단위와 언어단위 사이의 일의적(univocal) 대응을 확립하려면 다음과 같은 가설을 구성하여야 한다. 최소 두 가지 요소, 즉 일반적 속성과 구체적 특징으로 구성된 정의로 확인되는 개념을 반영하는 모든 용어는 그 의미구조, 즉 한정사와 결정자가 이러한 요건을 충족하는 구 단위로 간주될 수 있다. 하나의 단어로 된 용어의 경우 일반적 요소, 또는 0의 한정사를 가지는 구로 간주될 수 있다. 일례로 일반적인 프랑스어 용어 '스패너(clé)'는 다의어인 프랑스어 단어 '열쇠(clé)'의 형태를 취하고 여러 의미 중 하나를 반영한 것이다. 이러한 용어가 지칭하는 일반적 개념은 다수의 하위개념으로 다시 나누어 분석할 수 있으며, 이러한 하위개념은 'clé à tube' 또는 'clé en tube', 'clé à machoirs', 'clé à molette', 'clé universelle', 'clé de serrage' 등(박스 스패너, 렌치 스패너 등)의 용어에 대응한다. 한편 이들 용어 역시 개념에 해당하기에, 하위개념으로 다시 나누고 한정사가 두 개인 구의 형태를 차용한 용어로 명명할 수 있다.[1]

논리적 명칭인 용어는 대체로 명사의 형태를 띠며, 형용사와 동사는 드물고 부사나 접속사인 경우는 극히 예외적이다. 언어학의 관점에서 본 명사 형태의 지배력이 너무나 큰 나머지, 그 외의 구문론적 특징은 간과하는 잘못된 경향이 나타난다.

언어학적 명사의 우세는 너무 커서, 다른 구문론적 특징을 소홀히 하는 잘못된 경향이 있다. 엘스비어(Elsevier)의 『Dictionary of the Gas Industry』(가스산업사전)에 수록된 총 500개의 항목 중 동사는 단 하나

이며, 뷔스터(E. Wüster)의 『Dictionary of Machine Tools』(기계도구사전)에서도 총 200개 항목 중 동사는 5개에 불과하고 기타 품사는 아예 수록되지 않았다.

(1) 서술의 단위

두 가지 관점을 바탕으로 서로 다른 방법론이 개발되었다. 보다 정통적인 방법론에서는 (이후 알파벳 순서로 재배열되더라도) 체계적으로 정리된 개념을 출발점으로 하며, 이들 개념은 필요에 따라 최대한 많은 언어의 용어와 연결된다. 이러한 견해는 독일 의미론자들의 명의론에 해당하는 것으로 보인다. 두 번째 방법론인 어의론적 접근법은 구두 또는 서면으로 관찰되며 직관적으로 용어로 간주되는 어휘소나 신태그마에서 출발한다. 이러한 접근법은 간언어적 특성을 가지는 경우가 많다. 영어나 러시아어 텍스트 등에서 시작하여 해당 주제분야의 개념에 대응하는 명칭단위가 선택되며, 이들 명칭단위를 용어로 하는 개념의 경우 다른 언어에서도 대응되는 용어가 존재한다. 실용적인 이유로 두 번째 방법론이 첫 번째 방법론보다 자주 활용된다.

(2) 언어와 언어군

모든 서술은 다음의 두 가지 방식으로 자연언어에 기여한다.

- 문제의 단위가 어휘적 구조가 아닌 전문용어적 구조인 경우, 처리(즉, 관찰), 분류, 서술이 가능한 형태는 자연언어 텍스트 환경에서 발생한다. 선택된 단어와 이들의 조합이 용어로 기능한다. 그 외의 기호, 형상, 상징 등도 용어가 될 수 있다. 특히 순수하게 형식적인 체계에서 개념을 다루려면 단어와 용어를 사용하여야 하듯이, 용어에 대해 서술하려면 단어를 사용하여야 한다. 또한 용어가 용례 속에서 관찰되는 경우, 그 문맥은 자연언어로 제시된다.
- 용어에 대한 정보도 자연언어로 표현되며, 정의, 가치판단, 논평은 자연언어

에 기여한다.

다언어가 아닌 단일어로 서술이 이루어질 때는 상황이 다르다. 단일어 전문용어집을 동일한 언어로 편찬한 경우는 사전편찬학적 모델에 잘 부합한다. 단방향으로 정리된 2개 국어 전문용어집이 다른 언어 공동체의 용례를 중점적으로 다룬 경우도 마찬가지이다. 이와 관련된 예로 프랑스어 사용자를 위한 정보과학 분야의 영어 전문용어집을 들 수 있다. 이와 대조적으로, 특정 주제분야에 대한 완전한 다언어·2개 국어 전문용어집에는 두 번째 방법론을 쉽게 적용할 수 있다.

이와는 대조적으로, 특정 주제 분야에 대한 완전한 복합 언어적 혹은 2개 국어의 전문용어는 보다 쉽게 두 번째 방법론을 택할 수 있다. 명시적이거나 암시적인 언어간 비교를 통해 개념체계를 충분히 고려할 수 있게 된다. 언어 내부의 서술적 또는 규범적 측면은 두 가지 방법론 모두에 나타나며, 번역은 두 모델을 모두 아우르고 있다. 하지만 여러 언어로 된 전문용어를 대조하는 두 번째 모델에서만 전문용어학적 순수성을 보장할 수 있다. 반면 단방향 전문용어집에서는 널리 알려진 것으로 가정되는 하나의 언어로 해설만을 제공하며, 수록되는 전문용어는 다른 언어로 구성된다. 안타깝게도 대다수의 다언어 어휘목록에서 언어별 용어로 제시된 것은 실제로는 출발어 용어의 번역에 불과하며, 이는 언어별 용어와는 상당히 다른 개념이다. 특히 관찰된 용례를 바탕으로 하지 않고 임시로 내놓은 번역의 경우에는 더욱 그러하다.

2) 절차와 방법

전문용어집 편찬의 첫 번째 단계는 하나 혹은 여러 언어로 전문용어를 정의·서술할 주제분야를 확인하는 작업이다. 그렇다면 '학문'이나 '과학', '공예'가 아닌 '주제분야'라는 용어를 사용하는 이유는 무엇일까?

수많은 기준, 특히 인간의 경험을 여러 단면으로 나누기 위한 실용적·사회역사적 기준을 포괄하려면 '주제분야'라는 총칭적 용어가 적격이기 때문이다. 하지만 '분야'라는 용어 자체에도 모호성이 존재한다. 일반적인 수준에서 조직화된 지식의 단면에 대응되는 테마별 주제분야를 구분하는 것은 분명 가능한 일이다. 분류 작업과 관련하여 큰 문제가 발생하기는 하나, 다양한 과학 분야가 가장 대표적인 사례이다. 베이컨(F. Bacon)과 앙페르(A. Ampère) 등의 정적 분류, 스펜서(H. Spencer)와 콩트(A. Conte)의 상관적 선형체계의 경우, 기호학 등의 학문에서 강조하는 필수적 상호관계와 학제적 관점을 감추는 단점이 있다. 일례로 이들은 사고의 기본구조를 발전시킨 인간 신경생리학, 논리학, 수학 사이의 연결고리를 간과하고 있다. 쿠르노(A. Cournot)의 예를 들어 그들은 사상의 근본적 구조를 발달시킨 인간의 신경생리학, 논리학 및 수학 사이의 고리를 무시한다. 쿠르노의 도표체계는 표 형식의 체계는 시간에 따른 역사적 측면과 기술적 응용을 포함한다는 점이 장점이다. 케드로프(B. Kedroff)의 '점감식' 분류와 피아제(J. Piaget)의 순환식 분류는 전문용어학에 필수불가결한 역동성을 더한 바 있으나, 후자의 경우 (추가적 조사를 해볼 만하기는 하나) 실용적 문서관리 체계에는 반영하기가 어렵다.[2]

복잡한 이론적 기반을 가진 주제분야에는 비선형적 분류가 필요하다는 점이 분명해지고 있으며, 모든 응용 주제분야의 경우도 마찬가지이다. 대표적인 예로 우리 사회에서 단일한 단위로 취급하고 있는 약물치료, 요법, 수술간의 상호작용, 또는 전자공학, 광업, 철도수송, 법률체계, 행정 등과 관련된 학문 사이의 접점이 있다.

서지학과 문서화에 적용되는 분류에서는 일명 '트리 구조(tree structure)'를 선호하고 있다. 선형 계열에 기반을 둔 이 구조는 각각의 용어를 노드(node)로 간주하고 아래로 발전시키는 방식을 취한다. 듀이(M. Dewey)의 '국제분류법(Universal Classification)'은 1876년에 창안되어 '국제십진분류법(Universal Decimal Classification)'이라는 이름으로 상당한 수정을 거쳤는데, 이 분류법에서 제시된 트리 구조는 베이컨이 창시한 계열을 반대로 뒤집은 형태로부터 발전하였다. 따라서 듀이의 근본적 기준은 17세기에 그 유래를 두고 있으며, 비록 오늘날에도 유용성이 크기는 하나 현대 분류학에는 적절하지 않다.

전문용어장(terminological field)의 확립은 순수하게 경험적인 방식으로 이루어지며, 그 근원은 다음 중 하나이다.

- 일반적으로 서면·인쇄물 형태로 된 텍스트 코퍼스에서 발견하여 추출된 개념적·전문용어학적 구조
- 사회적·직업적 기준에 따라 기술된 활동에 필요한 개념적·전문용어학적 구조: 이 경우 주제의 다양성에도 불구하고 특정한 직업적 환경(예: 발전소, 부두, 연구소)에서 사용될 전문용어를 예상해볼 수도 있다.

이 같은 두 측면은 서로 연결되어 있다. 코퍼스를 선택하려면 관련된 수요를 사전에 경험적으로 정의하여야 하며, 선택된 텍스트 코퍼스를 관찰함으로써 이러한 수요의 정의를 추론하는 것도 가능하다.

이에 따라 전문용어집 편찬자는 다음의 두 가지 과제에 직면하게 된다.

① 하나 또는 여러 주제분야에 관찰 단위를 귀속시키기, 즉 특정한 용어에 주제 표지 붙이기

이는 의미론과 화용론을 모두 포괄하는 사전편찬학적 과제이다. (의) 또는 '의학용어'라는 표지는 (가) 용어의 정의가 의학의 의미장에 속하거나 (나) 해당 용어의 용법이 의학 실무 영역에서 필요하고 일반적으로 사용됨을 의미한다. 전문용어학적 사전편찬학에서 첫 번째 의미는 분명히 존재하며, 두 번째 기능은 조정, 간섭 또는 정상화의 문제가 있을

때만 발생한다. 사실 용어를 특정 주제분야에 귀속시키는 것은 참조에 대한 수요를 충족시키는 실용적 작업이다. 이러한 작업은 다음 단계의 궁극적 목표인 개념적 전문용어 체계에 대한 서술을 통하여 주제분야가 구성된 경우에만 본질적 가치를 가지게 된다.

② 주제분야 전체에 대한 명확한 서술

수동 분류와 자동 분류 모두 조악하지만 필수불가결한 도구이다. 당시의 지배적 이데올로기와 사회현실을 반영하기 때문이다. 따라서 주제분야의 문제는 구조적인 문제가 되는데, 이는 전문용어가 개념체계에 대응하여야 하기 때문이다. 주제분야를 정의하고 그 범위를 정하는 것은 (해당 분야를 직접 정의하였든 외부의 제안을 수용하였든 간에) 전문용어집 편찬자에게 매우 중요한 과제이다.

주제분야에 대한 서술의 관점에서 볼 때, 적어도 두 가지 유형의 주제분야를 구분하여야 한다.

(1) 이론적 주제

철학과 순수과학 등의 이론적 주제는 일반적으로 특정한 목표를 중심으로 한다. 해당 목표가 일반적이고 다양한 관점에서 다루어지며 상이한 전제를 바탕으로 하는 경우도 마찬가지이다. 이들 주제는 개념적·전문용어학적으로 세분되는데, 한편으로는 연구 대상 주제에 따라 하위주제로 세분되고 다른 한편으로는 각종 이론으로 세분된다. 따라서 전문용어집 편찬자의 과제는 다양한 이론에서 사용되는 용어를 수집·대조하여 동일하지만 다른 개념을 나타내는 용어와 구분하는 것이 된다. 일례로 심리학의 '행동'과 '반응' 등의 용어는 어느 이론에서 쓰이느냐에 따라 다른 개념에 속한다. 정밀과학 및 자연과학의 경우 이론별 개념의 동질성이 보다 크지만, 통시적으로 주제를 살펴보면 동일한 문제가 발견된다. '원자'와 '질서'라는 용어의 역사적 변화가 대표적인 사례이다. 일반적으로 용어의 외연이 넓을수록(이 경우 내포는 작아짐) 일반적인 특성을 보이며, 해당 용어로 표현할 수 있는 개념의 수도 많아진다. 물리학의 '힘'과 같은 개념 및 용어의 역사적 변화나 (정신분석을 심리학 이론의 일부로 간주할 경우) 심리학의 '무의식'과 같은 개념에 대한 공시적 서술을 추적하는 작업은 '역기전력'이나 '소산' 같은 전문용어에 대한 서술보다 훨씬 복잡한 과제이다. 이 때 기본적인 전문용어학적 과제는 대중과학 작가, 인식론자, 과학사가의 몫이다. 그러나 일반적 개념은 학제적인 특성을 가지며 응용과학 등의 분야에서 다수의 전문용어 체계를 서술하는 데 필요하기 때문에, 전문용어집 편찬자는 관련 정보를 숙지하고 제대로 된 작업도구를 갖추어야 한다. 전문용어학 관련 문헌 이외에도 쿠아레(A. Koyré, 1957), 바슐라르(G. Bachelard, 1938), 헬름홀츠(H. von Helmholtz, 1977) 등 인식론자 및 과학자들의 저작을 익혀야 한다.

(2) 기술 관련 주제분야

기술 관련 주제분야의 경우 구조가 상당히 다르다. 조직화된 방식으로 환경을 변화시키는 것을 목표로 하는 과정이나 도구, 활동의 체계로서, 각각의 기술 분야는 하나의 실용적 영역을 구성한다. 여기서는 '실체'에 대한 이해를 바탕으로 지식을 추출하는 것이 아니라, 지식을 활용하여 '실체'를 변화시키는 것이 목적이다. 그러므로 각 주제분야는 필요한 지식의 종류에 따라 실용적 목표와 다양한 유형의 활동으로 구성된다. 공학, 행정학, 법학, 경영학에서 주제분야의 형태를 나타내는 모델(예: 트리 구조)의 구축과 관련하여 나타나는 문제는 순수과학의 경우와 상당한 차이가 있다. 이들 분야의 경우 부분적으로 사회경제적 환경의 영향을 받기 때문이다. 전자공학에서의 전기학, 임학에서의 식물학, 생태학, 역학 등 기존의 과학지식에 포함되는 주제를 제외하고, 이들 영역에 적합한 모델은 구체적인 일련의 활동을 반영하여야 한다. 왜냐하면 부분적으로 사회경제적 상황에 의존하기 때문이다. 퀘벡 프랑스어청(Office de la langue française du Québec)에서 임학을 주제분야로 하여 프랑스어로 제시한 트리 구조의 사례를 살펴보면 어떤 요소가 필요한지 확인할 수 있다.

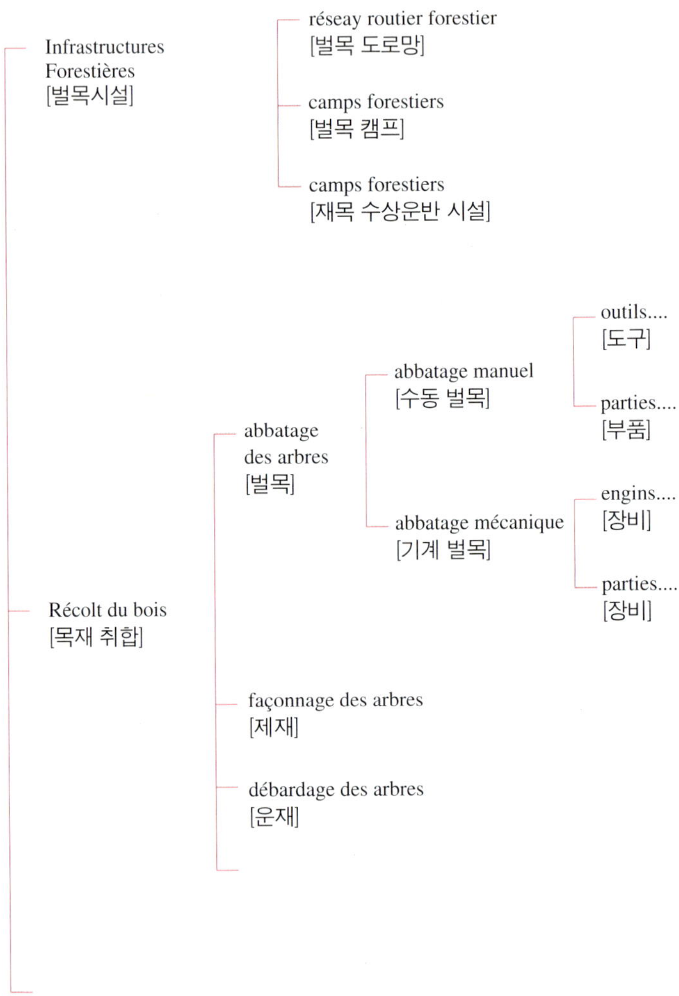

그림 1 : 임학 주제분야의 프랑스어 트리 구조

주제분야의 내적 복잡성은 상당한 수준이다. 일례로 '벌목 도로망'은 주제 분야의 내부적 복잡성은 상당하다. 예를 들어 '벌목 도로망'은 삼림관리의 특정한 관점에서 본 도로건설 관련 전문용어의 일부를 구성한다. 캐나다와 스칸디나비아의 경우 벌목 도로망의 구조가 상당히 유사하나, 아프리카 열대 지방의 삼림과는 매우 다르다. 기술적·경제적 활동은 공간, 행정, 기술 등 해당 활동의 조건에 따라 다양한 분야로 구성되며, 이러한 조건에서는 여러 단계가 공존할 수 있다. 과학에서는 주제의 범위를 정하고 구조화하는 작업이 개념구조, 즉 일반화된 구조를 반영하지만, 기술 분야에서는 부분적으로 독창성을 가지는 일련의 구체적 환경을 반영한다.

이 같은 단순한 관찰이 전문용어 처리 작업에 미치는 영향은 상당히 크다. 첫째, 전문용어집 편찬자는 저마다 다른 방식으로 주제분야에 대한 지식을 습득한다. 둘째, 과학 관련 전문용어에 대한 서술은 해당 과학의 개념구조에 대한 지식을 전제로 한다. 반면 기술 관련 전문용어의 경우 관련된 모든 영역에 대하여 동일한 수준의 지식을 전제로 하며, 해당 분야 직업군이 보유한 기술에 대한 지식도 필요하다.[3]

마지막으로, 일반적 전문용어 처리 작업을 특정 환경에 한정된 전문용어 처리 작업과 구분할 필요가 있다. 광업 전반에 대한 전문용어가 전자, 특정 국가 및 지역 내 광업에 대한 전문용어가 후자의 예가 될 것이다. 일부 작업에서는 주제가 확장되어 공학적 응용에 필요한 이론적 지식까지 포함되는 반면, 주제의 범위를 엄격하게 제한하는 작업도 있다. 서술의 목표, 해당 작업에 이용 가능한 수단, 의도된 적용범위 등 중요한 실용적 고려사항을 감안한 다수의 임의적 결정은 반드시 전문용어 작업을 개시하기 전에 이루어져야 한다. 작업의 구조와 범위가 보다 명백한 과학 분야에서도 전문용어학적 개입, '상위분야(broader field)'의 포함·배제, 일반적 개념과 같은 요인을 고려하여야 한다.

주제분야 및 하위분야의 유형 분류체계는 역동적 개념구조(예: 이론

구조, 일반구조, 특수구조), 명칭목록에 대응되는 분류체계, 마지막으로 기술 분야의 실용적 기술에 대한 개념적 표현에 영향을 미칠 수 있다. 세 가지 경우 모두 적절한 유형 분류체계가 있어야 서술이 가능하다. 이는 문서화 분야에서 중요한 문제인데, 선형적 분류 또는 트리 구조로는 이러한 문제가 제대로 해결되지 않고 있다. 이론적·실용적 개념집합을 이해하는 데 필수적인 발생적, 구조적, 변증법적, 사회역사적 차원을 배제하기 때문이다. (이러한 개념집합의 확인은 전문용어학의 궁극적 목표이기도 하다.)

3) 전문용어집 편찬학의 과제

체계적 서술을 위해서는 이론적·실용적 주제분야에 대한 정의가 필요하다. 그러나 복잡한 경험적 대상을 서술하는 전문용어집도 존재한다. 신조어 수집, 데이터베이스 입력 등을 위하여 텍스트 코퍼스를 바탕으로 혼합적 서술을 수행한 사례가 많다. 테마별 결과물을 구분해보면 다음과 같다.

- 서로 연결된 주제분야를 그룹으로 묶는 다학제적 전문용어집
- 기초과학 및 연관 분야를 포함한 일반주제 전문용어집
- 주제분야 및 하위분야를 엄격하게 정의한 특수주제 전문용어집
- 특수 사례 및 실무상황을 위하여 경험적으로 구성된 전문용어집(예: 특정 기업과 관련된 주제를 모두 포괄한 전문용어집)

모든 전문용어 작업을 시작하기에 앞서 주제에 대한 정보를 체계적으로 수집하는 것은 문서화 작업과 관련된 사안이다. 참고문헌을 만들려면 수작업 또는 전자 형태로 된 체계적 목록을 작성하여야 한다. 이러한 목록은 어휘목록, 매뉴얼, 협정, 전문 학술지, 기업별·작업별 기술문

서로 구성되는데, 기술적 정보가 혼합된 홍보물 및 언론보도가 포함되어 있기 때문에 수집하기가 더욱 어렵고 사용하기에도 더욱 위험하다.

직접적 응용과 관계된 모든 전문용어집에는 각각의 언어 공동체에서 사용하는 문어 및 구어에 대한 연구를 추가하여야 한다. 사업장 내에서 커뮤니케이션이 제대로 이루어지게 하는 것을 그 목표로 하는 전문용어집의 경우, 해당 작업을 담당하는 전문용어집 편찬자는 공장, 건설현장, 사무실에서 사용되는 언어를 알아야 한다. 이를 위해서는 연구 방법론과 정보 제공자의 활용이 반드시 필요하다. 퀘벡 프랑스어청은 이러한 사회언어학적 방법론에 상당한 중요성을 부여하고 있다.

(1) 전문용어장에 대한 분석

'의미장(semantic field)' 및 '어휘장(lexical field)'이라는 표현과 유사하게, 전문용어집 편찬의 대상을 가리키는 표현으로 '전문용어장(terminological field)'을 사용하자는 제안이 있었다. 여기서는 주제분야가 이론적인지, 테마 중심인지, 직업군이나 특정 기업에서 추진한 일련의 활동 또는 수요인지, 텍스트 코퍼스에 수록된 전문용어학적 콘텐츠인지는 상관이 없다.

이러한 전문용어장에 대한 분석은 그 특성에 대한 전제를 참고하여 이루어진다. 수력발전처럼 상대적으로 동질적인 특성을 보이거나 석유 탐사의 경우처럼 이질적인 특성을 보이는지, 또는 상대적으로 이론적인 성격이나 실용적인 성격이 얼마나 강한지는 여기서 중요하지 않다. 이러한 분석은 하위분야, 인접분야, 구성에 필요한 분야에 대한 분류가 수행됨을 의미한다. 전문용어장에 대한 범위 설정은 관련된 사용자들의 표현에 대한 수요를 반영한 기능이다. 일례로 포도재배학에 대한 전문용어집은 사용자가 전문 엔지니어인지, 와인 생산자인지, 레스토랑 경영자인지에 따라 구성이 달라져야 한다. 와인의 복잡한 화학적 특성은 화학공학 기술자에게만 진정으로 의미가 있으며, 기타 외부자의 입장에서는 관심의 대상이 아니다. 한편 포도 재배 및 수확 기법, 포도밭의 관리, 와인 양조기술 등은 와인 생산자의 영역이다. 사용자 유형에 따른 이 같은 우선순위는 전문용어학의 황금률이다. 그러나 교사와 해당 분야 학습자가 사용자인 과학 분야에는 이러한 황금률을 동일하게 적용할 수 없으며, 이들은 전체 과정이나 활동 중 특정한 측면에만 관심을 보이는 전문가 집단과는 분명한 차이가 있다.

일단 전문용어장의 범위와 내부구조가 정해지면, 다음으로는 전문용어집의 근간이 되는 개념구조를 확립하는 것이 원칙이다.

(2) 개념적 분석

개념적 분석이 언제나 가능한 것은 아니다. 과학이론 관련 전문용어집, 응용과학 관련 일부 전문용어집, 체계적 명칭목록 등 이론적 주제나 불변적 응용분야에 대응하는 동질적 분야, 그리고 복잡한 실용적 분야 안의 소규모 단위에 대해서는 개념적 분석이 가능하다. 특정한 전문용어집이 개념적 분석과 어떻게 연관되는지 알아보려면 개념모델을 구성하여야 한다. 이러한 방법론이 매우 인위적이라는 점은 모든 전문용어집 편찬자가 주지하고 있는 사실이나, 국제기구에서 전문용어학에 대한 이론적 주류를 이루고 있는 독일 및 러시아의 전문용어학 학파는 이 같은 개념적 접근법을 선호한다. 이는 이론적으로는 흠잡을 데 없는 입장이지만 그와 관련된 난점을 다소 과소평가하는 경향이 있다.

여기서는 이론적 난점을 일단 논외로 하더라도, 특정한 전문용어장에 대한 개념적 분석을 위해서는 개념구조에 바탕을 둔 역동적 작용을 철저히 이해하여야 한다는 점은 분명하다. 하지만 이러한 구조는 자연어 및 형식어, 그리고 도형, 도면 등의 형태로 된 기호학적 지원체계를 통해서만 이해가 가능하다는 점을 반드시 유의하여야 한다. 여기서 자연어는 분명 필수적인 도구이며, 그렇기 때문에 주제분야에 대한 다언어적·비교언어적 지식이 반드시 필요하다.

구조적 정의를 제공하는 연구자나 발명자가 개념적 분석을 발전시키지 않은 경우에는 이전의 특정한 단계를 거쳐야 한다. 즉, 해당 전문용어장의 작용에 대한 지식 이외에 개념의 기원에 대한 결정적 이해가 필요한 것이다. 이 모든 지식은 정의 및 서술의 작성에 반영되며, 이들은 각각의 경우에 사용되는 보완적인 방법론적 절차를 결정·형성하는 역할을 한다.

(3) 코퍼스에 대한 언어학적 분석

용어의 역할을 하는 일련의 언어단위, 단어, 구는 코퍼스에서 추출된다. 이들이 발생하는 담화에 대한 의미론적 분석을 통하여 이들 용어의 의미를 추론한다. 이렇게 구성된 정의 및 서술은 해당 전문용어장의 근간을 이루는 개념의 통일성을 복원하는 경향이 있다. 개념이 언어안에 남아있으면 의미에 대해서만 접근이 가능하다. 이론적인 관점에서 이는 해석적 의미론의 과정에 해당하며, 실무에서는 문서화 작업에서의 분석 방법으로도 활용된다. 그러나 서술적 의미론과 대조적으로, 문서적·전문용어학적 분석은 언어를 통하여 어느 정도 적절하게 표현되는 보편적 내용을 확립하는 것을 목표로 한다.

따라서 가장 좋은 방법은 다언어적·비교언어적인 방식으로 데이터를 선택하는 것이다. 단일어로 전문용어를 처리할 경우 어휘목록에 대한 의미론적 분석에 그칠 위험이 있으며, 이에 따라 단일어로 이루어지는 모든 전문용어집 편찬 작업은 해당 분야에 대한 사전편찬 작업과 혼동될 위험이 있다. 지식 또는 기술 분야의 범위가 정해진 후에야 의미 및 언어학적 형태에 대한 분석이 개념적 분석과 일치하게 된다. 여러 언어에서 이들이 나타내는 행태를 분석하여야만 비로소 언어적 수준의 의미를 간언어적·언어외적 수준의 개념과 분리할 수 있게 된다.

코퍼스에 포함된 요소들을 추출하는 작업은 선택적으로 이루어진다. 이로 인해 발생하는 두 가지 문제에 대해서는 다음의 두 절에서 논의하고자 한다.

(4) 전문용어 단위의 정의

단어에 대한 기준이 불충분하다는 점은 이미 입증된 바 있다. 프랑스어에서 나타나는 명사구 형태 용어(신태그마)에 대한 선호로 인하여 이러한 단위의 한계에 대한 문제가 제기되고 있다. 그러나 용어의 확인은 언어학적 기준의 문제만이 아니다. 어휘화된 모든 단위는 용어가 될 수 있으나, 일반적 용법에서 어휘화되지 않은 다수의 복합 명사구 역시 용어가 되어 명확하게 확인된 개념을 나타낼 수 있다. 어휘론에서는 총체적 의미가 그 구성요소의 일반적 의미에 대응되지 않는 예측 불가능한 어휘소만이 단위로 간주된다. 그러나 '진행마비(paralysie générale)'와 그 변형인 'PG' 및 'paralysie générale progressive'는 전신에 영향을 주는 마비 유형이 아니라 매독으로 인한 확산성 수막뇌염을 가리킨다. 한정사 'générale'을 잘못 해석하는 일이 없도록 주제분야에 대한 이해가 선행되어야 한다. 언어의 어법과 언어간 대조를 위해 정의된 숙어를 구성하는 여러 표현과 마찬가지로, 이들 요소는 부호의 일부가 되며 학습을 거쳐야만 사용이 가능하다. 이와 대조적으로, 전문용어에 사용되는 대다수의 명사구는 의미론적 법칙과 구성요소의 일반적 의미에 따라 만들어진다. 일례로 '수압 프레스(hydraulic press)'는 액체, 주로 물을 통하여 작동하는 프레스이다. 마찬가지로 프랑스어의 '방사형 리벳 체결장치(rivetage radial)'와 '방사형 리벳공(riveteuse radiale)'도 그 의미를 충분히 예측할 수 있다. 용어 자체에서 의미를 충분히 예측할 수 있다. 사전에서는 일반적으로 구를 예시로 제공한다. 이들 구는 어휘화하여 용어로 사용할 필요가 없으며, 빈번하게 사용될 필요도 없다. 물론 사용빈도가 높은 구는 용어로 선택되기가 보다 쉬운 것이 사실이며, 특히 의미구조가 예측 불가능한 경우에는 더욱 그러하다. 그러나 이러한 언어학적 기준이 필수적인 것은 아니다. 중요한 것은 전문가 집단의 용법에서 특정한 단위가 일반적으로 수용·이해되는 형태와 일치하는지, 특히 해당 분야에서의 개념을 이해할 수 있게 하는 정의와 일치하는지 여부이다.

일반적으로 단일, 단순 또는 복합 한정사를 가지는 프랑스어 명사구는 이들 요건을 충족하는 경우 용어로 간주될 수 있다. 아래는 NORMATERM에서 발췌한 프랑스어 사례이다.

- enrouleur à bandes sans fin [무한 밴드형 배처]
- enrouleur à rouleau d'entraînement montant [상승식 구동 롤러형 배처]
- enrouleur à roule montant commandé [상승식 구동 배치형 배처]

여기서 '배치(roule)'의 정의는 '넓게 둥글려 감은 소재를 사용한 원통형 공구(mandrin avec matière enroulée au large)'이고, '배처(enrouleur)'의 정의는 '둥글려 감은 소재를 진열할 용도로 마련된 장치(dispositif destiné à présenter la matière en roules)'이다. 여기서는 'enrouler'의 정의에 'roule'을 사용하고 'roule'은 다시 'enrouler'의 결과로 정의되는 순환식 정의가 이루어질 위험이 있다.

이렇게 긴 구는 모두 정의가 가능하며, 각각 대상의 특정 부류에 대응된다. 각각의 구를 요소로 분석할 수 있는데, 이들 중 일부(예: bandes sans fin, rouleau d'entraînement montant, roule montant commandé)는 그 자체가 용어이다. 마지막에 제시한 이들 구는 추가로 분석이 가능하나, 관련된 대응물이 존재하는 경우(예: 'rouleau d'entraînement'이 그 자체로 또는 다른 형용사와 함께 발견되는 경우)에만 분석이 이루어져야 한다. 이들은 단어나 어휘소가 아닌 용어이다.

이러한 예는 2개 국어로 된 전문용어집에서도 찾아볼 수 있다. 다음의 용어는 문서화 언어에 대한 국제표준(ISO 5127/6: 1983)에서 발췌한 것이다.

- classification [분류]

  classification

- classification system [분류체계]

  système de classification

- classifying [분류체계 이용]

  utilisation d'un système de classification

- universal classification system [보편적 분류체계]

  système de classification encyclopédique

- specialized classification system [전문적 분류체계]

  système de classification spécialisée

- broad classification system [대분류 체계]

  système de classification à grandes divisions

- depth classification system [심층분류 체계]

  système de classification en profondeur

- faceted classification [소분류 체계]

  système de classification à facettes

(5) 서술단위의 선택

궁극적 목적이 무엇인지에 따라, 전문용어집 편찬 과정에서 직면하게 되는 과제는 다음과 같이 두 가지 유형으로 정리할 수 있다.

① **선별적인 단위 선택**:

신조어 등 새로운 단위나 제대로 서술되지 않은 단위를 확인하고자 하는 경우

용어로 사용되는 단위의 선택은 쉬운 일이 아니며, 해당 단위를 각종 분야 및 하위분야에 귀속시키려면 단일한 문맥에 대한 조사가 이루어

져야 한다. 엄밀한 과학·기술, 대중과학, 언론, 교육 등 표현의 수준에 관심을 두는 것이 중요하다. 일반적으로 다학제적인 신조어군은 전문용어집 편찬학보다는 사전편찬학적인 성격이 강하다. 이러한 신조어군은 일반사전의 과학기술 항목과 동일한 약점을 가지는 경우가 많다. 즉, 해당 단위가 속한 개념구조에 대하여 사전편찬자가 무지하다는 점이 약점으로 작용한다.

② **총체적인 단위 선택:**
단일 분야의 모든 용어를 서술하고자 하는 경우

이 경우에는 용어 선택의 위험이 덜하다. 코퍼스의 규모가 크고 일관성이 높은 경우, 다수의 문맥에서 단위를 선택하여 사용 빈도를 확인할 수 있다. 단, 코퍼스의 동질성이 담보되어야 한다. 일반적 사전편찬학에는 적용이 불가능한 이 같은 요건은 연대별 통일성(개념이 용어보다 빨리 발전하기 때문), 그리고 담화의 유형과 관련하여 매우 중요하다. 대중과학 텍스트나 신문기사가 개념적 혼란을 유발할 수 있으며, 이로 인해 용어 역시 왜곡되는 경우가 많다. 여기서도 사전편찬학의 관점은 상당히 다르다.

신조어의 경우, ①과 ②의 중간에 해당하는 방법을 사용할 것을 권한다. 이 방법은 정확한 분야나 하위분야로부터 새로운 용어 및 개념을 추출하는 방식이다. 이렇게 하면 연구자는 해당 분야의 개념구소를 참고하면서 선택된 용어의 의미를 덜 직관적인 방식으로 고정할 기회를 얻게 된다. 용어의 신조어적 특성은 그 자체로 상대적이고 임의적이다. 이러한 특성은 기존 용어에 대한 코퍼스의 정의에 따라 달라지는데, 기존 용어의 구성요소는 정의상 이미 알려진 요소이므로 신조어에 해당하지 않는 것으로 간주된다.

일반적으로 전문용어에 대한 임시적 서술을 특정 분야에 사후 귀속시킨 경우 해당 서술에는 의문의 여지가 있다. 그러나 체계적 서술이 부재한 상황에서 명칭을 부여하고 새로운 전문용어 단위를 이해하려는 수요가 있기에, 이 같은 임시적 서술은 비록 잠정적으로나마 바람직하며 필요하다고 할 수 있다.

마지막으로, 여기서 설명한 두 가지 방법은 상호보완적이라는 점에 주목할 필요가 있다. 코퍼스에서 단위를 선택하고 이들을 처리하는 과정에서 개념적 분석이 이루어진다. 특정한 분야나 하위분야, 그리고 용어가 속하는 개념적 부류에 대한 용어의 귀속은 그 문맥만으로는 추출이 불가능하다.

4) 파일의 생성

전문용어집 편찬자의 핵심적 활동은 포괄적인 기록이 포함된 파일을 생성하는 것이다. 즉, 단일 분야에 속하는 용어군, 또는 동일한 개념을 나타내는 다언어 용어군에 대한 간략한 사전 항목 및 상세 항목이 포함된 파일이다. 이러한 작업은 기존에 사전편찬학에서 확립된 절차와는 다소 차이가 있으며, 특정한 언어적 형태에 대하여 구체적인 정보사항을 체계적으로 부여하는 방식으로 진행된다. 이러한 언어적 형태는 용어로 간주되어 표제어 내지 항목의 지위를 얻게 된다. 각 언어별로 최대 20가지 정보 범주가 필요한 것으로 간주되고 있다. 주로 분절된 형태로 목록에 등재되는 이 같은 정보는 그 특성 및 수준에 따라 다시 그룹으로 묶을 수 있다.

항목 또는 표제어가 곧 용어일 때는 세 가지 수준의 정보가 존재한다. (이는 체계적 어휘목록을 제외한 모든 경우에 적용된다.)

① 언어적 수준

(가) 형태구문

- 항목의 형태: 다양함(발음, 철자법 정보 등)
- 형태론적 분석: 복합어, 명사구, 약어, (용어 형성 과정에 대한 서술)
- 기능: 문법 범주

(나) 용례(실용적, 사회언어학적 수준)

- 용어의 용례 수준: 지리적 용례(국가, 지역 등)
- 양적 규모에 대한 가치판단, 형태에 대한 규범적 관찰
- 문맥(아래의 ③ 참조)

② 개념적·의미적 수준

(가) 단일언어 내

- 특정 주제분야에 대한 귀속(테마별 주제 또는 사용영역)
- 정의를 통한 개념 분석(임시로 작성하거나 원문에서 참고자료를 취함)
- 추후 선택을 위한 개념적 특성 분석(상이한 문의 절차에 따라 각 주제별로 하나 또는 여러 개의 관련된 특징을 확인, 해석, 기록)
- 해당 분야 내 다른 용어와의 관계

(나) 동일 개념에 대한 타 언어의 전문용어 단위

③ 참고자료·원문 수준

(가) 원문, 문맥(어의론적 사전) 또는 용례 예시(명의론적 사전)
해당 문맥에 대한 참고자료

(나) 기록을 작성한 지자 및 일자

(다) 전문용어집 내 항목의 참고자료

표제용어가 전문용어집에서의 용어는 아니지만 하나 이상의 언어에서 명명된 개념으로 간주되는 경우, 제공되는 정보는 동일하지만 일부는 다른 방식으로 해석된다. 또한 표제용어는 단위에 대한 검색이 용이한 용어 색인 같이 조직화된 정리체계, 또는 정의적 코퍼스에서 자리를 제공받아야 한다. 이 때 실제 작업을 위해서는 다언어의 사용이 필요하다. ②항에서는 더 이상 출발어-도착어의 방향성이 반영되는 번역에 관심을 두지 않고 완전한 등가표현에 집중하게 된다. 용어에 대한 모든 정보는 필요한 언어의 수만큼 증대할 수 있다.

콘텐츠에 대한 정보 중 대부분은 주제분야에 대한 충실한 분석, 용어로 사용되는 형태구분적·어원적 형태에 대한 지식, 그리고 문맥의 선택, 범위 설정, 제시를 위한 올바른 사전편찬 방법론을 필요로 한다. 하지만 정의로 인하여 문제가 발생할 소지가 있다. 방법론적인 관점에서 이야기하자면 여기서의 요건은 명사구나 동사구를 생성하는 것인데, 이러한 구는 진정한 의미에서 아리스토텔레스적인 방식으로 개념과 관련이 있는 모든 특징을 새로 정의되거나 기존에 알려진 용어를 사용하여 가장 경제적인 방식으로 나열하게 된다. 이러한 작업을 진행하기 전에 개념적 위계질서에서 가장 가까운 총칭적 용어를 결정하여야 한다. 그러나 이러한 분류적 정의가 언제나 적합한 것은 아니다. 순수과학에서는 기능적 정의를 사용할 수 있으며, 이 같은 정의의 사용이 반드시 필요한 경우도 있다.

사전편찬학적 정의와 비교했을 때, 실용적인 이유로 인하여 관련성이 있는 특징의 수가 훨씬 많은 것이 보통인데, 특히 기술 분야 개념의 경우 더욱 그러하다. 하지만 원칙적으로는 동의어가 없기 때문에 사용될 용어를 선택하는 기준은 좀 더 제한되어 있다. 표현의 경제성, 비순환성, 동질성 등의 규칙은 동일하게 적용된다. 전문용어집의 경우 일반사전에 비해 엄격한 규칙이 적용되지만, 규칙의 준수가 보다 용이하다. 전반적인 서술이 보다 제한적이고 체계적이며, 일반언어의 다의성, 그리고 무엇보다도 모호성을 배제한다. 언제나 목표는 논리적인 명칭을 제시하는 것이다. 그렇기 때문에 전문용어집에서는 명칭에 대한 건설적 정의를 다루며, 이러한 과정을 통하여 사전편찬학의 난점 중 상당수가 제거된다.

단, 전문용어집에만 해당하는 문제점이 하나 있다. 정의적 구가 정의로서의 역할을 유지하려면 관련성이 없는 일체의 특징, 즉 가장 가까운 개념과 대조를 이루지 않는 특징을 배제하여야 한다. 그러나 이는 단어 의미의 문제가 아니라 부류에 속하는 대상의 속성과 관련된 문제이기에, 백과사전적 경향이 강하게 나타난다. 그렇기 때문에 서술과 정의를 구분하는 것이 중요하다. 일부 개념은 발생적인 관점에서 정의하여야 하고, 일부는 기능적인 관점에서, 일부는 모양이나 내용, 형태에 따라 정의하여야 한다. 그러므로 서술과 정의를 구분하는 것이 중요하다. 용어로 사용되는 구는 각 개념을 차별화하는 특징의 이 같은 다양성을 반영하여야 한다. 하나 또는 여러 개의 필수불가결한 정의적 특징을 선택할 수 있게 하는 요소는 개념체계의 구성뿐이다.

전문용어학적 어휘집에서는 표제어 뒤에 다양한 유형의 진술이 이루어지며, 이 중 일부에는 사전편찬학적 정의에 필요한 요소를 보충하는 추가적인 서술적 요소가 포함된다. 아래의 예시 중 밑줄로 표시된 용어는 전문용어에 속하는 것으로 간주되며, 이에 따라 용어사전의 다른 부분에서 정의가 제공된다.

숫자 집합: 수가 포함되어 있으며 제어문자와 특수문자가 포함될 수 있으나 일반적으로 글자는 포함되지 않는 문자 집합

인수시험: 계약상의 요건이 충족되었는지 확인하기 위하여 일반적으로 판매자의 입회하에 설치 후 구매자의 사입장에서 구매자에 의하여 수행되는 시스템 또는 기능부에 대한 시험

하드카피: 확대장치나 기타 기술적 보조기구 없이 읽을 수 있으며 일반적으로

휴대가 가능한 문서

(ISO 2382: 정보처리학 용어사전)

'일반적으로'나 '아마도' 같은 부사나 '~할 수 있다'는 동사는 모든 경우에 반드시 존재하지는 않기 때문에 특정한 대상을 정의하는 역할은 할 수 없는 독특한 특징을 가리킨다. 이 같은 '가능한 특징'의 문제는 미묘하다. 이들이 일반사전에도 자주 등재되는 데는 분명한 실용적 이유가 있으며, 개념화 작업과 비교했을 때 표현 수단이 가지는 이론적 약점에 기인한다. 이러한 약점의 예를 들자면 다음과 같다.

낚싯대: 금속, 목재 등으로 만든 길고 끝이 뾰족하며 유연한 막대. 여러 개의 마디를 이은 경우가 많으며, 낚싯줄, 그리고 일반적으로 실패를 함께 사용함.

필수적인 정의적 요소, 그리고 필수적이지는 않지만 활용 빈도가 높은 특징 사이의 구분은 언제나 가능한데, 이는 정의의 형식적 특성 때문일 수도 있고 선택적 읽기 때문일 수도 있다. 위에 제시된 '낚싯대'의 정의에서는 엄격한 정의가 유일한 목적이며, 따라서 막대에 사용이 가능한 물질적 실체에 대한 서술은 필수적이지 않으므로 생략이 가능하였다.

5) 전문용어학적 서술의 조직화: 명칭목록

전문용어집 편찬 작업의 조직화는 그 목적을 구체적으로 서술함으로써 이루어진다. 특정 주제분야의 전문용어를 서술하려면 그 경계를 정하고 서술의 상세도를 결정하여야 한다. 기술 분야 전문용어집에서는 일정한 수준의 정밀도를 적용하여 특정 분야와 그 하위분야를 서술한다. 때로는 인접분야를 보다 간결하게 서술하기도 하고, 관련 기술 분야에 유용한 각종 과학의 요소를 포함시키는 경우도 많다. 주제분야의 범위와 상세도는 선험적으로 결정되는 경우가 거의 없으며, 서술을 통하여 그 내부구조가 발달할 때가 많다.

단위의 선택과 관련된 문제점이 다수 발생한다. 구체적 개념을 나타내는 복합어구가 포함될 수 있고, 결합 가능한 요소로 나누어 분석되는 경우도 있다. 그러나 해당 주제를 제대로 다루려면 최대한 정밀한 수준의 개념적 분석이 전제되어야 한다. 구체성이 높은 개념일수록 실용적 중요성이 높기 때문이다.

단위의 순서는 알파벳순이나 기타 체계적인 방식으로 정리하여야 한다. 이론적으로 선호되는 두 번째 경우에는 사용자가 기존에 알고 있는 순서를 사용하는 것이 바람직하다. 뷔스터는 『Dictionary of Machine Tools』(기계도구사전, 1968)에서 '국제십진분류법(UDC)'의 틀을 채택하였다. 그러나 이 경우에도 색인을 통하여 알파벳순으로 편리하게 참조가 가능하다. 전문용어를 알파벳순으로 정리하는 경우 구를 정리하는 데는 문제가 발생한다. 모든 복합용어는 그 구성요소의 순열 형태로 위계적·체계적인 정리가 가능하며, 단순한 알파벳순 정리보다 이 같은 방식이 선호된다.

마지막으로 다언어 용어의 정리는 다른 방식으로 이루어진다. 체계적 어휘집에서는 원하는 만큼 많은 용어를 하나의 개념에 부여할 수 있다. 2개 국어로 된 전문용어학적 어휘집에서는 반드시 출발어를 정하거나 순서에 따라 각각의 언어를 출발어로 간주하여야 하는데, 이론적으로는 후자가 선호된다. 다언어 어휘집에서는 출발어 어휘 자체가 번역된 어휘인 경우가 많으며, 그 결과 도착어 용어가 인위적으로 만들어질 가능성이 있고 실제로도 그러한 사례가 많다는 점이 결점이다. 전문용어의 용법을 기록한 문맥을 요구하면 이러한 오류가 제거되는 경향이 있으나, 2개 국어로 된 일부 전문용어 자동화 데이터베이스에서 수행할 수 있는 이 같은 과정은 특히 다수의 언어로 편찬이 이루어지는 경우 비용 부담이 상당하다.

6) 전문용어학과 전문용어집 편찬학의 산물

기록은 연구와 처리의 기본 단위이다. 각각의 연구 기록, 선택 기록, 문서화 기록에서는 한 번에 한 가지 종류의 정보만을 제공할 수 있다. 최종적인 기록에서는 이러한 부분적 기록 파일에서 이미 수집된 다양한 유형의 정보를 결합한다.

일반적으로 기록의 상단에는 표제어와 일반적 정보가, 하단에는 참고자료가 수록된다. 정의, 문맥과 같이 길이가 긴 요소는 중간에 배치된다. 2개 국어 및 다언어 기록은 방향성을 띨 수 있는데, 이 경우 표제어의 도착어 번역을 제외한 모든 정보는 출발어로 제공된다. 방향성이 없는 경우에는 두 개의 기록이 상호참조로 연결되는 형태가 일반적이다. 이들 기록은 주로 번역 용도로 설계될 수도 있고, 서술이나 규범의 제공을 주된 목적으로 하여 설계되기도 한다.

기록 카드의 물리적 형태는 소형 카드부터 페이지 전체 및 그 이상의 규격에 이르기까지 다양하다. 기록 카드를 여러 개의 구역이나 블록으로 나누어 정보를 분할 배치하면 전문용어 단위를 대다수의 사전 및 백과사전 항목보다 동질적인 방식으로 제시할 수 있다.

기록 자체는 완전히 수작업으로 기입할 수도 있고, 사전에 인쇄한 요소가 포함될 수도 있다. 타자기로 정리하거나 컴퓨터 데이터베이스에 입력하는 경우도 있다. 또한 알파벳순이나 기타 체계에 따라 정리가 가능하고, 단일어나 다언어로 구성할 수 있으며(이 때 각 언어별 용어는 알파벳순으로 정리함), 하나 또는 여러 개의 주제분야를 다룰 수 있다. 구조화된 파일의 일부인 이 같은 기록은 전문용어학적 정보를 동질적으로 제시하는 데 기초가 된다.[4]

(1) 인쇄본

각종 주제분야에 대한 단일어·다언어 사전 및 어휘집이 꾸준히 늘어나고 있다. 이들에 대한 실용적·이론적 분류는 레이(A. Rey, 1977b) 등의 언어학자들에 의하여 진행되었다. 기술·과학 관련 사전편찬 작업을 개념을 중심으로 한 전문용어집 편찬과 구분하는 것이 중요하다. 제대로 된 전문용어집은 체계적 순서를 채택하거나 선호하는 경향이 있으며, 이를 위해서는 상호 연결된 간언어적 개념 모델의 구축에 상당한 주의와 관심을 기울일 필요가 있다. 하나 또는 여러 언어로 전문용어집을 편찬하는 작업도 이와 유사한 과정이다. 정의를 활용하고 용어를 출발점으로 하여 진행하는 개념 연구 역시 전문용어학적 과정이지만, 어휘론적 과정과 혼동되는 경향이 있다. 단어의 기능과 관련하여 해당 단어를 서술하기 위한 용어나 명칭을 잊어버린 경우, 해당 용어의 개념이 아닌 정의를 통하여 단어의 의미를 이해하고자 시도한다면 전문용어학적인 작업을 중단한 것이라 할 수 있다. 실제 전문용어집에서 보다 복잡한 단위 대신 단어를 표제어로 선택하고, 이들 단어의 다의성에 초점을 맞추며, 언어학적 기호의 특징이 정의에 반영된다는 점에서 이 같은 차이를 확인할 수 있다. 이 경우 정의는 단일한 언어에만 적용되는 반면, 개념에 초점을 맞추는 전문용어학적 정의에서는 여러 언어로 등가적 용어를 표시하거나 제안할 수 있다. 순수한 의미의 전문용어집 편찬학은 구성이 잘 된 주제분야에서만 효과를 발휘한다. 실제로 전문용어의 처리는 특히 기술 관련 주제에서 반쯤은 사전편찬학적인 특성을 보이며, 이론상 바람직한 수준에 비하여 해당 작업을 수행하는 언어에 훨씬 많이 의존하는 경향이 나타난다.

사전과 어휘집의 콘텐츠는 기록의 콘텐츠와 유사하나, 기록을 편리하게 제시할 수 있는 수단인 인쇄본에서는 데이터의 갱신이 지연되어 추가적인 내용을 넣기가 어렵다. 증보판이나 별도의 기록 파일을 간행하여 삽입할 수 있도록 함으로써 이러한 문제를 부분적으로나마 해결할 수 있다. 한편 정보과학이 발전하면서 정기적인 데이터 갱신이 가능해졌다.

(2) 전문용어 데이터 은행

전자 매체에서는 전문용어학적 요건의 준수가 인쇄본의 경우보다 훨씬 어렵다.

용어 은행은 원칙적으로 일관성을 가지며 특정한 요구사항에 대응하여 자동으로 조작 가능한 메모리에 저장되는 데이터의 집합이다. '데이터'에 대한 프랑스어 정의는 1992년 AFNOR과 ISO에서 다음과 같이 제시한 바 있다.

> donnée = Représentation d'une information sous une forme conventionelle qui convient à la communication, à l'interprétation ou au traitement.
> [데이터 = 커뮤니케이션, 해석 또는 처리에 적합하게 형식화된 방식으로 된 정보의 표시]

많은 데이터베이스에는 계량화된 과학, 기술, 경제, 행정 관련 정보가 수록되어 있다. 전문용어 데이터 은행은 수록된 데이터의 구조가 복잡하고, 콘텐츠의 계량적 중요성이 낮으며, 개념에 대한 서술이 해당 데이터의 주제분야는 물론 문서화 작업과도 관계가 있다는 점에서 차이가 있다.

이들 데이터 은행의 목적은 개념체계의 서술, 전문용어 및 명칭목록의 서술, 전문용어학적 문서화, 표준화, 번역 지원 등 다양하지만, 이 중 마지막 세 가지가 가장 중요하다. 현재로서는 자동화 기법이 실질적으로 도움이 된 영역은 문서화, 표준화, 번역과 관련된 활용뿐인 것으로 보인다.

단, 여기서 유념하여야 할 것은 자동화의 이점이 보다 방대한 양의 데이터를 처리할 수 있고, 보다 상세한 분류를 진행할 수 있으며, 질의 및 검색 과정에서 신뢰성과 안전성, 속도를 개선할 수 있다는 점에 국한된다는 사실이다. 데이터베이스의 품질을 결정하는 것은 결국 수록된 정보의 품질, 그리고 관리에 사용되는 소프트웨어의 성능이며, 나머지 요소는 아무리 정교하다 해도 하드웨어일 뿐이다.

(3) 데이터의 유형 및 품질

파일에 수록되는 데이터는 그 목적에 따라 다르다. 이들 데이터를 간략하게 세 가지 유형으로 나누어보면 다음과 같다.

- 2개 국어 용어 쌍을 중심으로 정리한 파일: 이 경우 다른 언어의 하나 또는 여러 용어에 대하여 등가적 용어를 확립하거나, 독일 연방언어청(Bundesprachenamt)에서 운영하는 LEXIS의 사례처럼 해당 용어에 대한 등가표현을 기타 여러 언어로 확립하게 된다.
- 두 언어 간의 관계를 중심으로 정리한 파일: 이와 관련된 사례로 TERMIUM과 퀘벡 전문용어 은행(BTQ: Banque de terminologie du Québec)의 영어-프랑스어 항목이 있다.
- 사전편찬학적 방식으로 이루어진 단일어 전문용어에 대한 서술(예: BTQ)
- 특정 주제분야의 개념과 그 용어에 대한 표준화된 정의를 담은 파일(예: AFNOR의 NORMATERM)
- 전문용어학적 콘텐츠가 포함된 문서화 데이터 목록

데이터의 품질은 이전의 전문용어 작업에 따라 달라진다. 대다수의 용어 은행은 사용자의 수요를 충족하고 부수적으로는 비용도 합리화할 수 있도록 구조와 품질이 다양한 다수의 원문 데이터를 축적하는 방식을 선호하지만, 엄선된 동질적 데이터만을 처리하는 방식이 바람직하다.

(4) 프로그램 및 소프트웨어(정보 검색 및 취득)

자동화 시스템의 가치는 데이터의 품질 및 동질성과는 무관하다. 대신 검색 형태, 속도, 유연성 등과 관련하여 평가되는 사용 가능성에 따라 가치가 결정된다. 일부 용어 은행에서는 구체적 수요(예: 번역)에 맞춘 단순한 검색 프로그램을 사용한다. 한편 다른 일부에서는 용어의 정의부터 검색까지, 번역에서 개념이나 하위분야, 분야에 대한 참고문헌 목록까지, 특정 용어의 단일 주제분야 내 전체 용례부터 가능한 표준에 대한 결론 도출까지 다양한 정보의 추출이 가능하다.

검색 시스템의 선택은 기본적으로 용어 은행이 충족하여야 하는 특정한 수요에 따라 결정된다. 이러한 검색 시스템은 온라인 형식이 될 수도 있고 일괄처리 형식이 될 수도 있으며, 정보의 입출력 역시 인쇄본, 마이크로피시, 화면 표시 등 다양한 방식으로 이루어질 수 있다.

데이터베이스 운영과 관련된 구체적 사례로는 독일 연방언어청의 LEXIS, 독일 뮌헨에서 지멘스(Siemens)가 운영하는 TEAM, 캐나다의 TERMIUM(캐나다 오타와에 위치한 캐나다 연방정부 데이터베이스), 퀘벡 프랑스어청의 전문용어 은행(Banque de Terminologie), 룩셈부르크 소재 유럽연합위원회(Commission of the European Union) 용어 은행 등이 있다.

기존의 용어 은행은 다음의 두 가지 주요 범주로 구분된다.

- 과학 및 기술 관련 텍스트의 번역을 위한 용어 은행
- 표준화 과정에서 활용 가능한 용어 및 개념에 대한 문서화를 위한 용어 은행

보다 구체적으로, 전문용어 데이터(BTQ, NORMATERM)는 복합 항

목에서 문서화 및 번역을 지원하는 용어 은행에서 발견된다.

언어학적 지향성을 가진 어휘 데이터베이스의 경우 추구하는 목표가 다르며, 상이한 텍스트 분석 기준에 따라 처리된다. 보다 발전된 프로그램은 형식적인 형태를 띠며, 의미에 대한 서술은 원시적인 수준으로 문서화 작업용 프로그램과 유사하다.

2. 유관기관 및 관련 규제

모든 사회언어학적 현상은 전문용어학적 관점에서 비판적으로 검토하여 평가할 수 있다. 그러나 우리가 주관적 판단과 개인적 선호에 따른 편견을 극복하고 실제로 사용되는 언어라는 사회적 실체를 받아들이게 된 것은 비교적 최근의 일이다. 이 같은 단계는 과거의 무게와 새로운 신화로 인한 악영향을 받았다. 일례로 언어민족주의의 모순과 국제적 커뮤니케이션에 대한 열망 사이의 긴장은 그 안에 내재된 이해관계의 충돌을 반영한다. 영어의 승리는 미국이 주도하는 대형 다국적기업의 발전과 무관하지 않다. 하지만 이들 실체는 자신들의 행동에 양면성을 부여하는 다언어 활동에 대한 수요도 동시에 가진다.

대규모의 국가적·국제적 공동체에서 채택한 언어의 문제에서 시작하여, 이제 하나 또는 여러 언어로 된 전문용어를 필요로 하는 집단에 대하여 살펴보고자 한다. 이러한 집단은 자체적인 수요를 평가한 후 상황을 평가·서술·조정할 기관을 수립할 수 있다.

경제적·정치적 목적의 전문용어 활동에는 과학·기술 공동체 및 전문가 집단의 (보통 국제적인) 개입부터 각국 정부의 다언어적 개입까지 여러 종류가 있다.

1) 주제분야별 전문용어 관리

주제분야와 관련된 조정에는 모든 종류의 비판적 서술, 임시·부분·전체 수정, 편집과 스타일 시트, 간행물 관리 등을 통한 전문용어 체계의 생성 및 운영에 대한 표준화 등이 있다. 이러한 조정은 개인 또는 집단이 수행할 수 있으며, 자연스러운 조정과 계획적인 조정 모두 가능하다.

개인 및 집단의 행동은 새로운 용어의 제안처럼 긍정적인 경우도 있고, 기존 용어에 대한 비판처럼 부정적인 경우도 있다. 소규모 위원회, 언론인, 일부 공식 규제기관의 활동이 이에 해당한다. 이들 활동은 일반적으로 언어 순화주의적 태도의 영향을 받는데, 이러한 언어 순화주의는 비록 쇠퇴하고는 있지만 아직도 명맥을 이어나가고 있다. 언어의 정서적 사용에 기반을 두고 있으며, 주제분야 전문가들이 확립한 기능적 목표에 의하여 움직이기 때문이다. (공식적 표현 대신 암시적으로 적용되는) 체계적 원칙에 따른 임시적 규제, 그리고 대규모 규제는 기관에서 수행한다. 이와 관련된 조직은 다음의 세 가지로 구분할 수 있다.

(1) 과학·기술 관련 조직

각 주제분야를 다루는 대학 내 관련 학과 및 연구소(프랑스의 국립과학연구소, 스페인의 과학연구회, 구(舊) 소련 과학원의 여러 부서 등)는 필연적으로 전문용어학에 관심을 보이게 된다. 이들의 개입은 구(舊) 소련의 최근 사례처럼 노골적으로 이루어질 수도 있고, 대다수의 국가처럼 암묵적으로 진행될 수도 있다.

각종 학회, 원탁회의, 협회 및 과학기구 회의의 정례적 회합에서는 일반적으로 주제에 대한 메타 언어적 또는 간언어적 관점에서 본 전문용어학적 측면을 주제로 토론 및 논문 발표를 진행한다.

학회 및 과학연합은 특히 자연과학 분야에서 명칭목록의 발전·관리·확산에 중요한 역할을 담당한다. 이는 국제과학연합이사회

(International Council of Scientific Unions)에 다수의 전문용어 위원회가 포진해 있다는 점에서도 확인할 수 있다(표 1 참조).

기술 및 응용과학 분야의 협회 및 연합도 문서화 서비스의 일환으로 이와 유사한 조정 절차 및 수단을 갖추고 있다. 정보 및 문서화 센터에서는 자체적인 목적을 위하여 자연어 데이터를 처리한다. 이들은 콘텐츠에 따라 문서를 분류해야 하는데, 이 과정에서 본문 내 어휘 및 전문용어가 평가의 기준으로 사용된다. 이러한 문서화 센터는 자동화된 형태로 운영되는 경우가 많다. 관련어집(thesaurus)에 대한 이들의 작업도 전문용어학에 도움이 될 수 있다. 다수의 문서화 센터가 존재하지만 그 중요성은 크게 다르다. 일례로 프랑스에서는 프랑스 문서국(Documentation Française)과 국립과학연구소(CNRS) 이외에 국립석유협회, 용접협회, 화학산업연합, 국방부 산하 국방정보센터, 섬유연구소, 야금업협회 등에서 문서화 서비스를 제공한다.

이들 센터는 민간기업 및 정부기관은 물론 대규모의 국가기관 및 국제기구와 연계되어 있으며, 해당 주제분야에 대한 전문용어 요소의 수집 및 분류에, 그리고 때로는 서술에도 중요한 역할을 담당한다.

과학 및 공학 분야를 교육하려면 전문용어의 일관적 사용이 전제되어야 한다. 따라서 교육기관도 각자의 분야에서 전문용어의 표준화에 일익을 담당하여야 한다. 또한 교과서의 저자, 교육용 자료의 번역자, 사전편찬학자, 참고서적의 저자들도 각자의 제한된 목표를 위하여 나름의 방식으로 전문용어 집합을 서술한다.

이러한 관점에서 볼 때, 특정한 수요에 대응하는 과학·기술 언어에 대한 정책이 존재한다고 할 수 있다. 교육 수준에서 모국어를 표준화하고 필요한 전문용어를 통합한 언어 공동체에서는 이러한 정책의 중요성이 이미 확립되어 있다. 영어, 프랑스어, 독일어, 스페인어, 러시아어, 일본어 등이 대표적인 사례이다. 언어의 용법이 다양한 경우, 또는 새로운 지식분야를 추가하여야 하는 경우 그 중요성이 더욱 배가된다. (한편 후자의 사례는 아랍어, 중국어, 힌디어 등 오랜 문학적 전통을 가진 문화권의 언어에서도 발생한다.)

표 1: 국제과학연합이사회의 전문용어 관련 위원회 목록

(1976년 연감, 파리)

조직명	위원회의 기능
국제순수 · 응용화학연합(IUPAC)	- 물리 · 화학 분야 전문용어 및 단위 기호 - 무기화학 명칭목록 - 유기화학 명칭목록 - 거시핵 명칭목록 - 분석적 명칭목록 - 명칭목록 및 기호 관련 부서간 위원회 - 생화학 명칭목록(국제생화학연합과 협업 진행)
국제순수 · 응용물리학연합(IUPAP)	- 기호, 단위 및 명칭목록
국제생물과학연합(IUBS)	- 식물학 명칭목록 - 재배식물 명칭목록 - 동물학 명칭목록
국제지리학연합(IUG)	- 지리학 관련 국제 전문용어
국제결정학연합(IUCr)	- 결정학 명칭목록
국제생리학연합(IUPS)	- 용어 정의
국제생화학연합(IUB)	- 생화학 명칭목록(IUPAC와 협업 진행)
국제영양학연합	- 명칭목록 작성 절차 및 표준

어휘 학습의 부담감으로 인하여 과학·기술 분야에서 사용될 외국어의 교육에서도 전문용어와 관련된 문제가 발생한다. 특히 이미 확립된 담화에 다수의 용어를 통합하는 경우, 즉 특수 전문용어를 과학 분야 일반 어휘에 통합하고 이러한 어휘가 다시 일반 어휘에 통합되는 경우에는 더욱 그러하다.

(2) 정부의 언어정책

정부의 언어정책 개입은 다음의 두 가지 수준에서 이루어진다.

- 국가, 연방, 또는 언어 및 문화로 연결된 국가군의 언어정책
- 번역과 밀접한 관련이 있는 국가기관 및 국제기구의 간언어적 표준화 작업

① 국가기관 주도 언어정책의 전문용어학적 측면

언어적·문화적 정책 및 법률은 특정 언어에 내적 표준화를 강제하는 경향을 보이기도 하고, 철자법 개정과 같은 언어의 한 측면에 대한 총체적 개입이나 부분적 수정의 형태를 띠기도 한다. 어휘 및 전문용어 관련 정책은 총체적으로 이루어지는 경우가 거의 없다. 그러나 이스라엘의 히브루어처럼 문어 형태로만 남아있는 언어를 현대화하여 현대국가에서 사용할 목적으로 조정하기 위한 급진적 언어정책에서는 이러한 총체적 개입이 필요하다.

어휘 문제와 관련한 주요 과제는 일상적 용례의 광범위한 영역에서 제한적·일회성 개입, 또는 특수주제에 대한 부분적 개입이다. 새로운 전문용어에 대한 총체적 개입 정책은 개발도상국에서만 적용할 가능성이 높다.

실제로 단일어를 사용하는 개발도상국의 경우 언어 관련 법규는 국지적 개입으로 한정된다. 프랑스의 관련 법규가 좋은 사례이다. 프랑스어의 보호를 위한 법규는 원래 외부의 침략, 즉 프랑스어와 접촉하는 언어들의 실체로부터 프랑스어를 '방어'하기 위한 언어 순화주의적 제안을 목적으로 하였으나, 이후 프랑스어 사용자의 방어와 커뮤니케이션 개선을 그 정신으로 하는 법규로 발전하였다.[5] 이 법규는 제품 라벨 및 사업과 관련된 프랑스어 용법을 관리하고 일부 용어의 사용을 장려하여 미국 영어를 중심으로 한 무질서한 차용 경향을 통제하는 데 국한되어 있다. 이처럼 좁은 적용 범위에도 불구하고, 동 법규는 과학·기

술 전문용어를 포함한 상업, 사업, 법률, 행정 관련 신규 용법과 관련하여 전문용어의 조정 또는 표준화를 필요로 할 것이다. 전문용어 체계에 대한 사전 검토 없이 관련 업무를 처리하는 각종 유관부처의 전문용어 위원회에서는 부분적인 해법만을 제시할 수 있었으며, 이러한 해법마저도 실효성이 의심스러운 경우가 많았다.

긴급한 언어적 문제를 안고 있는 일부 국가의 법규는 더욱 모호하다. 영어와 프랑스어간의 관계에 대해서는 다언어관리청(Bureau de Langues)을 통하여 이중언어 사용에 대한 연방법을 적용하고 있는 캐나다의 사례를 다시 들 수 있다. 퀘벡에서는 체계적인 프랑스어화 정책을 바탕으로 섬세한 표준화 정책에서의 용법을 서술·평가하는 중요한 활동을 수행할 수 있었으며, 이러한 정책을 강력하게 주창한 인물 중 하나인 코르베이유(J. Corbeil, 1973)는 이를 '언어개혁(aménagement linguistique)'이라 칭하였다.

이러한 정책을 실행하기 위한 퀘벡 프랑스어청의 과제는 (영어 외래어 및 차용어의 무분별한 사용으로 인한 이질성에 대항하여) 용법의 통일성을 높일 수 있도록 프랑스어를 개선하고 국제적 프랑스어 규범을 유지하는데 필요한 프랑스어 어휘를 늘리고 배포·표준화하는 것이다. 단, 여기서 말하는 국제적 프랑스어 규범은 물론 정의하기가 어렵다.

캐나다와 퀘벡은 이론을 바탕으로 한 체계적 언어정책을 실제로 적용하고 있는 대표적 사례이다. 전문용어학 이론에 대한 연구는 오스트리아, 러시아, 독일, 스웨덴, 프랑스를 중심으로 이루어지고 있으나, 전문용어학의 사회언어학적 측면, 전문용어학 방법론, 전문용어학자에 대한 교육을 위한 교수법적 함의는 특히 캐나다의 프랑스어 지역에서 분명하게 확인할 수 있다.

프랑스의 경우 세계 전역의 프랑스어 사용에 대한 언어적 질문 일체를 국무총리실에 전달하고, 언어정책을 설계·제안하고, 이와 관련된 각종 활동을 조율하는 자체 조직인 프랑스어 고등위원회(Haut Comité de la langue française)를 두고 있다. 또한 프랑스는 캐나다를 비롯한 프랑스어 사용 국가와의 관계를 확립하는 조직인 프랑스어 국제위원회(CILF: Conseil international de la Langue française)를 지원하고 있다. 이들 조직은 저마다의 한계 내에서 전문용어에 대한 서술 및 연구의 연속성을 보장한다. 이들은 용어은행의 창설을 진흥하는 한편, 프랑스어로 된 전문용어학적 정보를 생성하여 수요가 가장 높은 지역에 배포하는 작업을 지원한다. 아프리카에서의 배포를 위해 CILF가 편찬한 열대농업 관련 전문용어집의 사례는 경제적 필요성에 대응한 이들 프로그램의 실용적 특성을 잘 보여준다.

프랑스의 전문용어 관련 노력이 특이한 것은 아니다. 남아프리카 공화국과 인도의 영어 이외에도 독일어, 스페인어, 카탈루니아어, 바스크어, 러시아어, 일본어 등의 기타 언어에서도 다양한 방식으로 전문용어의 서술, 표준화 및 배포와 관련하여 유의미한 활동이 전개되고 있다. 아랍어의 상황 역시 흥미로운 사례이다. 아랍어 사용 국가의 완전한 경제적·문화적 발전에 필요한 교육, 연구, 산업의 아랍화를 위해서는 아랍 국가 간의 국제적 협력이 필요하다.

② 국제기구와 전문용어

언어 및 문화 관련 사안에 대한 국제적 협력은 프랑스어와 아랍어의 사례로 증명된 바 있다. 전문용어와 관련하여 국제기구는 직접적인 기여보다는 조율을 담당한다. 이들은 (때로는 표준화를 목적으로 탄생한 단체를 통해) 표준화 작업을 조율함으로써 세계 각국, 국가기관, 대학, 연구소, 학회, 협회 등을 지원하기에 적합한 위치에 있다. 과거에는 지식의 통합과 전달, 문화의 조화, 교육의 발전에 필수적인 도구인 과학, 기술, 제노 관련 어휘가 선문가의 경우를 세외하고 큰 의식 없이 사용되었다. 그러나 문화적·사회경제적 문제의 형식적, 언어적, 그리고 특히 어휘·전문용어학적 차원에 대한 인식이 새롭게 이루어짐에 따라 전문용어의 발전에 더 큰 노력을 기울이는 것이 매우 바람직한 상황이 되었다.

국제연합(UN)이나 유네스코(UNESCO) 같은 국제기구, 그리고 유럽 연합(EU) 등 지역기구의 활동 역시 마찬가지이다. 최근에 크게 성장한 유럽 내 기구들은 그 특성상 러시아나 인도 같은 다언어 국가, 또는 캐나다와 벨기에 같은 이중언어 국가처럼 복수의 언어를 사용할 수밖에 없다. 따라서 이들 기구는 번역 업무를 담당할 유의미한 부서를 필요로 한다. UN과 UNESCO 산하 전문기구도 상황이 비슷하다. 또한 EU와 북대서양조약기구(NATO) 등도 번역, 문서화, 전문용어 부서를 필요로 한다. 처음에 이들 부서에서는 전문용어를 번역의 보조수단으로만 간주하였으며, 이러한 견해는 이들 중 일부가 개발한 용어은행의 구조에 반영되었다. 전문용어 작업자가 단순히 번역사나 문서화 담당자의 조수로 간주되는 상황을 피하려면 이들 부서의 책임자가 문제를 완전하게 인식하고, 탁월한 전문용어학적 지원이 번역은 물론이고 해당 기관에서 이루어지는 담화의 질, 그리고 결과적으로는 이들이 제공하는 정보의 질에도 영향을 미친다는 점을 인식할 필요가 있다.

EU와 UN에서는 이러한 인식을 공유하고 있으나, 지금도 전문용어 부서의 직접적 목적은 여전히 '주문형 맞춤식(to measure and on demand)'으로 번역부서에 구체적·즉시적 지원을 제공하는 것이다.

(3) 표준화 기관

주로 기술적·상업적인 특성을 가지는 표준의 제정 및 간행을 위하여, 표준화 전담 기관은 대상의 부류를 정의하고 그에 대응되는 개념 및 용어를 정의하여야 한다. (처음에는 상징, 다음에는 자연어에서 차용한 용어를 대상으로 하는) 기호 자체에 대한 표준화 과정에서 이들은 전문용어학의 핵심적 문제에 직면하게 된다. 국제표준화기구(ISO: International Organization for Standardization)는 국내 표준화 기관의 작업을 조율한다. 이들은 모두 일차적 목표인 제품 명세 및 표준과 전문용어 표준 사이의 밀접한 관계를 인정하고 있다.

주로 기술적·상업적 표준을 만들어 알리기 위해서 표준화를 담당하는 기구들은 대상의 부류와 그에 상응하는 개념과 용어를 정의해야 한다. 상징 자체—처음에는 기호, 그 후에는 자연 언어에서 차용한 용어—의 표준화 작업에서는 전문용어학의 핵심 문제에 직면하게 된다. ISO는 국내 조직들의 작업을 조정한다. 국내 조직들은 그들의 주요 목표—제품 명세 및 표준—와 전문용어 표준 사이의 밀접한 관계를 모두 인정한다.

프랑스표준화협회(AFNOR)의 전 협회장 프롱타르(R. Frontard)는 다음과 같이 말했다.

> 프랑스의 전문용어 표준은 제품 명세 및 표준화 과정에서 필수적이고 예비적인 첫 단계이다.
>
> (프롱타르, 1976)

2) 다언어간 국제협력

과학기술 분야에서의 국제교류에 대한 필요성, 그리고 각종 기관 내에서의 임시적 조정 이외에도 전문용어 관련 사안에 대한 협력이 반드시 필요한 데는 두 가지 이유가 더 있다.

국내 및 해외에서 모두 사용되는 언어의 경우, 어휘의 표준화는 국제적 주체의 중재를 통해서만 이루어질 수 있다. 효율적인 전문용어는 동일한 언어를 공유하는 모든 공동체에서 수용되어야 한다. 이러한 조율은 같은 어족에 속하는 인접언어, 그리고 상호간에 긴밀히 연관된 국가까지도 확장될 수 있다(예: 덴마크어, 노르웨이어, 스웨덴어).

보다 일반적으로는 기본적인 자료 기록 방법과 출처 및 참고자료 분류법의 호환성, 서술의 특성 및 형식, 자동화를 위한 소프트웨어에 대하여 공동연구를 수행하는 것이 바람직하다. 유럽의 경우 유럽연합 집행위원회의 '유로디코톰(EURODICAUTOM)'이 대표적인 사례이다. 한편 아랍어에서는 라밧 아랍화 연구소(Institut d'Arabisation of Rabat)에서 개발한 ASV-CODAR(아랍어 표준 모음체계, 아랍어 부호체계)가 아랍어 전문용어의 표준화에 공통적인 기술적 기반을 제공할 전망이다.

국제적으로는 UNISIST 프로그램의 틀 안에서 UNESCO의 지원으로 비엔나에서 국제전문용어정보센터(Infoterm: International Centre for Information on Terminology)가 창설되었다. 동 센터는 ISO 및 오스트리아 표준연구소의 추가 지원을 받으며 긴밀한 연계를 유지하고 있다. Infoterm의 목적은 세계 전역에서 진행되는 전문용어 활동을 조율하는 것이다.

미주

1. 이 주제에 대한 참고문헌은 불랑제와 나코(J. Boulanger & D. Nakos, 1988). *Le syntagme terminologique, bibliographie 1960-1988*. Quebec City: CIRB 참조.

   추가 참조: 베세와 사게르(B. Bessé & J. Sager, 1988); *Terminologie et Traduction*, No. 2/3 (1993). Luxembourg: CEC.

2. 이처럼 다양한 분류방법에 대한 가장 명쾌한 설명은 피아제(J. Piaget)의 논문 참조.

   출처: 피아제(1967). Logique et connaissance scientifique. In *Encyclopédie de la Pléiade*. (Piaget, ed.) Paris: Gallimard.

   추가 참조: 브로드필드(A. Broadfield, 1946), 플린트(R. Flint, 1975).

3. CILF의 『La clé de mots』(단어의 열쇠)와 1971년에 발간된 길베르(P. Gilbert)의 『Dictionnaire des mots nouveaux』(신어사전)는 일반 사전편찬학에 속하기에 이러한 비판으로부터 자유롭다.

4. 전문용어학의 구체적 방법론에 대한 상세한 정보는 전문용어 처리를 위한 다양한 매뉴얼 및 지침서를 참조하기 바란다. 일례로 영어의 경우에는 사게르(J. Sager, 1990) 등이 있다.

5. 국무총리, 프랑스어 고등위원회(Premier Ministre, Haut Comité de la langue française, 1975). *La loi relative à l'emploi de la langue française*. Paris: La Documentation française.

John Benjamins Series

02 Essays on Terminology

10장

법적 위상의 관점에서 본 언어와 전문용어의 표준화

법학자와 언어학자의 만남, 또는 법을 제정한 후 이를 적용하는 과제를 안고 있어 언어학자와 협업하고자 하는 법학자들의 접근법은 그리 호혜적이지는 않을지라도 상호보완적인 성격을 가지는 이중적 과정이다. 좋고 싫음을 떠나 법학자와 언어학자 모두 각자의 고유한 역할을 넘어 언어와 그 규정을 다루는 사회언어학자가 되어야 한다.

여기서는 먼저 "언어규범이란 무엇인가?"라는 문제를 다룬 다음, '표준화(standardization)', '관리(management)', '계획(planning)'의 개념에 대해 살펴보고자 한다.

1. 언어와 규범

그렇다면 언어규범이란 무엇인가? 용법이라는 개념은 객관적 규범에 상응한다. 그러나 '규범(norm)'이라는 단어는 적어도 두 가지 서로 다른 의미를 가지고 있다. 첫째는 통계적 척도가 포함될 수 있는 수단을 통한 '표준성' 유무의 인식이고, 둘째는 '규범'이 가지는 보다 일반적인 의미이다. 언어학자들은 잘 알고 있지만 그 외에는 생소한 개념인 '규범'은 언어체계와 특정 언어의 구체적 발현 사이에 위치한다.

1) 언어의 정의

우선 '언어'의 정의, 그리고 이러한 정의와 관련된 문제점을 간단히 살펴보고자 한다. 프랑스어 단어 'langue'와 마찬가지로 '언어(language)'라는 단어는 다양한 방식으로 사용되어 혼동을 유발한다. "프랑스어는 아름답다"나 "카탈란은 언어이다" 같은 문장에서 이러한 용어의 한 가지 용례를 확인할 수 있다. 한편 "이것은 언어가 아니라 방언이다"나 "이것은 언어가 아니라 특수용어이다"라는 문장에서는 '언어'가 다른 방식으로 사용된다. 또한 "광고언어" 같은 표현에서 '언어'는 특정한 담화 유형을 의미하며, "셰익스피어, 괴테, 위고의 언어" 같은 표현에서는 '문학적 상황에서 개인이 구사하는 특정한 담화'를 뜻하는 용례를 확인할 수 있다. "멜버른에서 사용하는 언어는 토론토에서 사용하는 언어와 다르다"라는 문장에서는 '언어'가 또 다른 방식으로 사용된다. 마지막으로 "형식문법을 통한 언어의 서술은 언어학에 있어 어려운 과제이다"라는 문장에서는 이론 언어학자들이 선호하는 방식으로 '언어'가 사용되었다. 이는 실제로 일반적 어법에서 가장 드문 용례로, 몇 가지 문제점을 유발한다. 이러한 모호성은 다수의 개념을 서로 구분해야 할 절대적 필요성을 보여주며, 문제를 극도로 단순화하더라도 엄밀한 의미에서 본 언어의 기술적·언어학적 개념을 파악하는 것이 중요하다. 이러한 개념은 매우 추상적이며, 무한한 양의 담화를 생성할 수 있는 규칙체계 및 단위에 대응된다. 언어학자들에게 이는 필수불가결한 정의이지만, 법학자를 비롯한 타 분야 전문가들에게는 거의 알려져 있지 않다. 모두가 알고 있는 것처럼 언어학은 확정된 규칙이 없는 발전 중인 학문이기에,

이러한 사실은 해답을 내놓기보다는 더 많은 질문을 제기한다고 볼 수 있다.

2) 언어, 언어군, 그리고 담화

'담화(discourse)'는 언어와는 상당히 다른 개념이다. '구어 및 문어 표현의 산물, 그리고 이러한 산물의 총체'로 정의할 수 있으며, 짧은 문장에서 오랜 시간에 걸쳐 특정한 사회집단이 생성한 담화의 총체까지 확장될 수 있다. 일상적 언어생활에서는 언어와 담화 사이의 이 같은 대조가 중화되어 인문과학에서조차 상당한 곤란을 초래한다.

이와 마찬가지로 중요한 또 다른 대조는 개별언어와 언어 전반 사이의 대조이다. 영어에서 단수형의 불가산 명사인 '언어(language)'는 특정한 체계를 통해 실현되는 인간의 일반적 기능을 지칭하는데, 이 용어의 정확한 언어학적 의미를 따지면 이들 체계는 곧 '언어군(languages)'에 해당한다. 이러한 두 가지 구분은 이론적이자 예비적이다. 필자가 여기서 이러한 사항을 미리 언급한 것은 이후 '담화'라는 표현이 등장하면 여기서 정의한 의미로 사용했음을 독자가 알 수 있게 하기 위해서이다.

하지만 사회적 상황에 훨씬 가까운 다른 대조도 마찬가지로 중요성이 크다. 첫째로 언어군을 기준으로 분류된 언어체계(즉, 더 이상 추상적인 언어학적 개념이 아니라 (프랑스어나 영어 같은) 사회학적 개념), 그리고 이들 언어군의 방언 및 특수용어로의 분화 사이에 구분이 필요하다. 방언과 특수용어는 사회언어학적 개념이다. 이론 언어학자의 입장에서 보면 이들 개념에는 독창성이 결여되어 있다. 이들은 거대 국제어(예: 러시아어, 중국어, 아랍어)와 동일한 서술적 특성을 가지는 언어체계이다. 추가적으로 대조해보면 크리올어처럼 특수한 특징을 가지는 체계들이 구분된다. 마지막으로 추상적 언어체계(프랑스어, 영어 등의 추상문법), 즉 용례 안에서도 대조를 확인할 수 있는데, 필자가 여기서 논의하고자 하는 점이 바로 이 부분이다.

하지만 이로 인해 우리는 이론의 난점에 직면하게 된다. 언어를 추상적이고 일반적인 방식으로 정의하기란 무척이나 쉽기에, 우리는 '프랑스의(French)'와 '영국의(English)'라는 형용사를 각각 '프랑스어'와 '영어'라는 뜻의 명사로 사용하고 있다. 이러한 입장은 명백하고 자연스럽게 보이지만, 잘 생각해보면 다소 이상한 입장이다. '프랑스어'라는 단순한 분류 하에 매우 상이한 다수의 언어체계가 존재하기 때문이다. 이러한 언어체계에는 현대 프랑스어와 '중세' 프랑스어(12세기 프랑스어가 포함된 구분)가 모두 포함된다.[1] 그러나 '중세 프랑스어'는 현대 프랑스어와 매우 상이한 언어체계이며, 따라서 둘 사이의 대응관계도 극히 불완전하다. 20세기 후반의 프랑스 독자가 12세기 문헌을 읽으면 이러한 차이점을 즉시 느낄 수 있을 것이다.

'프랑스어'라는 용어가 일반적으로 암시하는 바에서 벗어나지 않으면 현대 프랑스어 내에서도 무척이나 다른 대상을 접하게 된다. 일례로 세네갈의 다카르, 벨기에의 리에주, 캐나다의 몬트리올에서 사용하는 프랑스어는 매우 다르다. 이외에도 다른 구분이 여러 가지 존재한다. 모두가 알고 있듯이, 프랑스 학자들이 사용하는 구어·문어 프랑스어가 학생들이 구사하는 프랑스어와 다르기 때문이다. 그렇기 때문에 언어군에 대한 논의는 적어도 세 가지 관점에서 이루어지는데, 바로 역사적 관점, 지리적 분포, 사회학적 집단분류에 따른 분석이다. 두 번째 경우, 즉 지리적 분포에 따른 분석에서는 모순이나 모호성에 대한 두려움 없이 방언에 대해 논의할 수 있다. 언어에 대한 다양한 사회학적 집단분류를 다루기 위해, 언어학자들은 다소 논란의 소지가 있는 개념인 '사회적 방언(sociolect)'에 대해 자주 언급하고 있다. 역사적 측면과 관련해서는 '시대적 방언(chronolect)'을 살펴볼 만하다. 이와 같은 세 가지 측면을 모두 살펴보아야 실체에 가까운 분석의 대상을 확보할 수 있다.

이들 측면 모두 언어의 정의에 없어서는 안 되는 존재다. 이는 프랑스어뿐만 아니라 영어, 스페인어를 비롯한 전 세계 모든 언어에서도 마찬가지이다. 우리가 언어규범을 확립할 수 있으리라고 기대하는 부분은 언어에 대한 추상적·이론적 인식이 아니라 실제 용법이다. 우리의 사회적 상호작용을 형성하는 언어적 커뮤니케이션의 수없이 많은 구체적 행위에서는 용법의 개념이 핵심이다.

2. 언어학적 기준

1) 용법의 형태

우선 시간에 의해 정의된 용법, 공간에 의해 정의된 용법, 그리고 사회적 용법 사이에 명확한 구분이 있어야 한다. 첫 번째 용법의 경우 절대적으로 제한되어 있다. 즉, 언어만큼이나 제한되어 있다고 할 수 있다. 12세기에 사용되던 프랑스어는 스페인어나 프로방스어만큼이나 현대 프랑스어와 다르다. 오늘날의 언어 사용자가 현대 언어의 사용에 국한되는 것과 마찬가지로, 단일어 사용자는 다른 모든 언어를 배제하고 해당 언어의 제약을 받는다.

용법이 공간을 기준으로 정의되는 경우에는 제약이 훨씬 덜하다. (일방적이고 의무적인 여행이라 할 수 있는) 노화 없이 시간여행을 하는 것은 불가능한 반면, 공간을 여행하는 것은 가능하기 때문이다. 그러나 지역별로 달라지는 용법이 언어 사용자의 자유 선택에 따른 것은 아니다. 릴이나 마르세이유에서 태어난 프랑스인, 리에주에서 태어난 벨기에인, 퀘벡에서 태어난 캐나다인은 각자의 환경에 따라 다른 언어적 조건에 직면한다. 지역별 용법의 변화가 가능하기는 하지만, 간섭이 빈번하게 이루어진다. 그러나 사회학적인 관점에서 볼 때 이는 드문 경우에 해당한다.

이와 대조적으로 언어학자들이 '사회적 방언'이라 부르는 사회적 용법은 훨씬 미묘한 특성을 가진다. 이러한 개념은 사회의 계급화에 좌우되기 때문이다. 인도처럼 사회적 계급이 엄격하게 구분된 경우에는 진정한 의미의 하위언어가 존재할 수 있다. 사회언어학자와 인류학자들은 사회학적 변이를 연구한다. 일례로 필리핀에서 사용되는 언어군에 대한 연구를 살펴보면, 하나의 사회집단에 맞게 정의된 특정한 용법을 다른 집단으로 이전하기란 일반적으로 불가능함을 알 수 있다. 그러나 사회적 분리가 여전히 존재하지만 훨씬 미묘한 형태를 띠게 된 후기 산업화 사회에서는 제약성의 정도가 상이한 여러 가지 변형을 다루게 되었다. 그렇기 때문에 교육을 받은 일부 언어 사용자들은 다양한 어역을 취사선택하여 사용하며, 이 경우 '용법(usage)' 대신 '어역(register)'의 개념을 사용하는 것이 보다 낫다. 이러한 어역으로는 친교적 어역, 교훈적 어역, 문학적 어역, 비속적 어역 등이 있다. 이들 어역은 엄밀히 말해 더 이상 사회적 용법의 집합이라 할 수 없으며, 특정한 담화 유형의 이론적 추상화 정도에 대응하는 선택적 규칙에 의해 표시된다. 사회적 계급의 차이는 교육수준의 차이와 연관될 수 있다. 이 경우 언어 사용자의 발음이 사회적 계급을 드러낼 정도로 용법의 차이가 극명하게 나타날 수도 있다. '시골사람 같은 말투', 또는 '교수 같은 말투'라는 표현을 사용할 수 있는 것은 바로 이 같은 현상 때문이다. 특정한 사회적 계급에의 소속을 나타내는 이들 어역을 직관적으로 파악할 수 없다면 이러한 인식은 불가능할 것이다. 이러한 용법 중 일부는 규범에 해당하지만, 이들은 여기서 다루고 있는 때로는 이상적이고 때로는 제약이 되는 규범과 혼동해서는 안 되는 주관적 규범이다. 또는 이상을 이루기 위해 확립한 제약사항의 네트워크라고도 할 수 있을 것이다.

(1) 발화 상황에서의 응용

추상적 언어에서 지리적·사회적 용법으로 관심을 돌리는 순간, 해당 사회의 상황을 고려해야 할 필요성이 생겨난다. 이는 이론 언어학에서 사회언어학으로의 이행을 나타낸다. 여기서는 상세하게 설명하지는 않겠지만, 모든 담화는 제한된 상황 속에서 발생한다. 그러므로 단일어를 사용하는 공동체는 부분적으로, 또는 전체적으로 2~3개 언어를 사용하는 공동체와 대조를 이룰 수 있다. 이러한 상황은 전문가들이 말하는 '양층언어 사용(diglossia)', 즉 상호간에 이해할 수 있는 두 언어의 병용(예: 중부 이탈리아어와 나폴리 지방 이탈리아어를 구사하는 이탈리아인의 경우)과는 다르다. 더 나아가 언어 사용자 중 대다수가 단일어를 구사하고 일부만 이중언어를 구사하는 소위 '사회적 이중언어 사용(social bilingualism)'의 경우도 구분하여야 한다. 단일어를 사용하는 일부 공동체에는 상당수의 이중언어 구사자가 존재하는 반면, 공동체 자체는 이중언어를 사용하지만 구성원 중 대다수는 단일어 사용자인 경우도 있다.

이와 더불어 지리적 상황도 구분할 필요가 있다. 상대적으로 규모가 작고 사회학적인 동질성을 가지는 지역에 거주하는 공동체의 경우, 광범위한 지역에 걸쳐있어 용법에 차이가 나타날 수밖에 없는 공동체보다 언어적 다양성이 적다. 그렇기 때문에 호주의 영어 사용자들을 영국이나 스코틀랜드, 아일랜드의 영어 사용자와 동일선상에 놓고 비교하는 것은 불가능하다. 그러나 제한된 지역을 점유하는 국가 또는 지역 공동체라고 하여 반드시 언어적 동질성을 나타내는 것도 아니다.

사실 현대의 사회정치적 단위를 고려하는 순간 언어적 동질성은 사라지게 된다.

마지막으로 사회학적 관점에서 상황을 구분하여야 한다. 도시 사회는 농촌 사회와 다른 특성을 가진다. 또한 엄격하게 구조화된 사회에서는 용법과 언어규범이 최소한 그 의도에서만큼은 제도적으로 정의되어 있는 반면, 보다 유연한 사회의 경우 정치적인 차원에서 언어 문제에 대한 관심이 덜할 수 있다.

(2) 언어적 차이와 규칙화에 대한 태도

언어와 관련된 모든 법률에는 언어적 판단, 그리고 기존의 태도에 대한 고려가 반드시 내포되어 있으며, 이들 둘 다 언어규범의 심리사회학적 기반을 구성한다. 법률의 적용 가능성을 최소화하기 위하여 법률 제정의 동기, 그리고 해당 법률과 연관된 규범적 문헌은 사회학적 기반에 근간을 두어야 한다. 즉, 가능한 한 넓은 의미에서 일정한 상태의 언어적 의식을 불러일으켜야 하는 것이다. 적절한 용법에 대한 언어 사용자의 언어적 의식은 선험적인 조건이다. 실제로 본인의 언어 구사 방식을 알려면 관찰의 주관성 여부를 떠나 다른 사람들이 자신과 다르게 언어를 구사한다는 사실을 깨달아야 한다.

인류학자들은 단일어를 사용하는 후기 산업화 사회는 유일하게 자연스럽다고 간주하는 언어적 용법을 철저히 고수한다는 점에 주목해 왔다. 특정 사회의 구어를 바탕으로 한 일반화적이고 매우 임의적인 언어적 태도는 바로 여기서 유래한다. 일례로 많은 언어에서 공동체 자체를 지칭하는 이름, 즉 공동체 주민을 가리키는 명칭은 '남자' 또는 '우리 남자들'을 의미하며, 이는 해당 사회의 일반화적 특성을 보여준다. 눈부신 문화적 발전을 이루었던 고대 그리스인도 이러한 개념을 판단에 적용하는 경우가 많았다는 점에 주목할 만하다. 그리스어는 표준이 되는 이성적 언어, '로고스(logos)'로 간주된 반면, 이방인의 언어는 갖가지 시끄러운 소음('꾸르륵 소리(borborygmus)')으로 치부되었다. 그러나 서로 다른 문화 사이의 접촉이 필요해지는 순간 이러한 태도는 더 이상 옹호가 불가능해지며, 가식 내지 허구라는 점이 드러나게 된다.

한 언어의 사용자들이 상대방이 다른 언어를 사용하고 있음을 깨닫게 되면, 이들은 낯선 언어를 거부하거나, 은어 내지 비어라고 부르거나, 커뮤니케이션을 시도하는 등의 반응을 보인다. 접촉이 이루어진 언어간에 큰 차이가 있을 경우 각자의 언어로 번역함으로써 커뮤니케이션을 할 수 있다. 반면 상대방이 사용하는 언어가 개략적으로는 이해가 가지만 본인이 구사하는 언어와는 다른 경우, 단순히 본인의 언어를 선호한다는 이유에서 (절대적이지는 않지만) 상대방을 부정적으로 판단하는 것이 일반적이다.

2) 규범의 발전

이처럼 초기에 순진한 특성을 보였던 인식은 언어적 가치판단에 영향을 미칠 수도, 그렇지 않을 수도 있다. 사회적 위계질서의 문제가 개입되는 경향이 있기 때문이다. 자신이 구사하는 언어를 선호하는 의견이 약화되는 경향이 있다면, 이는 다른 용법(예: 세력이 강한 집단의 용법)이 우월한 것으로 간주되기 때문이다. 프랑스어에 대한 사회언어적 평가의 역사를 살펴보면 15세기로 넘어가던 무렵의 프랑스 중세, 그리고 모든 프랑스 대중이 일원화된 규범에 따르지는 않더라도 이러한 규범의 존재를 점차 체감하였던 루이 16세 시대 사이에 중대한 변화가 발생하였음을 분명히 알 수 있다. 이러한 규범은 대중의 어법보다 우월한 것으로 간주되었다. 당시 다수의 언어 변형, 용법 또는 어역이 대조를 통해 위계구조로 정리되었는데, 이는 다양한 언어가 위계구조에 배치되는 것과 동일한 방식으로 이루어졌다. 타자의 집단에서 사용하는 용법 중 최고의 용법이 무엇인지 선택하는 데 영향을 미치는 가치판단에 대한 연구는 무척이나 어렵다. 기술적 언어학자와 기능주의적 언어학자들은 모든 용법을 동등하게 취급함으로써 이러한 문제를 피한다. 일각에서는 가치판단을 표현하는 것은 언어학자의 역할이 아니며, 이러한 점에는 학술적 이해관계가 결여되어 있다고 이야기한다. 그러나 본고에서는 이와 정반대되는 입장을 취하려 한다. 이론주의자들은 언어학의 특정한 순간에 방법론적인 필수요소가 될 수 있는 언어의 사회적·심리적 차원을 추상화하려는 태도를 보이나, 현재의 상황에서처럼 사회적 맥락 안에서 움직일 때는 이러한 태도를 옹호할 수 없게 된다.

우리 모두는 최적의 언어 용법에 대한 이미지를 마음속에 품고 있으나, 이러한 이미지가 우리 자신의 발화 습관과 일치하느냐는 별개의 문제이다. 바로 이 이미지가 우리가 '언어'라고 부르는 반(半) 허구적 관념을 구성한다. 우리가 프랑스어, 영어, 독일어 등을 이야기할 때 지칭하는 것도 추상체계가 아닌 이 같은 이미지이다. 언어는 무엇보다도 사회에 의해 확립된 용법이라 할 수 있다. 언어는 견습을 통해 활용 방법을 학습하여야 하는 강력한 규범이며, 학습에 실패할 경우 사회적인 처벌에 직면하게 된다. 대부분의 사람들에게 이는 형식문법으로 서술할 수 있는 체계가 아님은 분명하다. 언어에 대한 이 같은 인식은 2차적 또는 3차적 이론수준에 해당한다.

(1) 규범의 작동

그 결과 언어규범은 하나의 이상으로 인식되며, 언어 사용자들이 규범을 습득할 능력이 없더라도 해당 규범의 요소들을 특권의 표시로 인식하게 된다. 심지어 특정한 유형의 언어적 용법에 대한 애착감과 충성심을 평가해볼 수도 있으며, 이는 사회언어학에서 10여 년간 연구해온 주제이기도 하다. 이러한 용법이 만들어내는 자부심, 또는 반대로 부적당함에 대한 의식이나 부끄러움에 대해 평가하는 것이 가능하다. 이를 잘 보여주는 일화가 하나 있다. 프랑스와 미국 루이지애나 주 출신의 교사들이 뉴올리언스에서 강연을 열었을 때, 어느 현지 주민이 '제대로 된 프랑스어'를 들어보고 싶은 마음에 강연에 참석하였다. 이후 자리를 뜬 그 주민이 이렇게 말하는 소리가 들렸다. "저 선생은 프랑스어를 그다지 잘 하는 것 같지 않군. 내가 전부 알아들을 정도면 말이야." 쉽게 이해할 수 있다는 것이 실망으로 다가오는 이 사회에서, 규범은 습득이 불가능한 경우에만 완벽한 것으로 인식된다는 점을 이러한 관찰은 잘 보여주고 있다. 물론 이 같은 실망은 만족으로 바뀔 수 있다. 격차가 지나치게 크지 않은 경우 격차를 메울 수 있기 때문이다.

위에서 제시한 일화의 내용을 넘어, 열위에 있는 집단에서 우위에 있다고 판단되는 집단으로 가는 경우 상호간의 이해를 위해서는 더 많은 노력이 필요하다는 점에 주목하여야 한다. 이는 사회역사적 이유로 인해 선호되는 규범에 대한 수동적 지식 때문이다. 이러한 현상은 보다 일반적이고 광범위하게 사용되며 더욱 선호되는 규범에 대항하여 특정한 용법이 등장할 때 모든 영역에서 발생하게 된다. 텔레비전, 라디오, 신문에서 만든 규범과 사회 구성원 대다수가 구사하는 언어 사이에는 언제나 격차가 있기 마련이다.

한 사회 안의 다양한 용법 중 지배적 집단에서 채택하는 용법이 언제나 지배적인 사회규범이 된다. 경제력에 대한 고려를 근거로 한 정치적·사회적 요인에 따르면, 사회 구성원들이 구사하는 다수의 방언 중 하나가 선택되어 규범의 기능을 부여받는다. 이러한 방언이 적극적·자발적으로 사용되지 않는 지역에서 이 같은 현상이 일어나는 경우, '양층 언어 사용(diglossia)'의 언어학적 사례가 발생한다. 이와 반대되는 상황에서는 단일어 사용의 사례가 관찰되는데, 이로 인해 나머지 방언들은 열위에 놓이게 된다. 대다수의 언어에서 이와 관련된 사례를 찾아볼 수 있다. 프랑스어의 경우, 15세기와 20세기에 프랑스어에 기반을 두지 않은 여러 방언이 배제된 점을 들 수 있다. 오늘날의 프랑스는 (인위적인 노력에 따라) 단일어 국가로 간주된다. 지역별 방언은 여전히 존속하지만 섬처럼 고립된 상태이다. 카탈로니아어와 알자스 지방의 알라만어 이외에도 여러 방언이 고사 위기에 처해있다. 언뜻 보기에 이들 방언의 상황은 비슷해 보이지만, 사회적 변이, 그리고 지리적으로 변방에 있거나 유럽 내 프랑스 영토 바깥에 위치한 지역 등 다수의 특수 사례를 감안하면 실상은 그렇지 않다.

(2) 규범의 범위

지배적 용법, 즉 전국적으로 사용되는 언어를 위해 만들어진 규범은 하나의 언어를 위해 정의된 기능 전체 또는 대다수를 담당한다. 이러한 규범은 사회적 상호작용에 사용되는 언어이고, 정부의 언어이며, 법률 및 경제 분야에서 사용되는 언어이고, 통계적인 관점에서 말하자면 대다수의 가정에서 사용하는 언어이다. (규범이 통계적 측정치를 획득하는 것은 바로 이 지점에서이다.) 또한 사회적 용법은 명확히 위계적인 특성을 보인다. 일례로 프랑스에서는 교양 있는 파리 사람의 언어가 교외 지역의 액센트가 특징인 파리 방언을 밀어내는 양상을 보이며, 이러한 일반적 원칙은 프랑스어의 모든 변종에 적용된다. 반면 퀘벡은 이중언어 사용 환경임에도 불구하고 규범이 명확하게 정의되지 않았으며, 중구난방인 기준 때문에 정의 역시 쉽지 않다. 광범위하게 말하자면, '눈에 띄는 표시가 없는 프랑스어(unmarked French)'인 교양 있는 파리 사람을 기준으로 한 규범을 퀘벡에서 활발하게 사용되고 관찰 가능한 다수의 용법을 상쇄시키는 규범과 대조해볼 수 있을 것이다. 실질적인 차이가 전혀 느껴지지 않는 척하는 일부 표준화주의자들은 추상적인 프랑스어권 국가 연합을 주창한다. 이들은 '쌓인 눈(banc de neige)'이나 '나룻배(traversier)' 같은 일반적인 용법을 금지하고 'congère'와 'bac'으로 대체하며, '블루베리(bleuet)'는 'myrtille'로 대체하는 식이다. 프랑스식 프랑스어 규범을 무조건적으로 높이는 이 같은 행보는 이해할 만하지만 현실성이 떨어진다. 퀘벡식 프랑스어의 언어적 특성을 부정하며, 실패로 끝나거나 퀘벡의 문화적 정체성을 파괴할 가능성이 높기 때문이다. 퀘벡식 프랑스어의 문제는 벨기에식 프랑스어처럼 일종의 방언으로서 탄탄한 기반을 갖고 있지 않다는 점, 그리고 영어와의 공존으로 위협을 받고 있다는 점이다.

일단 확립된 사회규범은 지속적으로 진화하게 된다. 대부분의 경우 이러한 규범은 스스로를 정의하고, 변화하는 주변 환경에 맞게 적응하며, 위협이 느껴지면 스스로를 방어한다. 어떤 경우든 규범적 관점에서는 모든 진화를 위협으로 간주하지만, 이는 언어 순화주의적인 태도이다. 언어 순화주의의 반대는 혁신에 대한 일정한 수용, 그리고 진정한 의미의 언어내적인 어휘적 창의성의 인정이다. 실제로 유해하다고 판단되는 진화로부터 스스로를 지키려면 사회규범은 혁신을 수용하여야 한다. 그렇게 하지 않고 진화가 불가능하다고 주장할 경우, 다른 언어로부터의 차용을 선택하게 된다. 또한 규범이 명확히 정해져 있지 않고 합의가 부족한 경우가 종종 있는데, 이때는 규범 자체에 대한 재정의가 필요하다. 이때는 언어 전체에 대하여 일반적인 의미의 표준화를 논의하는 것이 정당화된다.

3. 언어학적 표준화, 관리 및 정책

1) 표준화 사례 연구

때로는 순전히 언어정책의 결과로 표준화가 이루어지기도 한다. 이와 관련하여 주목할 만한 사례가 하나 있는데, 바로 1815~1960년 기간의 노르웨이 사례이다. 여기에 대해서는 하우겐(E. Haugen, 1969)이 훌륭한 분석을 제시한 바 있다.[2] 1815년 무렵 노르웨이에는 다섯 가지 용법 규범이 존재하였다. 첫째는 덴마크어였다. 당시 노르웨이가 덴마크의 식민지였기 때문이다. 그러나 신기한 점은 문화적 지배집단이었던 덴마크계 노르웨이 거주자들만 덴마크어를 사용한 것이 아니라 연극에서도 덴마크어가 사용되었다는 사실이다. 둘째로 노르웨이어 특유의 문학규범이 존재하였으나, 사실 이는 덴마크어를 노르웨이식으로 발음한 것뿐이었다. 이 규범은 교육에 사용되었다. 세 번째 용법인 일반적 구어는 노르웨이어 문학 규범과 노르웨이에서 실제로 사용되는 노르웨이어 사이의 혼란스럽고 불확실한 타협이었다. 넷째는 각 지역의 도시에서 사용되던 노르웨이어로, 다원적인 특성을 보였지만 오슬로와 베르겐 등 2개 대도시에서 지배적인 용법이었다. 마지막은 다수의 단편화된 농어촌 방언이었다. 따라서 노르웨이어가 무엇인지를 정의하기 위한 시작은 그리 녹록하지 않았다.

그러던 중 두 사람이 홀연히 나타나 이 같은 노력에 결정적인 역할을 하게 된다. 먼저 오센(I. Aasen)은 1860년 경 방언에서 추출한 언어적 집합을 정의하였는데, 이 같은 언어적 집합은 방언간의 차이를 중화시키는 역할을 하였다. 이들 용법은 당시에 주로 농업 중심이었던 노르웨이 사회에서 통계적으로 우세했던 농어촌 지역의 사회언어학적 실체에 기반을 두었다. 오센과 그 조력자들의 활동을 통해 이러한 용법은 '란스몰(Landsmål)', 즉 나랏말(국어)이라 불리는 언어가 되었다.

이 언어는 또 다른 노르웨이어에서 발전된 또 하나의 언어적 집합과 대조를 이루었다. 이 집합은 공통의 구어 규범이었던 일종의 덴마크어식 노르웨이어에 맞추어 덴마크어를 일부 조정한 것으로, 국가어를 의미하는 '릭스몰(Riksmål)'이라 불렀다. 이 단계에서 농어촌 방언에 기반을 둔 지역적 규범에도 변화가 있었다. 도시와 전원 지역 모두 점진적으로 발전해나간 결과였다. 20세기 초가 되자 '란스몰'이 다시금 조명을 받게 되었는데, 당시 진정한 의미에서의 '노르웨이어'에 대한 수요가 있었기 때문이다. 1929년 '뉘노르스크(Nynorsk)', 즉 새 노르웨이어가 농어촌 지역 교육에 사용되면서 추상적 규범이라는 개념을 상기시켰다. 그러나 '뉘노르스크'는 여전히 도시 지역 교육에 사용되는 언어와는 차이가 있었다. 따라서 이러한 현상은 국가어인 '릭스몰'과 비교했을 때 '뉘노르스크'의 발전에 장애물이 되었다. '릭스몰'의 경우 대중성은 덜했지만 중앙정부의 강력한 조직과 영향력 때문에 새롭게 조명을 받게 되었으며, 학식을 갖춘 엘리트층의 언어라는 뜻을 담아 '보크몰(Bokmål, 책의 언어)'이라는 다소 우스꽝스러운 새 이름을 가지게 되었다.

마지막으로 1934년에는 두 언어를 조화시키려는 시도가 이루어졌다. 4~5개 유형으로 분류되는 여러 개의 용법 대신에, 당시에는 다수의 방언 이외에 두 개의 언어가 존재하였다. 두 언어의 표준화를 위하여 그해 철자법위원회(Orthographic Commission)가 설립되었으며, 이후 1951년에는 언어협의회(Language Council)가 설립되어 대중적인 노르웨이어 용법을 바탕으로 두 개의 문자언어를 통합하려는 노력이 전개되었다. 이에 따라 1956년에는 공통의 규범이 탄생하였다.

다소 긴 이야기가 되었지만, 표준화를 바탕으로 언어정책이 실행된 대표적인 사례로 시사하는 바가 크다고 본다.

2) 표준화의 조건

국가적인 수준에서 언어정책이 실행되는 흔치 않은 상황에서는, 정치적 요인이 우세해진다는 점에는 의심의 여지가 없다. 사회사·경제사는 언제나 이 같은 활동을 제한하는 틀을 제공한다. 그러나 어느 수준에서 적용되든 간에, 모든 언어적 처방은 집단적 의지, 또는 최소한 집단적 지원을 바탕으로 이루어져야 한다. 하지만 다양한 의지가 서로 상충되는 경우가 종종 벌어지는데, 이때는 기존 압력단체 사이의 관계의 측면에서 상황을 평가하여야 한다. 이 같은 평가는 말 그대로 사회언어학적인 특성을 가진다. 일반적인 사회 현실에 대한 지식이 반드시 필요하기 때문이다. 지배적인 규범을 수립하거나 확정하여야 하는 상황에서는 평가가 절대적으로 필요하며, 정확하게 표본 조사된 데이터의 수집은 물론이고 신뢰성 있는 방법의 적용도 전제가 된다. 하우겐, 피쉬먼(J. Fishman), 번스타인(B. Bernstein), 라보프(W. Labov) 등의 전문가들이 얻은 지식 및 연구결과는 이러한 평가를 위한 중요한 모델이 될 것이다.[3]

가치와 판단의 수준에서 응답과 태도를 정확하게 판단하면 간섭이 가능한 영역, 그리고 간섭이 필요한 영역을 확인할 수 있으며, 광고, 기술 분야, 과학은 언제나 관계될 것으로 예상된다. 일례로 미국의 기술·과학 혁신에 대한 전문용어를 스페인어, 독일어 또는 프랑스어로 즉시 번역하는 작업은 국제어로서 이들 언어가 가지는 위상을 유지하는 데 도움이 될 뿐만 아니라, 소위 '국가적' 등가표현을 만들어내기 위해 임시로 결정된 전문용어보다 훨씬 선호할 만하다.

3) 표준화의 단계

언어적 표준화에서는 언어를 일종의 도구로 취급한다. 언어는 표준화 작업의 일반적 틀의 일부에 불과하며, 이는 산업적 표준화의 전문가들에게는 상당히 친숙한 개념이다. 이러한 작업에서 가장 중요한 첫 번째 단계는 도구의 표준화이다. 언어의 도구적 기능은 효능을 개선할 수 있는 커뮤니케이션의 수단으로서 언어가 가지는 역할에서 나온다. 그러나 언어적 간섭과 관련해서는 정서적인 측면도 무척이나 중요하며, 이러한 점을 충분히 고려하여야 한다. 표준화 작업에서는 두 가지 주요 작업유형을 전제로 한다. 첫째는 규범을 생성 또는 선택하는 것이고, 둘째는 규범에 따라 수정이 필요한 기타 용법과 대비하여 해당 규범의 활용을 촉진하는 것이다.

이러한 목적을 달성하기 위한 행정적 절차는 다양한데, 여기서는 언어적 표준화와 관련된 절차를 몇 가지 예로 들고자 한다. 이러한 절차의 첫 번째 단계는 보통 전문용어, 그리고 공공행정에서의 전문용어 용법에 대한 통제이다. 다음으로는 인쇄본 형태의 정부 간행물, 제품 라벨, 광고 언어 등에 대한 규범적 텍스트가 제시된다. 이들 단계는 산업적 표준화 작업과 다언어적 상황, 특히 번역 관련 법규와 관계되어 있다.

4) 언어정책

표준화와 비교했을 때 '언어정책'은 훨씬 더 복잡하고 야심찬 개념이다. 심지어 퀘벡의 경우처럼 극심한 간섭주의가 팽배한 상황에서도, '언어적 관리'라는 표현을 사용하는 것이 보다 합리적이리라고 본다. '정책'은 인도네시아의 국가어 제정 사례처럼 규범이 선험적으로 정의되지 않은 상황에서만 현실적인 대안이 된다. '관리'라는 개념은 정책과 표준화를 잇는 유용한 가교인 것으로 보인다. 관리는 언어적 활동의 다양한 부문에 개입한다는 점에서 표준화보다 한 발 더 나아가지만, 정책의 형식적·법적 절차와는 무관하다.

4. 표준화의 대상 분야

이제 언어적·사회적 차원에서 표준화의 구성요소를 분석해볼 차례이다. 음성학은 언어학적 처방이 필요한 주제가 아니다. 일례로 프랑스어의 경우, 'r' 발음의 두 가지 변형은 지역별로 다르게 분포되어 있으나, 혀끝에서 나는 'r' 발음이 사라지는 현상과 굴려서 나는 'r' 발음은 특수한 사례로만 잘 알려져 있다. 이러한 'r' 발음이 일반적 규범에는 잘 부합하지 않더라도 지역적 규범에는 맞는다. 이와 대조적으로, 대부분의 주요 문명권 언어에서 문자언어는 상당히 협소한 제약을 받으며, 철자법과 다른 모든 표기는 규범에서 벗어난 것으로 간주된다. 어휘는 표준화를 위한 간섭의 중심적 요소로, 그 이론적 이유는 매우 단순하다. 일반적인 체계 특성으로 인해 언어의 이론적 개념은 음운론, 형태론, 구문론에 초점을 맞추는 반면, 어휘의 자의적·역사적 성격은 언어체계와 부분적으로만 연결되며 용례 및 규범에 따라 좌우된다. 그렇기 때문에 어휘의 표준화는 가장 보편적인 형태의 개입이라 할 수 있다. (상징적인 차원에서의 활동을 제외하면 유관기관의 활동이 훨씬 덜 활발한) 프랑스에서처럼, 퀘벡에서도 유관기관의 활동은 거의 어휘에만 국한되어 있다. 이와 관련된 프랑스의 법률은 두 가지 영역에만 영향을 미친다. 첫째는 공식어로서 프랑스어가 가지는 위상이고, 둘째는 어휘의 '프랑스어적' 특성이다.[4] 어휘는 내부적인 법적 간섭이 이루어지는 배타적 영역이다. 따라서 차용과 관련된 문제, 신조어의 문제, 전문용어의 문제는 법적인 차원에서 다루어진다. 이중언어 사용에 대한 캐나다 법률의 경우처럼 이들 문제가 언어 내적인 수준에 머무르며 다른 언어들과 관련하여 특정 언어의 위상에 영향을 미치지 않는 한, 언어적 간섭에 대한 이 같은 결정은 초반에는 임시적으로만 이루어지며 상대적으로 그 영향력도 제한적이다.

이 같은 간섭에서 중요한 점은 법적 위상이 아닌 적용 가능성이다. 그 일반성으로 인해 합헌적인 특성을 가지지만 의지를 선언하는 선에 그치는 법률 텍스트가 많다. 이 경우 단순한 명령이나 법령을 통해 보다 즉각적인 영향을 미치고 큰 효과를 거둘 수 있다.

특정한, 또는 일반적인 정치적 특성을 가지는 언어적 간섭의 효과와 관련하여, 모든 결정은 현 상황에 대한 진단과 자발적 해결책의 효과에 대한 평가를 전제로 한다. 일단 이에 대한 정의가 이루어지면 관련 전략, 그리고 해당 전략을 적용하기 위한 수단 등의 다른 목표를 추진할 수 있게 된다.

법률 텍스트는 현재의 현실에 기반을 두어야 한다. 목표를 실현하려면 망설임 없이 내용을 해석할 수 있도록 반드시 이해하기 쉬운 형태로 텍스트를 작성하여야 한다. 법률은 법적 절차와 그 집행을 모두 가능하게 하여야 한다. 법적 절차의 경우, 언어 문제에 대한 재판부의 결정은 언어적 형태의 합법성 내지 불법성과 관련이 있다. 이러한 첫 번째 단계에서 프랑스 법은 두 가지 단순한 선택사항을 정하고 있다. 첫째는 금지하여야 할 형태이고, 둘째는 금지된 형태 대신에 사용하여야 할 형태이다. 어떤 용어는 프랑스어로 간주되고 어떤 용어는 그렇지 않은지에 대한 정의는 명확하다. 법적인 관점은 언어학자의 관점과 정반대이다. 법률은 일반적으로 사용되는 어떤 용어가 프랑스어가 아닌지를 판단하며, 법적으로 어떤 용어를 프랑스어로 간주하여야 할지를 제안 또는 선택한다.

그렇기에 이 글의 서두에 나오는 내용을 다시 생각해볼 필요가 있다. "이것은 프랑스어, 영어, 독일어, 이탈리아어(후략)"라고 이야기할 때 이것이 의미하는 바는 정확히 알 수 없다. 단일요소(단어 또는 표현)가 되었든 규칙이 되었든 간에, 수요와 자발적인 사회적 태도를 기반으로 하지 않는 한 규범에 대한 모든 사법적 정의는 (심지어 인센티브나 처벌의 형태로도) 수용될 가능성이 없다. 민주주의 사회의 경우 더욱 그러하다. 전문용어는 유용하고 필요한 사회적 관행 및 수요를 반영한다. 이러한 진화 과정에서 법과 국가의 역할은 매우 미묘한 사회적 문제이다. (정확하게 설명하자면 미국식 기술 어휘가 지배적인 위치를 점하면서) 타 언어에서 온 기호가 유입됨에 따라 언어의 내부적 균형이 자연스럽게 약화되고 있는 반면, 전체주의적 개입으로 인해 제한 또는 중대한 비효율성(때로는 둘 다)이 발생한다. 이러한 두 가지 현상 사이에서 만족할 만한 매개체를 찾기란 실로 어려운 일이다.

미주

1. 프랑스어의 역사적 진화 과정은 보통 다음의 시대별로 구분된다. 첫 번째는 9세기부터 1350년경까지의 초기 문헌에 나타난 고대 프랑스어이고, 두 번째는 1350~1610년 기간의 중세 프랑스어이며, 셋째는 1610년 이후의 현대 프랑스어이다.

2. 노르웨이는 1375년 덴마크와 통일된 후 덴마크 왕국의 한 지방으로 점차 자리 잡았다. 1814~1905년 스웨덴의 지배를 받은 후에는 독립국가가 되었다.

3. 참조: 번스타인(B. Bernstein, 1971), 피쉬먼(J. Fishman, 1974), 하우겐(E. Haugen, 1966 & 1969), 라보프(W. Labov, 1972).

   특히 규범 및 표준화에 대해서는 바르트쉬(R. Bartsche, 1987), 밀로이(J. & L. Milroy, 1985) 참조.

4. 프랑스어에 대한 공식적 규제는 다음의 문헌에 기록되어 있다.

   Arrêtés du gouvernement de la République française en matière de terminologie (1973). La Documentation française.
   Office de la langue française (1980). *Énoncé d'une politique relative à l'emprunt des formes linguistiques étrangères*. Montreal: Direction des communications de l'Office de la langue française.
   Comité consultatif de la normalisation (1982). Les maux des mots: Recueil récapitulatif des articles parus dans le bulletin du Comité de 1968-1982. Quebec City: University of Laval.

   추가 참조: 그라우(R. Grau, 1981).

11장

프랑스어 일반언어 사전의 전문용어: 『Le Grand Robert』 (로베르 대사전)[1] 사례

1. 사전편찬학 담론의 특성과 범위

전문용어는 일상적으로 사용되는 일반언어와 분리된 폐쇄적 세계가 아니다. 언어의 전체 어휘 중 특히 풍부하고 엄밀한 일부분이라 할 수 있는 전문용어는 반드시 과학적이거나 기술적인 특성을 가지지는 않지만 기능적 담화의 일부를 이루는 모든 담화에 들어맞는다.

단순한 단어가 '전문용어적' 표현, 즉 체계적이고 다소 엄격하게 개념화된 표시의 집합(명칭목록 또는 전문용어집) 안에서 정의에 의해 고정된 정확한 의미가치를 가지는 단어 및 구문과 나란히 배치되는 점은 일반사전에서 다양한 방법으로 대처해온 문제점이다.

명시적으로 전문용어적인 콘텐츠가 들어가지 않더라도, 일반사전에서는 구어 및 문어 담화에서 사용할 수 있는 화용론적 정보를 전문용어에 더함으로써 목록으로서의 전문용어집이 가지는 가상적·추상적 상태에 더 이상 국한되지 않도록 하고 있다. 더욱이 가장 제한적인 언어사전에 포함된 가장 활용도가 높은 단어라 하더라도 전문용어로서의 잠재력을 가지는 경우가 종종 있다. 적어도 이들 단어를 이용하여 전문용어 구문을 형성할 수 있기 때문이다.

여기서는 이전 판에 비해 규모가 크게 확장되었던 로베르(P. Robert)의 『Dictionnaire alphabétique et analogique de la langue française』(프랑스어 언어유추사전, 이하 『Le Grand Robert』) 1985년 판을 중심으로 대형 일반사전의 전문용어적 콘텐츠와 관계된 문제를 짚어 보고자 한다. 역사 관련 콘텐츠가 부분적으로 들어간 언어사전인 『Le Grand Robert』는 규모가 크고 보다 공시적인 성격을 띠는 여러 백과사전에서 선정한 콘텐츠와는 다르면서 이들 콘텐츠를 보완하는 해법을 제시하고 있다. 백과사전에서는 일반적이고 익숙한 어휘를 기록하지 않고, 인용구문을 제공하지 않으며, (공간이 충분한 경우) 고유명과 용어를 포함하지 않고, 정의와 백과사전적 설명을 이중으로 제시한다. 이러한 두 번째 유형의 콘텐츠는 (가) 어휘의 정의, 그리고 (나) 용례 제시를 통한 예시에 국한된 언어사전에는 존재하지 않으나, 이들 언어사전에 일부 백과사전적 콘텐츠가 포함되는 경우도 있다.

여기서 '백과사전적(encyclopaedic)'이란 우리의 개념화와 이질적인 요소들을 표현함으로써 전문용어학적 구조 안에서 문제의 용어를 정의하는 학술적 지식의 제시를 의미한다. 전문용어학적 담화는 그 특성상 극히 대조적이며, 용어를 정의하고 이중으로 된 분류체계를 제시한다. 즉, 전문용어학적 구조 내부의 분류체계, 그리고 대규모 집합의 경우 (주제 표지로 종종 표시되는) 다양한 분야의 분류를 통한 전문용어학적 구조 외부에서의 분류체계를 모두 제시하는 것이다. 이처럼 좁은 의미를 가지는 전문용어학적 담화는 언어사전의 특권이며, 이러한 유형의 사전과 백과사전을 잇는 유일한 접점이 된다. 순수하게 전문용어학적인 용어집과 마찬가지로 백과사전적 사전이 잘 구성된 개념장에 따라 용어를 체계화해야 하는 반면, 언어사전은 특정한 사용역('기술(technical)', '과학(scientific)', '학술(didactic)' 등으로 표시되며, 때로는 기술 또는 과학의 명칭 등 보다 정확한 표지가 사용됨)에 속하지만 궁극적으로 그 개념적 내용 측면에서는 분류적인 성격을 가지지 않는 용어의 언어적 특성을 강조하여야 함을 첨언하고자 한다. 언어사전에서의 분류는 우선 본질적으로 언어학적, 심지어는 사회언어학적인 성격을 가지며, 또한 반드시 그래야만 한다.

2. 용어와 단어

하나의 문화를 대표하는 대형 일반사전인 『Le Grand Robert』는 약 80,000개 항목으로 구성된 명칭목록으로, 이 중 일반적이거나 다소 일반적인 단어가 약 40,000개이고 나머지는 특수하거나 주변적인 특성을 가지는 어휘로 되어있다. 여기에는 고어(古語), 희귀한 문학적 형태, 방언, 특정 환경에 대한 단어, 속어뿐만 아니라 과학적, 기술적, 법률적, 전문적, 학술적 단어도 포함되며, 후자는 용어로 구성된 전문용어 단위인 경우가 대부분이다. 알파벳순으로 배열된 어휘들을 무작위로 골라 살펴보기만 해도 이에 대한 예시를 쉽게 확인할 수 있다. réabonnement, réabonner, réaccélérer 등 'ré-'로 시작하는 복합어로 구성된 'réa-' 계열 어휘를 예로 들어보고자 한다. 이들 중 일부는 전문용어적 의미를 가질 가능성이 있는데, 복합어라는 특성을 감안할 때 이는 기초가 되는 단어의 특성에 따라 달라진다(예. réabsorber, réabsorption). 이러한 어휘 중 진정한 의미의 '용어'를 어렵지 않게 파악할 수 있다. 일례로 'réactance(리액턴스)'는 전력 분야, 'réactant(반응물)'은 화학 분야에 속하는 개념 및 용어이다.

좀더 자세히 살펴보자면, '기술'로 표시된 'réactimètre'도 용어에 해당하며, 다의어인 'réacteur'와 'réaction'의 경우 다른 문제들이 나타난다. 낡은 용법은 무시하고 현대적인 용법만 살펴봤을 때 'réacteur'에는 세 가지 의미가 있는데, 그 중 하나('엔진, 제트엔진')가 나머지 둘보다 널리 사용된다. 한편 다른 두 가지 의미는 각각 화학 분야('화학공정이 수행되는 용기')와 원자화학 분야('원자로')에서 쓰인다. (첫 번째 의미의 경우 비행기의 추진을 다룬 기술서적에서 따온 발췌문이 포함된) 다양한 복합어와 예시는 일반언어에서도 함께 사용되는 형태의 제한적 또는 전적으로 전문용어학적인 콘텐츠를 제공한다. 이는 명사 연어의 (언어학적) 사례로서 중요한 역할을 담당하며 의미장을 개략적으로 보여주는 다음과 같은 구문들을 통해 증명이 가능하다.

- entrée d'air d'un réacteur [원자로의 공기 유입구/흡입구]
- chambre à compression d'un réacteur [원자로의 압력 챔버]

이와 더불어 완전한 복합어도 확인할 수 있다.

- pulsoréacteur [펄스제트]
- statoréacteur [럼제트]
- turboréacteur [터보제트]

기타 구문들은 정의가 이루어지며, 이들의 전문용어적 특성은 그 정의에 다음과 같은 형태로 암시된다.

- poussée d'un réacteur [엔진의 추진력]
- consommation spécifique d'un réacteur [엔진의 구체적 연료 소비량]

그러나 일반어의 위상은 전문용어적 가치가 없는 예시 구문 또는 문장에서 분명히 드러난다. 클레지오(J. Le Clézio)의 발췌문에 제시된 'Un avion... coupait l'atmosphère avec le bruit strident de ses quatre réacteurs...'(제트엔진 4개의 거친 굉음으로 대기를 가르는 (중략) 비행기)가 좋은 예이다.[2] 이처럼 '일반적(common)'이고 전문화되지 않은 단어의 특성은 독자가 기술적 지식 없이도 사용빈도가 높고 정상적인 표현을 쉽게 만들어낼 수 있다는 점에서도 분명히 확인할 수 있다. 이와 관련된 사례로는 'un réacteur en panne'(고장난 반응장치/제트엔진, (항공수송 관련) 엔진 고장), 'unéenorme réeacteur de Boeing 747'(보잉 747기의 거대한 제트엔진) 등이 있다. 화학 및 원자력 분야와 관련된 표현의 경우 특히 전문용어적인 성격이 강하며, 이러한 점은 용례 표지에도 분명히 드러나 있다. 여기서는 사전에서 이들 표현을 단어로 간주하고 있으나, 화학 관련 담화에 등장하는 단어는 용어가 되거나 전문분야 특수용어가 될 가능성이 높다는 점은 주지의 사실이다. 앞에서와 동일한 알파벳 순서대로 고른 단어 'réea'의 경우, 사전에 "n. f. 최근 소생술(réeanimation) 실행 일자를 나타내는 의학 특수용어"로 표시되어 있다. 이러한 의미 이외에도 그 자체로 용어인 특정 복합어구가 존재한다.

화학과 관련된 의미:

- réeacteur catalytique [촉매 변환장치]

원자력과 관련된 의미:

- réeacteur de puissance [원자력 발전로]
- réeacteur expéerimental [실험로]
- réeacteur naval [해군로]
- réeacteur à neutrons thermiques [열중성자로]
- réeacteur modéerée au graphite et refroidi au gaz [가스냉각 흑연감속 원자로]
- réeacteur àa eau bouillante [비등경수형 원자로]
- réeacteur àa eau sous pression [가압경수형 원자로]

- réeacteur àa neutrons rapides [고속 중성자로]
- réeacteur piscine [탱크형 원자로/풀형 원자로]
- (réeacteur) surréegéenéerateur [핵증식 원자로]

또한 백과사전적 특성을 가진 이들 사례에는 또 다른 형태의 구문이 등장하는데, 이러한 구문의 경우 별도의 설명 없이도 명확하여 정의가 불필요한 것으로 간주된다. 마지막으로 'réacteur'의 이 같은 의미들에는 문학적인 예시가 사용되지 않는데, 이는 해당 단어의 용례가 상당히 전문적임을 의미한다. 문학 또는 언론보도에서 'réacteur nucléaire(원자로)'에 대한 좋은 인용구가 발견된다면, 이는 필시 이 단어의 사회언어학적 위상이 진화했다는 신호가 될 것이다. 그 결과로, 그리고 이와는 대조적으로 남성형 단수명사인 'réactif(시약)'는 화학 분야(일반화학 및 분석화학)와 관련하여 두 가지 전문용어적 정의 및 복합어를 가진다. 그러나 'réactif'의 은유적·비유적 의미를 나타내는 예시로는 르낭(E. Renan)과 아라공(L. Aragon), 모루아(A. Maurois)의 문학작품에서 따온 인용문이 사용된 바 있다.

일부 특수한 의미에서 엄밀한 전문용어적 표현을 형성하는 단어 'réaction'에 대해서도 이와 동일한 분석을 수행할 수 있다. 이들 표현 중 가장 중요도가 높거나, 또는 사전 텍스트에 선정되어 가장 중요도가 높은 것으로 판단되는 표현들의 경우 연대를 기입하고 정의를 수록해둘 수 있다. 이와 관련된 사례는 다음과 같다.

'일반적' 용례로 표시된 사례:
- propulsion par réaction [제트 추진]
- avion à réaction [제트, 제트기]

기술적 용례로 표시된 사례:
- réaction nucléaire [핵반응]
- réaction en chaîne [연쇄반응]
- barre de réaction [반응봉]

정신분석학 용어로 표시된 사례:
- réaction d'induit [보호기관 반응/리액턴스]
- réaction thérapeutique negative [역치료적 반응/초자아 저항]

이러한 몇몇 사례에서 알 수 있듯이, 전문용어적 정보가 대형 언어사전에서 누락되거나 적게 반영된다는 것은 사실과 거리가 멀다. 그러나 이들 정보는 사전편찬학자의 특정한 표시 원칙에 따라 조정된다. 이러한 서술적 관점의 가장 중요한 특징이자 응당 그래야만 할 요소는 위계적인 주제분야 귀속이 아니라 사용의 정도이고, 전문용어적 신태그마가 아니라 가장 빈도가 높고 일반적인 연어이며, 개념적 구조가 아니라 담화에서 사용되는 의미이다.

그러나 이 모든 표지 및 정의가 얼마나 부정확하고 관련성이 적은지와는 무관하게, 특히 전문용어적인 특성(주제분야, 구문 및 정의)을 가지는 정보의 경우 최소한 단위의 하위집합에 표시된다.

3. 선정 기준 및 자료

기술 또는 전문분야 사전으로 구성된 방대한 코퍼스나 대규모 용어은행 등에서 수집된 엄청난 분량의 자료에서 이러한 하위집합을 선택할 때는 주로 언어학적 기준에 따라 판단이 이루어진다. 『Le Grand Robert』와 『Le Petit Robert』(로베르 소사전)에서는 전문화되지 않은 일반 어휘의 경우 (영화 속 대화처럼) 문학 및 언론보도 자료를 위주로 하며, 과학·기술 등 전문분야 어휘에 대해서는 매뉴얼, 논문, 과학 관련 인기 문헌에서 발췌한 학술자료를 주로 사용하고 있다. 그러나 단어와 구문(용어도 종종 포함됨)의 사회언어학적 분포를 기록하는 이들 자료는 명칭목록을 선정하고 고려의 대상이 되는 어휘소의 용례를 묘사하는 역할도 함께 수행한다. 한편 정의는 과학 또는 기술 관련 자료에서 가져오며, 가능한 경우 전문가의 통제를 거친다. 이는 사회언어학적 관점과 전문용어학적 관점 사이의 갈등을 유발할 가능성이 있다. 특정한 희귀 형태의 단어 또는 구문이 상당한 개념적 관심의 대상이 될 수 있으며, 사용 빈도가 높은 다른 단어 또는 구문이 전문가에 의해 유사개념(pseudo-concept)에 불과한 것으로 판명될 수도 있다. 그러나 사회적 맥락에서 일반 전문용어학을 다루는 사람이라면 누구나 동일한 난제에 직면하게 된다. 모든 전문적 담화는 사회언어학적 관심의 대상이 되는 잘못된 전문용어적 가치를 분명하게 표현하며, 모든 전문용어는 '언어를 다루는' 사전편찬학자만이 예외적으로 유지하는 사회적 분포가 전혀 없는 다수의 어휘소로 구성되어 있다.

따라서 언어사전에서는 단어의 사회적 기능이 첫 번째 선정 기준이다. 전문용어적 측면에서 보다 풍부하며 마땅히 그래야만 할 백과사전적 사전과 비교했을 때, 언어사전은 전문언어에서 발생하는 어휘소가 일반언어에서 나타내는 분포에 대한 추가적 정보를 전문용어학자에게 제공한다. 현대 프랑스어에서 이 같은 전문어휘 분포가 퓌르티에르(A. Furetière, 1690)에서 리트레(Littré, 1860~77)로, 리트레에서 다시 『Trésor de la langue française』(프랑스어 보전사전)로 이어지며 진화한 과정은 지식 담론이 널리 확산되는 상황에서 전문용어의 지속적 보강이 이루어지고, 이에 따라 보다 구조화된 지원을 요하는 지식의 표현 형태가 제공되었음을 보여준다.[3] 비록 개념과 그 기호(즉, 이름)의 구조를 나타내는 다른 설명 형태에 비해 적합성이 떨어지기는 하지만, 언어사전은 이러한 방식을 통해 개념과 용어, 그리고 이들의 언어적 표현이 가지는 사회적 분포 사이에 이루어지는 상호작용의 본보기가 될 수 있다. 이는 적어도 『Le Grand Robert』에서 제공하는 현대 프랑스어 어휘에 대한 풍부한 설명 중 하나에서 추구한 정책이기도 하다.

미주

1. 로베르(P. Robert, ed., 1953-1964). *Dictionnaire alphabétique et analogique de la langue française*. Paris: Robert.
   레이(A. Rey, ed., 1985). *Le Grand Robert de la langue française*. (9 vols.) Paris: Le Robert.

2. 클레지오(J. Le Clézio)는 프랑스 최고의 현대 소설가 중 한 명이다. 클레지오의 주요 작품으로는 『Le Déluge』(1966, Gallimard), 『Les Géants』(1973, Gallimard), 『Désert』(1980, Gallimard) 등이 있다.

3. 퓌르티에르(A. Furetière, 1690). *Dictionnaire universel*... The Hague: Leers.
   리트레(E. Littré, 1860-1877). *Dictionnaire de la langue française*. Paris.
   잉스와 케마다(P. Imbs & B. Quemada, 1971). *Trésor de la langue française. Paris*: CNRS. 현재까지 13권이 출간되었으며, 알파벳 'S'까지 출간이 진행되었다.

John Benjamins Series

02 Essays on Terminology

John Benjamins Series

02 Essays on Terminology

REFERENCES

참고 문헌

참고문헌

여기에 제시된 참고문헌 상세정보는 에세이에 인용 또는 언급되었으며 전문용어학 연구와 관련성이 있는 언어학, 철학 등 다양한 학문 분야의 문헌을 일컫는다. (본서에서 언급된 사전, 백과사전 및 기타 저작은 말미에 별도로 정리해두었다.)

가능한 경우 영어로 번역된 텍스트나 영어 원문 텍스트를, 그리고 가장 최근의 접근 가능한 버전을 언급하였다.

날짜가 2개 표시된 경우 첫 번째 날짜는 최초 발간일을 의미하며, 두 번째 날짜는 참고문헌 상세정보의 기준이 된 최근 버전의 발간일을 나타낸다.

전문용어학 및 신조어학만을 대상으로 한 참고문헌 정보는 흔치 않다. 이 중 특히 유용한 정보를 아래에 제시하였다.

Selective Bibliography: *Terminology and Related Fields.* Ottawa: Terminology Directorate, 1988.

Boulanger, J.-C. 1981. *Bibliographie linguistique de la néologie, 1950 -1980.* Quebec City: Office le la langue française.

Boulanger, J.-C. & Nakos, D. 1988. *Le syntagme terminologique, bibliographie 1960-1988.* Laval/Quebec City: CIRB.

주로 영어 텍스트로 구성된 사게르(J. Sager, 1990)의 방대한 참고문헌 정보가 아래에 제시되어 있으니 함께 참고하기 바란다.

Aarsleff, H.A. 1982. *From Locke to Saussure.* London: Athlone Press. Actes des Colloques de terminologie.

______ *Les données terminologiques.* 1973. Quebec City: Office de la Langue française du Québec.

______ *L'aménagement de la terminologie: Essai de définition de la terminologie.* 1975. Quebec City: Office de la Langue française du Québec.

______ *Les implications linguistiques de l'intervention juridique de l'État dans le domaine de la langue.* 1977. Quebec City: Office de la Langue française du Québec.

______ *Problème de la définition et de la synonymie en terminologie.* 1983. Quebec City: Girsterm.

______ *Problèmes et méthodes de la lexicographie terminologique.* 1985. Montreal: Université du Québec à Montréal.

AFTERM. 1977. *Terminologies 76,* Actes du Colloque international de Terminologie, June 1976, Paris, Association française de Terminologie (AFTERM). Paris: La Maison du Dictionnaire.

Akhmanova, O. & Agapova, G. (eds). 1974. *Terminology: theory and Method.* Moscow: University of Moscow.

Alembert, J. le Rond d'. 1965. *Discours préliminaire de l'Encyclopédie, Paris: Denoël.*

See also: Grimsley 1963.

Ampère, A.-M. 1834/1966. *Essai sur la philosophie des sciences, ou exposition analytique d'une classification naturelle de toutes les connaissances humaines.* Brussels: Culture et civilisation.

Anderson, F.H. 1948. *The Philosophy of Francis Bacon.* Chicago: Chicago University Press.

Anderson, W.C. 1981. "Translating the language of chemistry: Priestley and Lavoisier", in *The Eighteenth Century: Theory and interpretation.* Vol. 22,1.

Aristotle. 1928. *The Works of Aristotle Translated into English.* Oxford: Clarendon Press.

Auger, P. et Rousseau, L.-J. 1977. "Méthodologie de la recherche terminologique". In *Etudes, recherches et documentation, No. 9.* Régie de la langue française, L'Éditeur officiel du Québec.

Austin, J.L. 1962. *How to do Things with Words.* Oxford: Oxford University Press.

Ayer, A. J. 1956. *The Problem of Knowledge.* London: MacMillan.

Bachelard, G. 1983. *Le Nouvel Esprit scientifique.* Paris: P.U.F.

______ 1938. *La formation de l'esprit scientifique.* Paris: Vrin.

Bacon, Francis. 1962. *The Advancement of Learning.* London: Dent. See also: Anderson 1948.

Baldinger, K. 1980. *Semantic Theory.* Oxford: Blackwell.

Balibar, R. & Laponte, D. 1974. *Le français national.* Paris: Hachette.

Banque des mots, *La Revue de terminologie française.* 1971-. Paris: CILF-PUF.

Bartsch, R. 1987. *Norms of Language.* London: Longman.

Bédart, E. & Maurais, J. 1983. *La norme linguistique.*Quebec City: Office de la langue française du Québec & Paris: Le Robert.

Bensaude-Vincent, B. 1993. *Lavoisier.* Paris: Flammarion.

Benveniste, E. 1966. *Problèmes de linguistique générale.* (2 vols.) Paris:

Gallimard. Bernstein, B. (ed.) 1971-73. *Class, Codes and Control.* (2 vols.) London: Routledge & Kegan Paul.

Berkeley, G. 1710/1957. *A Treatise Concerning the Principles of Human Knowledge.* New York: Bobbs Merril Co.

Bessé, B. de 1977. "Terminologie et traduction". *In Le langage et l'homme,* May 1977, no. 34.

______ 1990. "La définition terminologique". *In La définition.* Paris: Larousse.

Bessé, B. de et Sager, J.C. (eds.) 1988. *Rencontre international sur renseignement de la terminologie.* Genève, Parallèles, No. 10.

Bloomfield, L. 1933. *Language.* New York: Holt, Rinehart & Winston.

Bohr, N. 1958. *Atomic Physics and Human Knowledge.* New York: Wiley.

______ 1961. *Atomic Theory and the Description of Nature.* Cambridge: Cambridge University Press.

Bourdieu, P. 1977. "L'économie des échanges linguistiques". In *Langue française,* No. 34.

Bowers, B. 1974. *Michael Faraday and Electricity.* London: Priory Press.

Broad, C.D. 1975. *Leibniz: An Introduction.* Cambridge: Cambridge University Press.

Broadfield, A. 1946. *The Philosophy of Classification.* London: Grafton.

Buck, G.C. & Raven, F.A. 1971. *Linguistic Variability and Intellectual Development.* Coral Gables.

Cahn, R.S. 1979. *Introduction to Chemical Nomenclature.* (5th ed.). London: Butterworth.

Carnap, R. 1967. *Meaning and Necessity.* Chicago: Chicago University Press.

______ 1964. *The Logical Syntax of Language.* London: Routledge

Cassirer, E. 1906/1950. *The Problem of Knowledge.* New Haven: Yale University Press.

_______ 1910/65. *Substance and Function.* New York: Dover.

_______ 1957. *Philosophy of Symbolic Form, III: Phenomenology of Knowledge.* New Haven: Yale University Press.

_______ 1979. *Symbol, Myth and Culture. Essays and Lectures of E. Cassirer.* New Haven: Yale University Press.

Centre d'études du lexique. 1990. *La définition.* Paris: Larousse.

Certeau, M. de, Julia, D., Revel, J. 1975. *Une politique de la langue.* Paris: Gallimard.

Chomsky, N. 1966. *Cartesian Linguistics: A Chapter in the History of Rationalist Thought.* New York: Harper & Row.

_______ 1972. *Language and Mind.* New York: Harcourt Brace Jovanovich.

Conant, J. 1951. *Science and Common Sense.* New Haven: Yale University Press.

Condillac, E. B. de 1746/1947. "Essai sur l'origine des connaissances humaines", in *Oeuvres Philosophiques,* Paris: PUF.

Corbeil, J.-C. 1973. "Éléments d'une théorie de l'aménagement linguistique". In *La Banque des Mots No. 5.*

_______ 1980. *L'aménagement linguistique du Québec.* Montreal: Guérin.

Coseriu, E. 1967. *Teoría del lenguaje y lingüística general.* Madrid: Gredos.

_______ 1966. "Structure lexicale et enseignement du vocabulaire". In *Actes du 1er Colloque International de Linguistique Appliquée.* Nancy.

_______ 1968. *Les structures lexématiques.* In Elwert, W. Th. (ed.) *Probleme der Semantik,* Wiesbaden: ZFSL.

Cranston, M. 1961. *John Locke.* Harlow, Essex: Longmanns Green.

Crosland, M. 1962. *Historical Studies in the Language of Chemistry.* Cambridge, Mass. : Harvard University Press.

Dagognet, F. 1969. *Tableaux et langages de la chimie.* Paris: Vrin.

Darnton, R. 1968. *The Business of Enlightenment: A Publishing History of the Encyclopédie 1775-1800.* Cambridge, Mass.: Harvard Press.

Davis, K.S. 1966. *The Cautionary Scientists: Priestley, Lavoisier and the Founding of Modern Chemistry.* New York: Putnam's Sons.

Damourette, J. & Pichon, E. 1983. *Des mots à la pensée: Essai de grammaire de la langue française.* (7 vols, glossary and tables) Paris: Vrin.

Daumas, M. 1964-69. *Histoire générale des techniques.* (3 vols.) Paris: PUF.

Descartes, R. 1931. *Philosophical Works.* (2 vols.) Cambridge: Cambridge University Press.

Diderot, D. 1969. *The Encyclopaedia of Diderot and d'Alembert: Selected articles.* (Lough, J. ed.) Cambridge: Cambridge University Press.

See also: Morley 1923.

DIN 2330:1979. *Begriffe und Benennungen.* Berlin DIN.

Dubois, J. et Cl. 1971. *Introduction à la lexicographie: le dictionnaire.* Paris: Larousse.

Ducasse, P. 1983. *Histoire des techniques.* (9th ed.) Paris: PUF.

Eco, U. 1976. *A Theory of Semiotics.* Bloomington: Indiana University Press.

Etiemble. 1963. *Parlez-vous franglais ?* Paris: Gallimard.

______ 1966. *Le Jargon des sciences.* Paris: Hermann.

Faraday, M., see: Thompson 1901; Bowers 1974.

Felber, H. 1984. *Terminology Manual.* Paris: Unesco-Infoterm.

Feyerabend, P. 1975. *Against Method.* London: New Left Press.

______ 1978. *Science in a Free Society.* London: New Left Press.

Fishman, J.A.(ed) 1974. *Advances in Language Planning.* The Hague: Mouton.

Flint, R. 1975. *A History of Classifications of the Sciences.* New York: Arno Press.

Flood, W.F. 1958. *The Problem of Vocabulary in the Popularisation of Science.* London

______ 1960. *Origins of Chemical Names.* London: Oldbourne.

Foucault, M. 1970. *The Order of Things (Les mots et les choses)* London: Routledge.

Frege, G. 1952. *Translation from the Philosophical Writings.* (Geach, P. & Black, M. eds). Oxford: Blackwell.

Frontard, R. 1976. 'Normalisation et terminologie.' In *Terminologies 76,* Actes du Colloque international de Terminologie, June 1976, Paris, Association française de Terminologie (AFTERM). Paris: La Maison du Dictionnaire.

Gentilhomme, Y. 1966. "Terme scientifique, mot linguistique, symbole scientifique". In *Études de linguistique appliquée.* No. 4.

Gil, F. 1971. *La logique du nom.* Paris: L'Herne.

Gille, B. (ed.) 1978. *Histoire des techniques. (Encyclopédie de la Pléiade).* Paris: Gallimard.

Gleason, H.A. 1961. *An Introduction to Descriptive Linguistics.* New York: Holt, Rinehart & Wilson.

Goffin, R. 1973-4. "Traduction et linguistique". *In Équivalences,* No. 8, 1.

______ 1985. "La science terminologique". In *Terminologie et Traduction,* No. 2.

Golinski, J. 1992. "The chemical revolution and the politics of language". In *The Eighteenth Century: Theory and interpretation.* No. 3, 3.

Gourmont, Remy de. 1902/1938. *Le problème du style.* Paris: Mercure de France.

Grau, R. 1981. *Le statut juridique de la langue française en France.* Quebec City: Conseil de la langue française.

Grimm, J. 1870. *Deutsche Grammatik.* (2nd ed.) Berlin.

Grimsley, R. 1963. *Jean d'Alembert (1717-1783).* Oxford: Clarendon Press.

Gross, M. 1975. *Méthodes en syntaxe.* Paris: Hermann.

______ 1968. *Grammaire transformationeile du français: syntaxe du verbe.* Paris: Larousse.

______ 1977. *Grammaire transformationeile dufrançais: syntaxe du nom.* Paris: Larousse.

Guilbert, L. 1975. *La créativité lexicale.* Paris: Larousse

Guiraud, P. 1968. *Les mots savants.* Que sais-je? Paris: PUF.

______ 1967. *Structures étymologiques du lexique français.* Paris: Larousse.

Hall, A.R. 1962. *The Scientific Revolution 1500-1800.* London: Longman.

______ 1963. *From Galileo to Newton, 1630-1720.* London: Collins.

Hallig, R. & Wartburg, W. v. 1952. *Begriffsystem als Grundlage für die Lexikographie. Versuch eines Ordnungsschemas.* Berlin Akademie Vlg.

Harris, Z. 1951. *Structural Linguistics.* Chicago: University of Chicago Press.

Haugen, E. 1966. *Language Conflict and Language Planning: The Case of Modern Norway.* Cambridge, Mass.: Harvard University Press.

______ 1969. Language Planning in Modern Norway. In *Anthropological Linguistics,* Vol. 1, No. 3.

Hayek, F.A. 1942. *The Counter Revolution in Science.* Glencoe, 111.: Free Press.

Hegel, F. 1817/1992. *Encyclopaedia of the philosophical sciences in outline and other writings,* (transl. E. Behler). New York: Continuum Publishing.

Heidegger, M. 1977. *The Question of Technology and other Essays.* New York: Harper & Row.

Heisenberg, W. 1952. *Philosophical Problems of Nuclear Science.* London: Faber & Faber.

Helmholtz, H. 1977. *Epistemologica! Writings.* Dordrecht: Reidel.

Hempel, C. 1965. *Aspects of Scientific Explanation and other Essays on the Philosophy of Science.* New York: Free Press.

Hjelmslev, L. 1953. *Prolegomena for a Theory of Language.* (2nd rev. ed.) Madison: University of Wisconsin Press.

Holmes, F.L. 1985. *Lavoisier and the Chemistry of Life.* Madison: The University of Wisconsin Press.

Imbs, P. 1971. *Introduction to the 1st volume of Trésor de la langue française.* (13 vols. A-Sa). Paris: CNRS.

Infoterm. 1985. *Terminology and Related Disciplines.* Wien: Böhlau.

ISO. 1988. *Documentation and Information (ISO Standards Handbook 1)* (3rd ed.). Geneva: International Organization for Standardization.

Jackson, R. 1941. *An Examination of the Deductive Logic of John Stuart Mill.* Oxford: Oxford University Press.

Jeffrey, C. 1977. *Biological Nomenclature.* (2nd ed.) London: Arnold.

Juliard. P. 1970. *The Philosophies of Language in Eighteenth Century France.* The Hague: Mouton.

Kant, I. 1781/1934. *Critique of pure reason,* (transi. J.M.D. Meiklejohn) (Everyman's Library) London: Dent.

See also: Mellor 1980.

Kocourek, R. 1991. *La langue française de la science et de la technique.* (2nd ed.). Wiesbaden: Brandstetter.

Körner, H.G. 1970. *Categorial Frameworks.* Oxford: Blackwell.

Koyré, Alexandre. 1957. *From the Closed World to the Infinite Universe.* Baltimore: J. Hopkins Press.

______ 1968. *Metaphysics and Measurement: Essays in scientific revolution* (1943-1960). London: Chapman & Hall.

Kuhn, T. 1962. *The Structure of Scientific Revolutions.* Chicago: Chicago University Press.

Labov, W. 1972. *Sociolinguistic Patterns.* Philadelphia: University of Pennsylvania Press.

Lalande, A. 1893/1949. *Lectures sur la philosophie des sciences.* Paris: Hachette.

______ 1956. *Vocabulaire technique et critique de la philosophie* (7th ed.). Paris: PUF.

Laudan, L. 1977. *Progress and its Problems: Towards a theory of Scientific Growth* Berkely: University of California Press.

Lavoisier, A.L. 1799. *The Treatise of Elementary Chemistry,* (4th ed.)

Edinburgh.

See also: Stillman 1924; Davis 1966; Westfall & Thoren 1968.

Lehmann, W.P. (ed.) 1967. *A Reader in 19th Century Historical Indo-european Linguistics.* Bloomington: Indiana University Press.

Leibniz, G.W. 1973. *Philosophical Writings.* (Leibniz, G. & Parkinson, G.H. eds.) London: Rowman.

See also: Russell 1937; Broad 1975.

Leisi, E. 1961. *Der Wortinhalt: Seine Struktur im Deutschen und Englischen.* (2nd ed.) Heidelberg: Quelle & Meyer.

Leroi-Gourhan, A. 1965. *Le geste et la parole.* (2 vols.) Paris: Albin Michel.

Lévi-Strauss, C. 1968. *Structural Anthropology.* London: Allen Lane.

______ 1966. *The Savage Mind.* Chicago: Chicago University Press.

Locke, J. 1689/1977. *An Essay Concerning Human Understanding.* London: Dent.

See also: Cranston 1961.

Lotte, D.I. 1961. *Osnovy postrojenija naucno-texniceskoj terminologii* (Foundations of technical terminology). Moscow.

Lough, J. 1968. *Essays on the Encyclopédie de Diderot and d'Alembert.* Oxford: Oxford University Press.

Lyons, J. 1977. *Semantics.* (2 vols.) Cambridge: Cambridge University Press.

Mackay, A. & Merril, D (eds.) 1976. *Issues in the Philosophy of Language.* New Haven: Yale University Press.

Maltby, A. (ed.) 1972. *Classification in the 1970s. A Discussion of Development and Prospects for the Major Schemes.* London: Bingley.

Marchand, H. 1969. *English Word Formation.* München: Beck.

Martinet, A. 1967. Syntagme et synthème. *In La linguistique, 2.*

______ 1962. *A Functional View of Language.* Oxford: Clarendon Press.

______ 1964. *Elements of General Linguistics.* London: Faber.

Matoré, G. 1951. *Le vocabulaire et la société sous Louis-Philippe.* Geneva: Droz.

______ 1953. *La méthode en lexicologie.* Paris: Didier.

Maurais, J. (ed.) 1985. *La Crise des Langues.* Paris: Le Robert.

Mellor, D.H. (ed.) 1980. *Science, Belief and Behaviour.* Cambridge: Cambridge University Press.

Merton, R.K. 1938. *Science, Technology and society in 17th-century England.* New York: Harper.

Mill, J.S. 1848/1963. *John Stuart Mill's Philosophy of Scientific Method,* (ed. by E Nagel). New York: Hafner.

See also: Jackson 1941.

Milroy, J. & Milroy, L. 1985. *Authority in Language: Investigating prescription and standardisation.* London: Routledge.

Mitterand, H. 1972. *Les mots français.* Paris: PUF.

Morley, J. 1923. *Diderot and the Encyclopaedists,* (2 vols.) London: Macmillan.

Moureau, M. and Delaunay, J. 1972. "Principes et développement d'un thesaurus". *In Information et documentation,* No.2.

Nagel, E. 1961. *The Structure of Science.* London: Routledge.

Nida, E. 1970. *Morphology.* Ann Arbor: University of Michigan.

Office de la langue française. 1980. *Énoncé d'une politique relative à l'emprunt des formes linguistiques étrangères.* Montreal: Direction des communications de l'Office de la langue française.

Peirce, C.S. 1932. The Ethics of Terminology. In *Collected Papers,* II. Cambridge, Mass.: Harvard University Press.

Phal, A. 1964. "Les groupes de mots". In *Cahiers de lexicologie,* VolI. No.4.

_______ 1967. "Le VGOS (Vocabulaire général d'orientation scientifique), essai de définition et méthode d'enquête". In *Les langues de spécialité,* Actes du stage de Saint-Cloud, novembre 1967. Strasbourg: AIDELA.

_______ 1972. C.R.E.D.I.F. *Vocabudairegénéral d'orientation scientifique.* Paris: Didier.

Piaget, J. (ed.) 1967. Logique et connaissance scientifique. In *Encyclopédie de la Pléiade.* Paris: Gallimard.

Plato. 1961. *The Collected Dialogues.* New York: Pantheon.

Pike, K.L. 1967. *Language in Relation to a Unified Theory of Human Behaviour.* (2nd ed.). The Hague: Mouton.

Popper, K. 1934/1959. *The Logic of Scientific Discovery.* London: Hutchinson.

_______ 1963. *Conjecture and Refutations: The growth of scientific knowledge.* London: Routledge & Kegan Paul.

_______ 1972. *Objective Knowledge: An evolutionary approach.* Oxford: Clarendon Press.

Premier Ministre. Haut Comité de la langue française. 1975. *La loi relative à l'emploi de langue française.* Paris: La Documentation Française.

Quemada, B. 1969. *Les dictionnaires du français moderne: 1539-1863.* Paris: Didier.

_______ 1978. "Technique et langage". In *Histoire des techniques.* Paris: Gallimard (Encyclopédie de la Pléiade).

Quine, W. van O. 1960. *Word and Object.* Cambridge, Mass.: MIT. Press.

Rey-Debove, J. 1971. *Etude linguistique et sémiotique des dictionnaires français contemporains.* The Hague: Mouton.

_______ 1978. *Le métalangage.* Paris: Le Robert.

_______ 1980. "Du bon usage de jargon". In *Bulletin du groupe de recherce semio-linguistique.* Paris: CNRS.

Reformatsky, A.A. 1993. "Was ist Benennung und was ist Terminologie?" In *Infoterm, Ausgewählte Texte zur Terminologie.* Vienna: TermNet.

Robins, R.H. (1990) *A Short History of Linguistics.* London: Longman.

Rondeau, G. 1983. *Introduction à la terminologie,* 2e éd. Chicoutimi: Morin.

Russell, B. 1956. *Logic and Knowledge, Essays 1901-1950.* (ed. by R.C. Marsh). London: Allen & Unwin.

_______ 1948. *Human Knowledge.* London: Allen & Unwin.

_______ 1937. *A Critical Exposition of the Philosophy of Leibniz.* London: Allen & Unwin.

Sager, J.C, Dungworth, D. & McDonald, P.F. 1980. *English Special Languages. Principles and Practice in Science and Technology.* Wiesbaden: Oscar Brandstetter Verlag.

Sager, J.C. 1990. *A Practical Course in Terminology Processing.* Amsterdam: Benjamins.

Saussure, F. de. 1959. *Course in General Linguistics.* London: Fontana.

Sauvageot, A. 1964. *Portrait du vocabulaire français.* Paris: Larousse.

Searle, J.R. 1969. *Speech Acts.* Cambridge: Cambridge University Press.

Siforov, V. I. (ed.) 1981. *Fondements théoriques de la terminologie.* Québec: GIRSTERM.

______ *Studies in Terminology.* Praha [Prague], Vyosoka skola zemedelská, 1967, vol. II.

Singer, C.J. 1962. *A Short History of Scientific Ideas to 1900.* Oxford: Clarendon Press.

Stern, G. 1931. *Meaning and Change of Meaning.* Gothenburg:

Stillman, J.M. 1924. *The Story of Early Chemistry.* New York: Appleton.

Taylor, D.J. 1975. *Declinatio: A study of the linguistic theory of Marcus Terentius Varro.* Amsterdam: Benjamins.

Termes techniques français. 1972. *Essais d'orientation de la terminologie, Comité des Termes techniques français* (Sec. gén. P. Agron). Paris: Hermann.

Thompson, S.P. 1901. *Michael Faraday, his Life and Work.* London: Cassell.

Trier, J. 1931. *Der deutsche Wortschatz im Sinnbezirk des Verstandes.* Heidelberg: Carl Winter.

Ullman, S. 1952. *Précis de Sémantique française.* Bern: Francke

______ 1957. *Principles of Semantics.* Oxford: Blackwell.

Wartburg, W. von. 1956. *Von Sprache und Mensch: Gesammelte Aufsätze.* Berne: Francke.

______ 1974. *Evolution et structure de la langue française.* Bern: Francke.

Weissgerber, L. 1958. *Verschiebungen in der sprachlichen Einschätzung von Menschen und Sachen.* Köln: Westdeutscher Verlag.

Westfall, R.S. & Thoren, VE. (eds.) 1968. *Steps in the Scientific Tradition: Readings in the History of Science.* New York: Wiley, (contains excerpts from Roger Bacon, Descartes, Lavoisier et al.)

Whorf, B.L. 1956. *Language, Thought and Reality.* (J.B. Carroll ed). Cambridge, Mass.: MIT Press.

Winograd, T. 1983. *Language as a Cognitive System, (voll.) Syntax.* Reading, MA: Addison-Wesley

Woolzley, A.D. 1949. *Theory of Knowledge.* London: Hutchinson.

Wüster, E. 1974. "Die allgemeine Terminologielehre, ein Grenzgebiet zwischen Sprachwissenschaft, Logik, Ontologie, Informatik und den Sachwissenschaften." In *Linguistics* 119 The Hague: Mouton.

______ 1978. *Einführung in die allgemeine Terminologielehre und terminologische Lexicographie* (2 vols.). Wien: Springer.

Zgusta, L. 1971. *Manual of 'Lexicography.* The Hague: Mouton.

본문에 인용된 사전 및 기타 참고자료

Barré, P. 1837-42. *Complément du Dictionnaire de l' Académie*. Paris.

Bloch-Wartburg 1975. *Dictionnaire étymologique de la langue française*. (6th ed.). Paris: Larousse

Boissière, P. 1862. *Dictionnaire analogique de la langue française*. Paris.

Bouillet, M. N. 1861. *Dictionnaire dcs sciences, des lettres et des arts*. Paris: Hachette.

Burger, HG. 1984. The Wordtree, *A Transitive Cladistic for Solving Physical & Social Problems*. Merriam, KS: The Wordtree.

Chambers, E. 1728. Cyclopaedia: *Or, An Universal Dictionary of Arts and Sciences*. Edinburgh

Corneille, Th. 1694. *Dictionnaire des arts et des sciences*. (2 vols.) Paris.

Dictionnaire de l'Académie française. 1694. (2 vols.). Paris.

Diderot & d'Alembert. 1751-1765. *Encyclopédie ou Dictionnaire raisonné des sciences, des arts et des métiers*. (17 vols.) Paris.

Ducrot, O. & Todorov, T. 1972. *Dictionnaire encyclopédique des sciences du langage*. Paris: Ed. du Seuil.

Engler, R. 1969. *Lexique de la terminologie saussurienne*, Utrecht, Antwerp.

Furetière, A. 1690. *Dictionnaire universel*. (3 vols.) The Hague: Leers.

Gilbert, P. 1971. *Dictionnaire des mots nouveaux*. Paris: Hachette.

Grand Larousse de la langue française. 1971-1978. (7 vols.) Paris.

Hamp, Eric P. 1957. *A glossary of American Technical Linguistic Usage, 1925-1950*. Utrech/Antwerp: Spectrum publishers.

Hatzfeld, Darmesteter & Thomas. 1900. *Dictionnaire général de la langue française*. Paris: Delagrave.

Johnson, S. 1755. *A Dictionary of the English Language*. London.

Lalande, A. (ed.) 1962. *Vocabulaire technique et critique de la philosophie*. Paris: PUF.

Langue française, 17. 1973. *Les vocabulaires techniques et scientifiques*. Paris.

Mercier, S. 1801. *La néologie ou Vocabulaire des mots nouveaux*. (2 vols.). Paris.

Oxford English Dictionary, The. 1933. (12 vols.) Oxford

Prévost, Abbé. 1750. *Manuel-Lexique ou dictionnaire portatif des mots français dont la signification n'est pas familière à tout le monde*. (2 vols.) Paris.

Radonvilliers, R. de. 1845. *Dictionnaire des mots nouveaux*. Paris: Léautey.

Rey, A. (ed.) 1985. *Le Grand Robert de la langue française*. Paris: Le Robert.

Rheims, M. 1969. *Dictionnaire des mots sauvages: écrivains du XIXe et XXe siècle*. Paris: Larousse.

Robert, P. 1953-1964. *Dictionnaire alphabétique et analogique de la langue française*. Paris: Le Robert.

______ 1977. *Le Petit Robert 1977*. (ed. A Rey). Paris: Le Robert.

______ 1993. *Le Nouveau Petit Robert* (ed. J. Rey-Debove & A. Rey). Paris: Le Robert.

Roget, PMA. 1852/1962. *A Thesaurus of English Words and Phrases, classified and arranged so as to facilitate the expression of ideas and assist in literary composition. (Roget's Thesaurus of English*

Words and Phrases), London.

Thomas, J. M.-C, Bahuchet, S. et al. (eds.) 1981. *Dictionnaire ethnographique aka-français*. Paris: Societé d'études linguistiques et anthropologiques de France (SELAF).

Trésor de la Langue française. 1971-. (13 vols, A-Sa). Paris: CNRS.

Webster's Third New International Dictionary. 1966.

Wüster, E. 1968. *Dictionary of Machine Tools*. London: Pergamon

필자의 전문용어학 관련 저작

(*는 본서에서 번역 목적으로 선정된 텍스트 의미)

_______ 1970a. *La lexicologie: lectures*. Paris: Klincksieck.

_______ 1970b. "Typologie génétique des dictionnaires", in *Langages*, 19.

_______ 1970c. *Littré: l'Humaniste et les mots*. Paris: Gallimard, les Essais.

_______ 1972. "Usages, jugements et préscriptions linguistiques", in *Langue française* 16. (La norme) pp.4-28.

_______ 1973a. "Pour une définition de la lexicologie", in *META* 18. pp. 1-2.

_______ 1973b & 1976. *Théories du signe et du sens*. Paris: Klincksieck.

*_______ 1975. "Essai de définition du concept de néologisme", in *L'aménagement de la néologie*. Office de la langue française du Québec, pp. 9-28.

_______ 1976a. "Préalable à une définition de la terminologie", in *Actes du colloque international de terminologie: essai de définition de la terminologie*. Quebec City: Régie de la langue française, pp.27-41.

_______ 1976b. "Néologisme, un pseudo-concept?", in *Cahiers de Lexicologie*. 28.1.

*_______ 1976c. "Terminologies et 'lexicographie'", in *La banque des mots*, 11. pp. 145-154.

_______ 1977a. "La terminologie: Réflexions sur une pratique et sur la théorie", in *Assoc. Française de Terminologie, Terminologies 76*. Paris: La Maison du Dictionnaire, pp.V. 15-40.

_______ 1977b. *Le lexique: images et modèles*. Paris: A. Colin.

_______ 1978a. *Antoine Furetière, imagier de la culture classique*, préface au dictionnaire universel de FURETIÈRE. (3 vols.) Paris: Le Robert.

*_______ 1978b. "La normalisation linguistique dans la perspective des nouvelles dispositions législatives", in *Les implications linguistiques de l'intervention juridique de l'Etat dans le domaine de la langue.* L'éditeur officiel du Québec (Office de la langue française), pp. 24-40

*_______ 1979a. La terminologie: noms et notions.(2nd ed. 1992), Paris: PUF.

_______ 1979b. "Définition de la terminologie en tant que discipline linguistique autonome: état de la question", in *Actes du 6éme colloque international de terminologie.* Quebec City: Office de la langue française du Québec. pp.29-257.

_______ 1979c. "Rapports entre terminologie et linguistique", in *Actes du 6éme colloque international de terminologie.* Quebec City: Office de la langue française du Québec, pp.639-649.

_______ 1982a. *Encyclopédies et dictionnaires.* Paris: PUF.

_______ 1982b. Synonymie, néonymie et normalisation terminologique", in *Les problèmes de la définition et de la synonymie en terminologie: colloque international de terminologie.* Quebec City: Girsterm. pp.281-310.

*_______ 1985a. "La terminologie dans un dictionnaire générale de la langue française: le Grand Robert", in *Infoterm: TermNet News 14.* (Édition spéciale pour la France) pp. 5-7.

_______ 1985b. "La néologie: un problème de création, de diffusion et d'acceptation", in *Proceedings of the National Symposium on Linguistic Services.* Ottawa: Secretary of State of Canada.

*_______ 1987. "Les terminologies: un défi pour le lexicologue", in *Études de lexicologie, lexicographie et stylistique offertes en hommage à Georges Matoré* (Tamba, I. ed.). Paris: Société pour l'information grammaticale. pp.231-238

*_______ 1988a. "Les fonctions de la terminologie: du social au théorique", in *Actes du 6ème Colloque OLF (Office de la langue française)* - STQ (Société des traducteurs du Québec) de terminologie: Gouvernement du Québec. pp.87-108

*_______ 1988b. "Terminologie et lexicographie", in *Parallèles 10*. Geneva: Université de Genève, pp.27-35

_______ 1989a. *'Révolution', histoire d'un mot*. Paris: Gallimard.

_______ 1989b. "Lexico-logiques, discours, lexiques et terminologies philosophiques", in : *L'Univers philosophique* (Jacob, A. éd.) (Encyclopédie philosophique universelle). Paris: PUF, pp. 776-781.

_______ 1989c. "Le français et les dictionnaires aujourd'hui", in *Le français dans le monde*. (Special issue, August September 1989). Paris: Hachette, pp. 6-17.

_______ 1991. "Présentation" to Kocourek 1991 (see Bibliography)

_______ 1993. *Dictionnaire historique de la langue française* (ed.) (2 vols). Paris: Le Robert.

John Benjamins Series

02 Essays on Terminology

John Benjamins Series

02 Essays on Terminology

INDEX

색인

저자 색인

Infoterm: 9.2.2

ISO: 2.3.1, 2.5.2, 9.1.3.4, 9.1.6.2

ㄱ

괴테(J. Goethe): 1.3.2

구르몽(R. de Gourmont): 3.2.4

길베르(L. Guilbert): 4.1.1, 4.1.2.2.1, 6.2.1

그레고아르(A. Grégoire): 1.3.2

그로스(M. Gross): 2.1.1

그림(J. Grimm): 1.3.2, 8.1

글리슨(H. Gleason): 4

기로(P. Guiraud): 2.2.1

기통 드 모르보(L. Guyton de Morveau): 1.1, 3.2.3

길(F. Gil): 8.3

길베르(P. Gilbert): 4.1.1

ㄴ

노디어(Ch. Nodier): 1.2

ㄷ

다무레트와 피숑(J. Damourette & E. Pichon): 6.1.1

데스튜트 드 트라시(A. Destutt de Tracy): 1.3.1

데카르트(R. Descartes): 1.3.1, 2, 6.1.1

뒤부아와 뒤부아(J. & Cl. Dubois): 4.1.2.2.2

뒤크로와 토도로프(O. Ducrot & T. Todorov): 4

듀이(M. Dewey): 9.1.2

디드로(D. Diderot): 1.1, 1.3.1~2, 3.1, 3.2.4, 5.1.2, 5.5, 6.1.1, 8.1

ㄹ

라동빌리에(R. de Radonvilliers): 4.1.2.2.2

라랑드(A. Lalande): 2.3.3

라보프(W. Labov): 10.3.1

라부아시에(A. Lavoisier): 1.1, 3.2.3, 3.3, 8.2

라스크(R. Rask): 1.3.2

라이프니츠(G. Leibniz): 1.3, 2.3.1, 2.4.2, 3.3, 5.1.2, 5.5, 8.2

라플랑쉬와 포르탈리스(J. Laplanche & J. Portalis): 6.1.1

러셀(B. Russell): 2.2.2, 2.4.1, 8.3

레비스트로스(C. Levi-Strauss): 7.1
레이(A. Rey): 4.1.1, 4.2.3.1, 9.1.6.1
레이지(E. Leisi): 2.1.1
렝스(M. Rheims): 4.1.1
로베르(P. Robert): 11.1~2
로제(P. Roget): 8.3
로크(J. Locke): 1.1, 1.3, 2.3.1, 2.3.3, 3.1, 3.3, 5.1.2, 8.2
룰루스(R. Lullus): 2.4.2
리온스(J. Lyons): 4
리트레(E. Littré): 8.1, 11.3
리포마츠키(A. Reformatsky): 2.2.2
린네(C. Linnaeus): 1.1, 1.2.2.2, 2.5.2, 8.2

ㅁ

마르크스(K. Marx): 2.3.1
마르티네(A. Martinet): 4.1.1
마토레(G. Matoré): 2.2.1, 5.1, 5.5
머레이(J. Murray): 8.1
메르시에(S. Mercier): 2, 2.3.3
모페르튀(P. Maupertuis): 1.3
몰리에르(J. Molière): 5.5
몽소(D. de Montceau): 1.1
밀(J. Mill): 2, 2.3.3

ㅂ

바레(P. Barré): 7.3
바로(M. Varro): 4.1.1
바르트(R. Barthes): 5.1
바르트부르크(W. von Wartburg): 2.2.1
바슐라르(G. Bachelard): 3.3, 9.1.2.1
바이스게르버(L. Weissgerber): 2.1.1
발딩거(K. Baldinger): 2.2.1
발레리(P. Valéry): 1.3.3
발자크(H. de Balzac): 5.5
버거(H. Burger): 4.1.2.2.2
버클리(G. Berkeley): 2.3.1, 2.3.3
번스타인(B. Bernstein): 10.3.1
베르톨레(C. Berthollet): 1.1, 3.2.3
베르틀로(M. Berthelot): 1.3.2
베이컨(F. Bacon): 1.3.1, 3.3, 8.2, 9.1.2
보글라(C. de Vaugelas): 7.3
보스(A. Bosse): 1.3.1
보어(N. Bohr): 1.3.3
보프(F. Bopp): 1.3.2
부르디외(P. Bourdieu): 3.2.2
부아시에르(P. Boissière): 8.3
부이예(M. Bouillet): 1.2
뷔스터(E. Wüster): 2.3.1, 3.2.4,

3.3, 7.1.1, 7.2, 7.4, 9.1.1, 9.1.5
뷔퐁(G. Buffon): 1.1
블룸필드(L. Bloomfield): 4
비노큐르(G. Vinokur): 2.2.2

ㅅ

성 아우구스티누스(St. Augustin): 1.1
성 안셀무스(St. Anselm): 1.1
소바거(A. Sauvageot): 4.1.2.1
소쉬르(F. de Saussure): 2.1.1, 2.3.1, 3.2.2, 4.1.2.2.1, 6.1.1, 7.3
슈브뢰이(M. Chevreul): 1.3.2
슈츠(C. Schütz): 1.2
슐레겔(F. Schlegel): 1.3.2
스턴(G. Stern): 4.1.2.1
스펜서(H. Spencer): 9.1.2

ㅇ

아르키메데스(Archimedes): 2.6.1
아리스토텔레스(Aristotle): 2.2.2, 2.3.3, 2.4.1, 5.1.2, 6.1.1
아크마노바(O. Akhmanova): 2.2.2
알랑베르(J. d'Alembert): 1.1, 1.3.1, 3.1, 3.3, 5.1.2, 5.5, 8.1
앙페르(A. Ampère): 9.1.2
에코(H. Eco): 2.2.2
에티엉블(R. Étiemble): 1.2, 3.2.4, 4.2.4
엥글러(R. Engler): 6.1.1
옐름슬레브(L. Hjelmslev): 2.1.1, 4.1.1
오스틴(J. Austin): 2.1.1
워프(B. Whorf): 2.3.1
웹스터(N. Webster): 1.2, 4
위노그라드(T. Winograd): 7.4
율만(S. Ullmann): 4.1.2.1
잉스(P. Imbs): 11.3

ㅈ

조이스(J. Joyce): 6.2.1
존슨(S. Johnson): 1.1, 3.2.4, 8.1
쥐시외(A. Jussieu): 1.1
쥐시외(B. Jussieu): 1.1

ㅊ

챔버스(E. Chambers): 1.1
체살피노(A. Cesalpino): 1.1
촘스키(N. Chomsky): 1.3.1, 2.1.1, 4.1.1, 6.1.1, 7.1.1

ㅋ

카르납(R. Carnap): 8.3
카시레르(E. Cassirer): 2.3.3
칸트(I. Kant): 2.2.2, 2.3, 2.3.1~3, 2.4.1, 3.3, 5.1.2, 6.1.1
코르네이유(Th. Corneille): 1.1, 7.3
코르베이유(J. Corbeil): 8.3, 9.2.1.2.1
코제리우(E. Coseriu): 2.2.1
콩디약(E. de Condillac): 1.3, 2.3.1
콩트(A. Comte): 9.1.2
콰인(W. van O. Quine): 2.1.1, 8.3
쿠르노(A. Cournot): 9.1.2
쿠아레(A. Koyré): 3.3, 9.1.2.1

ㅌ

토마스 외(J. Thomas et al.): 7.1.1
투른포르(J. de Tournefort): 1.1
트리에(J. Trier): 2.2.1

파이어아벤트(P. Feyeraband): 3.3
파이크(K. Pike): 2.1.1
팔(A. Phal): 4.1.1
패러데이(M. Faraday): 3.2.3
포퍼(K. Popper): 23.3, 6.2.2
푸르크루아(A. de Fourcroy): 1.1, 3.2.3

ㅍ

푸코(M. Foucault): 1.1, 1.3.2, 1.3.3, 8.3
퓌르티에르(A. Furetière): 1.1, 7.3, 11.3
프레게(G. Frege): 2.3, 2.3.3, 8.3
프레보(A. Prévost): 1.1
프롱타르(R. Frontard): 9.2.1.3
플라톤(Plato): 1.1
피쉬먼(J. Fishman): 10.3.1
피아제(J. Piaget): 9.1.2

ㅎ

하우겐(E. Haugen): 10.3.1
하이데거(M. Heidegger): 5.1.2
하이젠베르크(W. Heisenberg): 1.3.3, 3.3
해리스(Z. Harris): 4
햄프(E. Hamp): 4
헤겔(F. Hegel): 2.3.1, 3.3, 5.1.2, 6.1.1
헬름홀츠(H. Helmholtz): 3.3, 9.1.2.1
홉스(Th. Hobbes): 3.3, 8.2
훔볼트(W. von Humboldt): 1.3.2, 4.1.1
휴얼(W. Whewell): 1.2

주제 색인

ㄱ

개념(concept): 2.3, 3.2.3
  기능(function): 2.3.3

개념분석(conceptual analysis): 9.1.3.2
  구조(structures): 2.5.2
  체계(systems): 2.5

계획(planning): 4.2.4, 5.4, 10.3

고유명(proper name): 2.2.2

관계(relationships): 2.6

국제화(internationalization): 3.2.3, 5.4

규범(norms): 10.1~3
  응용(application): 10.2.2.1
  (규범의) 진화(evolution of): 10.2.2
  언어학적 규범(linguistic norm): 10.2

ㄴ

노르웨이어(Norwegian): 10.3.1

ㄷ

담화(discourse): 10.1.2

ㅁ

명명(naming): 2.6.2, 3.2.2
  기법(techniques): 6.1.2, 6.2.1, 7.2

명명체계(denominational system): 2.2.2

명의론(onomasiology): 5.1, 9.1.1.1
  구성요소별(componential): 4.2.2.1
  주제별(thematic): 4.2.2.1

명칭목록(nomenclature): 1.1, 3.2.3, 9.1.5

ㅂ

번역(translation): 4.2.2.1, 6.1.1

보편언어(universal languages): 3.2.3

부류(class): 2.3.2

분류(classification): 2.3.2, 3.2.3, 9.1.2

분류학(taxonomy): 2.3.2

ㅅ

사전(dictionaries): 7.1.1, 9.1.6.1, 11.1~3

사전편찬학(lexicography): 5.5, 6.1.1, 7.1~4, 8.1, 11.1

서술(description): 2.4, 6.1.1

신조어(학)(neology): 3.2.2, 4.1~2, 6.2.1
- 형식적(formal): 4.1.2.1
- (신조어의) 언어학적 특징 (linguistic nature of): 4.1.1
- 신조어학적 필요성(neological needs): 4.2.2, 6.1.1
- 화용론적 필요성(pragmatic needs): 4.1.2.1
- 의미론적 필요성(semantic needs): 4.1.2.1
- (신조어학) 연구 및 진화(study & evolution of): 4.2.3

ㅇ

약어(abbreviation): 2.1

어휘단위(lexical unit): 2.1.1

어휘론(lexicology): 5, 5.5, 8.1

어휘장(lexical field): 2.2.1

언어(language)
- 정의(definition): 10.1.1~2
- 계획(planning): 10.3.4
- 정책(policy):9.2.1.1~2

언어관리(linguistic management): 10.3

언어규범(linguistic norm): 10.2.1

용어와 단어(term & word): 11.2

용어의 형성(term formation): 4.1.1, 6.2.1

의미 신조어(sense neologisms): 4.2.3

이름(name): 2.1.2

ㅈ

자연어(natural language): 9.1.1.2

전문용어(terminologies): 3.2.2
- (전문용어의) 목적(motivation of): 5.1
- (전문용어의) 유형(types of): 2.5.1, 3.2.3, 5.3, 6.1.1, 9.1.2

전문용어(학)(terminology)
- 응용(application): 6.1~2, 7.2, 9.1
- 분류적 기능(classificatory function): 3.2.3, 6.1.1
- 인지적 기능(cognitive function): 2.3.1, 3.2.3, 7.2
- (전문용어학의) 어원(etymology of): 1.2
- 장(fields): 9.1.2~3
- 기능적 콘텐츠(functional content): 3.2, 3.2.4
- (전문용어학의) 역사(history of): 1.1~3, 3.1, 5.1.2, 8.2

언어적 기능(linguistic function): 3.2.2, 7.2
방법(methods): 9.1.2~4
단일언어 대(對) 다언어 (monolingual vs. plurilingual): 9.1.1.2
수요분석(needs analysis): 6.1
사회적 기능(social function): 2.6.2~3, 3.2.1, 7.2
(전문용어학) 교육(teaching of): 7.4
(전문용어학 관련) 전문용어 (terminology of): 1.2, 8.2
(전문용어학) 이론(theories of): 2, 8.3

전문용어집 편찬(학) (terminography): 6, 8.3, 9.1, 9.1.3

전문용어학적(terminological)
데이터 은행(databanks): 9.1.6.2~4
데이터 범주(data categories): 9.1.4, 9.1.6.3
정의(definition): 2.4.2
체계(system): 2.2.2
단위(unit): 2.1, 9.1.3.4~5, 11.1

정규화(regularisation): 10.2.1.2

정의(definition): 2.4, 9.1.3.4

지식과 언어(knowledge & language): 2.1~5
및 명명(& naming): 2.6.1

ㅊ

차용(borrowing): 4.2.2.1, 6.1.1

ㅍ

패러다임 관계(paradigmatic relations): 2.2.1

표준화(standardization): 3.2.1, 6.1.1, 6.2.1~2, 8.3, 9.2, 10.3~4

존 벤자민스 통번역 총서 02

전문용어학의 이해

Essays on Terminology

초판 인쇄 2015년 9월 14일
초판 발행 2015년 9월 21일

지은이 알랭 레이
기 획 정호정(한국통역번역학회 회장)
옮긴이 임현경
발행인 김인철
발행처 한국외국어대학교 지식출판원
02450 서울특별시 동대문구 이문로 107
전화 02)2173-2493~7
팩스 02)2173-3363
홈페이지 http://press.hufs.ac.kr
전자우편 press@hufs.ac.kr
출판등록 제6-6호(1969. 4. 30)
디자인 · 편집 (주)이환디앤비 02)2254-4301
인쇄 · 제본 네오프린텍(주) 02) 718-3111

ISBN 979-11-5901-002-6 94700
978-89-7464-914-2 (세트)
정가 26,000원

*잘못된 책은 교환하여 드립니다.

HUINE은 한국외국어대학교 지식출판원의 어학도서, 사회과학도서, 지역학 도서 Sub Brand이다. 한국외대의 영문명인 HUFS, 현명한 국제전문가 양성(International +Intelligent)의 의미를 담고 있으며, 휴인(携引)의 뜻인 '이끌다, 끌고 나가다'라는 의미처럼 출판계를 이끄는 리더로서, 혁신의 이미지를 담고 있다.